ASÍ ES LA MÚSICA

ASÍ ES LA MÚSICA

Guía sobre la armonía, los tonos, los acordes y otros secretos de una buena música

John Powell

Traducción de
William McGrath y María Dolores Crispín

Antoni Bosch ◯ editor

Antoni Bosch editor, S.A.
Palafolls 28, 08017 Barcelona, España
Tel. (+34) 93 206 07 30
info@antonibosch.com
www.antonibosch.com

Título original de la obra:
How Music Works
A Listener's Guide to the Science and Psychology of Beautiful Sounds

© 2010 John Powell
© 2012 de la edición en español: Antoni Bosch editor, S.A.

ISBN: 978-84-95348-60-9
Depósito legal: B-2.245-2012

Diseño de la cubierta: Compañía
Maquetación: JesMart
Corrección: Andreu Navarro
Impresión: Novoprint

Impreso en España
Printed in Spain

Para Kim

Índice

1

Y a todo esto,
¿qué es la música?

Mi primer día de estudiante en Birmingham (Inglaterra) fui a un establecimiento de *fish and chips* (pescado y patatas fritas) y pedí la exquisitez que más me gustaba tomar al salir del *pub*: patatas fritas y guisantes con la muy inglesa y muy tradicional salsa *gravy*. La mujer de origen chino que me atendía me miró con expresión sorprendida y me preguntó: «¿Salsa *gravy*? ¿Qué es eso?». Quedé totalmente desconcertado. En mi pueblo estaba acostumbrado a pedir la salsa *gravy* sin que nadie pusiera pegas y, sin embargo, no tenía ni idea de cómo describirla. «Una especie de salsa marrón muy diluida. ¿Le suena?» Por fortuna, la situación se aclaró y pude contemplar claramente lo cosmopolitas que eran los habitantes de Birmingham; la mujer me sonrió y pronunció estas palabras mágicas: «¿Salsa de *curry*?».

Esta anécdota no tiene como objeto analizar los argumentos a favor o en contra de la salsa *gravy*. A lo que realmente me refiero es al hecho de que en ocasiones podemos estar familiarizados con algo que nos encanta sin tener ni idea de lo que es realmente. Esa es la relación que la mayoría de la gente tiene con la música: placer sin comprensión. Me avergüenza confesar que sigo sin saber cómo se hace la salsa *gravy*, aunque sí he logrado desenmarañar algunos ingredientes de la música y espero que usted lo pase bien con mis explicaciones de cómo se las arreglan los músicos para manipular nuestras emociones utilizando exclusivamente cuerdas, pedazos de madera y trozos de tubos.

Este libro no está basado en opiniones ni es especulativo; se fundamenta en información real sobre cómo se producen las notas y qué sucede cuando dichas notas se combinan en una pieza musical. Muchos piensan que el único fundamento de la música es el arte, pero no es así; hay reglas de lógica, de ingeniería y de física que están debajo del aspecto creativo. El desarrollo de la música y de los instrumentos musicales durante los últimos dos mil años ha dependido de una continua interacción entre el arte y la ciencia. Bueno, y a propósito de los progresos en la comprensión humana, me alegra informarles de que en la actualidad, en cualquier establecimiento de pescado y patatas fritas del Reino Unido, se puede obtener sin dificultad tanto la salsa *curry* como la *gravy*.

Creo que al lector le será grato saber que no hace falta ningún tipo de formación musical o científica para entender todo lo que se cuenta en este libro, aunque seguramente también los músicos y los científicos encuentren aquí muchas cosas que no sabían antes. La única destreza musical que hará falta será la capacidad de tararear o cantar *Cumpleaños feliz* y *Campanita del lugar*. Además, no importa lo fuerte o bajito que las cante, y tampoco si las canta bien o mal, ya que yo no le estaré escuchando. Respecto a los conocimientos de matemáticas, sí sería útil que supiera sumar, restar, multiplicar y dividir, pero incluso estas cosas no son indispensables. Por lo demás, como doy por sentado que usted no es un especialista en este tema, iré explicando las palabras más técnicas a medida que surjan. Sin duda, mis explicaciones resultarán innecesarias para músicos y científicos, pero prefiero resultar superfluo para algunos que confuso para otros.

En todo el libro de vez en cuando daremos detalles de ciertas piezas musicales que quizá le sean útiles para entender algunas de mis afirmaciones. La mayoría de esos ejemplos pueden escucharse en YouTube y otros medios, pero no son una parte indispensable de la lectura. Los he puesto porque quizá al lector le resulten agradables. Además, nunca voy a ser lo suficientemente famoso como para aparecer en un programa de televisión recomendando discos, así que aprovecho estas páginas para hacerlo. Si usted piensa que he explicado mal alguna cosa o si necesita más detalles, por favor póngase en contacto conmigo en howmusicworks@yahoo.co.uk, e intentaré averiguar la respuesta. (Esta dirección también la pueden usar las grandes empresas musicales que quieran sobornarme con una gigantesca suma de dinero por incluir referencias a determinadas canciones suyas en ediciones futuras de este libro.)

El campo de la música abarca una enorme variedad de temas, desde la vida amorosa de los grandes compositores hasta cómo fabricar una guitarra o tocar la trompeta. Se podría decir que los libros sobre la historia de la música cubren las cuestiones relativas al *cuándo*, mientras que el resto de los libros sobre música abordan el *cómo hacerlo*. Este libro, sin embargo, trata con algunas cuestiones relativas al *qué* y al *por qué* de la música; por ejemplo: ¿Qué sucede con el aire entre el instrumento y nuestros oídos? ¿Cómo afectan las cosas de ese tipo a nuestro estado de ánimo?

Si sigue leyendo, descubrirá las respuestas a estas y muchas otras preguntas. Por ejemplo:

- ¿Cuál es la diferencia entre una nota y un ruido?
- ¿Qué es un tono menor y por qué tiene un sonido tan triste?
- ¿Por qué diez violines alcanzan solamente el doble de volumen que uno solo?
- ¿Por qué el sonido de los clarinetes es diferente del de las flautas?
- ¿Por qué todos los instrumentos se afinan con las mismas notas? ¿Por qué esas notas y no otras?
- ¿Qué es la armonía y cómo funciona?

Algunas de estas preguntas ya se han respondido en muchos libros que podrá encontrar en cualquier biblioteca, en la sección de física, bajo el epígrafe *Acústica musical*. El único problema es que se trata de un campo bastante técnico, así que esos libros usan muchas explicaciones matemáticas y gráficos complejos. Los libros llenos de gráficos y fórmulas tienen pocos lectores, y esa es la razón por la que hay poca gente que sepa cómo funciona la música, aparte de unos cuantos profesores mal vestidos (y en esto hablo con bastante autoridad, porque yo mismo soy un profesor mal vestido).

Cuando empecé a estudiar la física y la psicología de la música, pensé que iba a ser bastante sencillo. A fin de cuentas, ¿cuánto hay que aprender sobre por qué un saxofón y un arpa producen sonidos distintos o por qué usamos escalas? Entonces me puse a leer. Algunos temas que yo pensaba que entendía, como el volumen, por ejemplo, resultaban extrañamente complejos y mucho más interesantes de lo que me imaginaba. Para ayudarme a entenderlo, empecé a condensar la información que conseguía en forma de explicaciones más sencillas. Más tarde me di cuenta de que la mayor parte de esta información tan interesante puede presentarse con claridad ante un lector al que sencillamente le encante la música y no tenga formación musical o técnica. Así que empecé a recopilar los apuntes que finalmente dieron lugar a este libro.

Hay músicos de primera línea que no están familiarizados con los hechos básicos que subyacen a la música; tocan su instrumento y producen las notas adecuadas en el orden correcto sin pararse a pensar en cómo o por qué su instrumento se diseñó para producir esas notas concretas y no otras. Es como si los músicos hicieran de camareros: nos sirven la comida que han preparado los cocineros (compositores) a partir de un repertorio de ingredientes, pero nadie sabe cómo o por qué llegaron a ser esos los ingredientes disponibles.

Pienso que es una pena que algo tan popular como la música esté rodeado de tanto misterio. Al escribir este libro he evitado utilizar matemáticas, gráficos o partituras, y me he propuesto mantener un estilo distendido. Si usted explora los hechos básicos que hay detrás de las notas y cómo nos pueden hacer bailar, besar o llorar, descubrirá que muchos de los misterios de la música son perfectamente comprensibles. Además, le alegrará saber que esos conocimientos recién adquiridos no le estorbarán cuando baile, bese o llore.

Mi objetivo es mostrar a los lectores –tanto músicos como no músicos– que la música se puede comprender en profundidad. Dicho nivel de comprensión puede hacer más intenso nuestro disfrute de la música, del mismo modo que nuestra apreciación de un cuadro se verá potenciada si tenemos algunos conocimientos sobre la manera en que se crean las sombras o sobre el funcionamiento de la perspectiva. A algunos les preocupa que una mejor comprensión de la música pueda reducir el placer que les proporciona, pero en realidad sucede lo contrario. Aprender cómo se cocina un plato complicado te ayuda a apreciarlo todavía más, sin que eso modifique su delicioso sabor.

Aunque este libro trata sobre la música en general, me he centrado en diversas manifestaciones de la música occidental, desde Frank Sinatra, U2 o Beethoven hasta las canciones infantiles tradicionales o las bandas sonoras cinematográficas. Todos esos estilos, desde el punk rock hasta la ópera, siguen las mismas reglas de la acústica y la manipulación emocional.

Las distintas capas de apreciación y comprensión musical se superponen de forma compleja. A simple vista se podría pensar que un músico que da un recital sabe más sobre música que el espectador que no toca ningún instrumento, pero esto no es necesariamente cierto. Puede ser que una persona que no sepa música, pero que sea muy aficionada a la pieza que se interpreta, sepa más sobre cómo debería sonar que el músico que la interpreta por primera vez. Como melómano, usted ya entiende mucho de música, aunque muchos de sus conocimientos se encuentran ocultos en su subconsciente. Este libro le ayudará a aclarar y explicar esos conocimientos, y espero que además le brinde muchos momentos en los que usted exclame: *¡Ah, conque es así como funciona!*

Pero ya está bien de preámbulos: vayamos al grano.

Y a todo esto, ¿qué es la música?

El director de orquesta sir Thomas Beecham no tiene ningún reparo en expresar sus opiniones musicales. Por ejemplo: "Las bandas musicales son estupendas si se mantienen en su sitio: al aire libre y a varias millas de distancia". Esto es un poco injusto con las bandas, pero sirve para ilustrar el hecho de que la música produce fuertes sentimientos negativos, no sólo positivos. Todos tenemos nuestra música favorita y también la que nos desagrada intensamente, así que no debería darse una definición de la música que incluyera palabras tales como *belleza* o *placer*. Lo único que podemos decir sin temor a equivocarnos es que la música es sonido que ha sido organizado para afectar a alguien, definición que resulta francamente pobre. Ese *alguien* podría ser el compositor únicamente, y el término *afectar* podría aplicarse a cualquier reacción, desde la alegría hasta el llanto. Por fortuna, es mucho más fácil definir los distintos componentes de la música, como son las notas, el ritmo, la melodía, la armonía y el volumen. Vamos a explorar todos estos temas en la presente obra, y vamos a empezar por el componente más básico de todos: la nota musical.

Una nota musical se caracteriza por cuatro variables: volumen, duración, timbre y tono. Uno de estos cuatro rasgos se puede explicar con una frase, pero los otros tres necesitarán, cada uno, un capítulo o más. La *duración* es la parte fácil, así que vamos a abordarla ahora mismo: unas notas duran más que otras.

ASÍ ES LA MÚSICA

Dicho eso, la propiedad más distintiva de una nota musical es su tono, que es lo que analizaremos a continuación.

¿Qué es el tono?

El tono diferencia una nota de un ruido. Esto lo explicaré con mayor extensión en los próximos dos capítulos, pero por ahora vamos a hacer una breve introducción que nos ayudará a empezar. Si tarareamos una canción, estaremos escogiendo una duración, un volumen y un tono para cada nota que emitamos. Los cambios sutiles de volumen y duración durante la pieza pueden llevar una carga emocional enorme, pero puesto que sólo vamos a tararear las primeras cuatro notas de *Campanita del lugar*, no hace falta que nos ocupemos de eso ahora. Así que vamos con ello: intente tararear las notas de esas tres palabras dando el mismo volumen y la misma duración a cada nota. Lo único que está variando es el tono. Las primeras dos notas tienen el mismo tono, luego el tono sube en *ni*, y finalmente en *na* el tono es el mismo que en *Cam*.

Todas las notas musicales requieren que el aire vibre de forma regular y repetitiva. Cada vez que usted ha tarareado una nota, estaba produciendo una vibración regular con sus cuerdas vocales que se repetía muchas veces por segundo. Cuando produzco la nota de *Cam*, mis cuerdas vocales vibran aproximadamente cien veces por segundo. Con *ni* tengo que producir una nota más aguda, y eso lo hago aumentando el número de vibraciones que se producen cada segundo.

Así que, al margen de que la nota la produzca una cuerda que vibra o la vibración de nuestras cuerdas vocales, las notas con un tono más agudo se generan cuando hay más vibraciones por segundo. Cualquier melodía está compuesta de una sucesión de notas con distintos tonos.

Los nombres de los distintos tonos

Cada una de las notas de un piano o de cualquier otro instrumento recibe un nombre: Do, Re, Mi, Fa, Sol, La y Si. Entre algunas de estas notas hay alguna adicional (las teclas negras de un piano o teclado). Por ejemplo, hay una nota adicional entre la y si, que se puede llamar *la sostenido* (o sea, un paso por encima de la) o *si bemol* (un paso por debajo de si). Este sistema de denominar las notas se nos ha transmitido a través de varios siglos, y en el capítulo 8 explicaré su origen. De momento, lo único que nos hace falta saber es que cada nota tiene un nombre, algunas con la palabra *bemol* o *sostenido* detrás. Todo lo demás se explicará sobre la marcha. En la ilustración que sigue, no he tenido espacio para escribir las palabras bemol o sostenido, así que he utilizado los símbolos tradicionales: ♭ para bemol y # para sostenido.

Todos los pianos se afinan con los mismos tonos. Si presionamos una tecla en Helsinki, grabamos el sonido que se produce y lo comparamos con el de un piano en Nueva York, las notas serán idénticas. De igual manera, las notas de los clarinetes o los saxofones son las mismas en todo el mundo. Se podría pensar que eso es obvio, pero hasta hace no mucho tiempo el tono de las notas musicales variaba entre países, e incluso entre ciudades. Las notas que actualmente utiliza todo el mundo se escogieron cuidadosamente. Pero, ¿quién las seleccionó? ¿Y por qué?

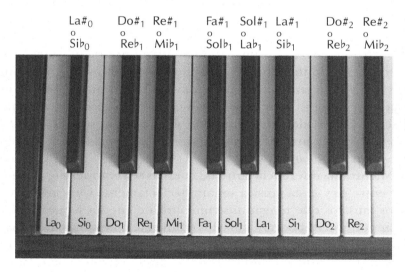

Teclado de un piano con el nombre de cada nota. Cada trece notas se repiten los nombres de forma regular, de Do a Si. Sólo hay siete nombres, así que necesitamos combinarlos con las palabras *bemol* y *sostenido* para abarcar las trece notas. Este curioso método de denominar las notas se explicará en el capítulo 8. El hecho de que se repitan los nombres exige también que los numeremos. Las primeras dos notas son la_0 y Si_0. A esto le sigue Do_1 y el número sube cada vez que llegamos a otro Do.

¿Por qué utilizamos todos las mismas notas?

Si usted toca un instrumento de cuerda como un violín o una guitarra, puede tensar o aflojar las cuerdas para alterar su tono. En una etapa relativamente temprana de su aprendizaje le habrán enseñado a utilizar este mecanismo para afinar su instrumento. Esto implica hacer que el tono de cada cuerda esté a una distancia determinada respecto al de las demás. Por ejemplo, la distancia entre dos cuerdas adyacentes de un violín es la misma que la distancia entre *pa* y *ni* en nuestra canción.

Supongamos que estamos afinando un violín: el primer paso podría ser ajustar la cuerda más gruesa a la nota adecuada –Sol– y entonces afinar las demás utilizando la distancia entre *pa* y *ni*. Para conseguir el primer Sol, habría que hacer coincidir el sonido del violín con el de un diapasón[1] o con la nota correspondiente en un piano. Pero ¿qué sucede si no tiene a mano un diapasón o un piano?

Si está tocando solo, puede escoger cualquier nota que quiera para la cuerda más gruesa y a partir de ella afinar el resto de las cuerdas, mientras la diferencia entre cada par de cuerdas contiguas equivalga al escalón entre *pa* y *ni*. Todo lo que tiene que hacer para escoger el primer tono es asegurarse de que la cuerda queda lo suficientemente tensa como para generar una nota nítida y a la vez no tanto como para romperse. El tono inicial que escoja no será Sol –a menos que usted posea oído absoluto, algo que describiré más adelante–, sino que seguramente se situará entre dos teclas de piano adyacentes, quizá *La más un poquitín*, o *ligeramente más grave que Fa*.

Mientras la diferencia entre las cuerdas sea equivalente a la que hay entre *pa* y *ni*, la música sonará perfectamente y además si hay otros músicos que tengan instrumentos de cuerda y que vayan a tocar con usted, podrán afinarlos conforme a las notas que usted haya escogido. Sin embargo, si uno de sus amigos es flautista, no podrán tocar juntos, ya que las notas de una flauta, como las de cualquier instrumento de viento, son fijas: no se pueden escoger las notas que uno quiera en una flauta. Su amigo flautista podrá tocar un mi o un Fa, pero no puede escoger *mi y un poquitín*.

---

[1] Un diapasón es una pieza de metal de forma especial que produce una determinada nota cuando se golpea.

Digamos que usted y sus amigos que tocan instrumentos de viento ejecutan una pieza con *mi y un poquitín, Fa y un poquitín* y *Do y un poquitín*; esto será tan agradable como cuando la flauta toca *Mi-Fa-Do*, pero si tocan todos juntos sonará horroroso. Hay sólo dos maneras de hacer música juntos.

1. Entre todos los violinistas sujetan al flautista mientras uno recorta unos milímetros de su flauta con una sierra. Entonces tendrá que limar todos los agujeros para que queden en la posición correcta para esa nueva flauta, más corta.
2. Pueden afinar todos los violines de acuerdo a las notas de la flauta. Cuando hayan hecho eso, se les podrá unir cualquier otro instrumento, puesto que ahora estarán tocando con las notas convencionales.

Dichas notas convencionales no son ni más agradables ni más musicales que cualquier otro conjunto de notas; solamente son correctas porque alguien tuvo que decidir la longitud que debían tener las flautas y otros instrumentos de viento. (La longitud de esos instrumentos define el tono de las notas que producen.) Antiguamente las cosas eran muy confusas: las flautas que se fabricaban en los distintos países eran de longitudes ligeramente distintas, lo que hacía que un flautista alemán, por ejemplo, no pudiera tocar con un inglés a menos que comprara una flauta inglesa. Después de muchas discusiones viscerales sobre qué longitud era la mejor, se decidió que un montón de expertos de traje mal cortado constituyeran un comité para decidir de una vez por todas qué notas se iban a utilizar en todo el mundo a partir de ese momento. En 1939, en una reunión en Londres, tras un intenso debate técnico (algo muy parecido a una discusión visceral), se anunció cuáles serían las notas que se utilizarían. Así que actualmente, en el mundo entero, las flautas y el resto de los instrumentos occidentales, como violines, clarinetes, guitarras, pianos y xilófonos, producen un conjunto convencional de notas.

Actualmente, cuando se dice de alguien que tiene oído absoluto, significa que el tono de esas notas estándar está grabado en su memoria a largo plazo. Dicha capacidad se analizará en el capítulo siguiente.

2

¿Qué es el oído absoluto?
¿Yo lo tengo?

Imaginemos que hay tres personas cantando en el baño. No, no en el mismo baño, este libro no va de eso. Cada uno canta en su propio baño (que aparte de eso está en silencio), en distintas plantas de un bloque de pisos.

En la segunda planta está Carmen Normal; tiene un *gin-tonic* en una mano y se arranca con *Dancing Queen*, de Abba, a todo el volumen que da su voz no entrenada. Si grabáramos su canción y la comparáramos con el disco original, observaríamos dos hechos:

1. Aunque las notas suben y bajan de tono en los momentos adecuados, en ocasiones saltan un poco demasiado y otras veces no saltan lo suficiente. Así cantamos casi todos (por esa razón no nos conviene renunciar a nuestro empleo para ganarnos la vida cantando).
2. La nota con la que empezó no era la misma que usó Abba. En realidad, la nota con la que empezó ni siquiera está en ninguna parte del teclado de un piano (ni falta que hace). Se trata tan sólo de una nota que ella eligió del centro de su rango vocal y, si se contrastara, resultaría que se encuentra entre dos notas adyacentes de un piano. Esto es lo que hacemos casi todos nosotros.

En la séptima planta vive Jaime Cantor, que pertenece a un coro, ha estudiado canto, pero no cuenta con oído absoluto. Es una suerte, y nos viene bien aquí, que también esté cantando *Dancing Queen*. Si comparamos su versión con la original descubriríamos que sus saltos entre notas son muy precisos. Sin embargo, como sucede con su vecina de la segunda planta, la nota con la que empezó no coincidía con la del original de Abba: se trata de una de esas notas *de entre medias* que la mayoría seleccionamos cuando cantamos.

En la planta 15, Cecilia Perfecta también está en el baño reviviendo la misma canción setentera *Dancing Queen* (vaya casualidad). Cecilia ha estudiado canto y también cuenta con oído absoluto –que también se conoce como oído perfecto. Si comparamos su versión con la canción original descubriremos que no sólo es que los saltos entre notas coinciden, sino que además empezó exactamente en la misma nota. Eso significa, desde luego, que está cantando las mismas notas que la canción original de Abba.

La proeza de Cecilia es extraordinaria y bastante inusual (hay un porcentaje muy pequeño de personas con oído absoluto), pero no indica que tenga un talento musical especial. Es posible que Jaime sea mejor cantante y que si lleváramos un piano a su cuarto de baño y tocáramos la primera nota de la canción, podría empezar desde ella y, al igual que Cecilia, reproducir exactamente las mismas notas de Abba.

Lo único que está demostrando Cecilia es que ha memorizado todas las notas de un piano, una flauta o algún otro instrumento. También es casi seguro que realizó semejante prodigio memorístico antes de cumplir los seis años. Los niños pequeños memorizan muchísimo más eficazmente que los demás, y así es como aprenden a hablar y adquieren muchas otras destrezas (en unos pocos meses pasan de estar sentados en el césped comiéndose los bichos y diciendo *ga ga gu gu* a ir paseando por ahí, soltando comentarios sarcásticos sobre la calidad de las galletas).

Un niño pequeño al que se le enseña una canción, aprende la música y la letra. La música no se compone de notas concretas, sino más bien de ascensos o descensos de tono, con un determinado ritmo. *Campanita del lugar* suena igual de bien sea cual sea la nota con la que la empezamos, y no hay que olvidar que la mayoría empezamos en una nota que está entre dos notas del piano.

Sólo si las melodías se ejecutaran en un instrumento, el niño podría empezar a desarrollar oído absoluto. Si uno de sus padres tocara las mismas notas en el piano cada vez que cantan Campanita del lugar, el niño podría empezar a memorizar las notas concretas que utilizan en lugar de aprender únicamente los saltos. Gradualmente, podría ir construyendo una auténtica biblioteca mental de todas las notas del piano. Si esto sucediera, también podría aprender que cada una de las notas memorizadas tiene un nombre, como, por ejemplo, el Fa por encima del Do central (el Do central es el Do cerca del centro del teclado de un piano).

Es interesante el hecho de que, aunque en Europa y Estados Unidos el oído absoluto es algo poco frecuente, es mucho más común en países como China y Vietnam, cuyo idioma contiene un elemento de control de tono. El sonido que emites al pronunciar una palabra en esas lenguas tonales es una combinación de cantar y hablar. El tono en el que *cantas* una palabra en una lengua como el mandarín es vital para comunicarse: cada palabra tiene varios significados sin relación entre sí que dependen del tono. Por ejemplo, la palabra *ma* significa *madre* si la cantas/dices en un tono agudo y uniforme, pero significa *cáñamo* si empiezas en un tono medio y luego subes, o *caballo* si empiezas grave, bajas y luego subes. Si empiezas agudo y dejas que caiga el tono, estás diciendo *perezoso*. Por tanto, una pregunta inocente como *¿Ya está la comida, mamá?*, fácilmente podría transformarse en, *¿Y mi comida, caballo?* si no lo dices con los tonos adecuados. Como un error de este tipo podría mermar catastróficamente su fuente de alimentación, los niños pequeños que están aprendiendo alguna de estas lenguas tonales están mucho más pendientes del tono que los occidentales, niños o adultos y, por tanto, es más probable que adquieran oído absoluto.

El hecho de que sean tan pocos los occidentales que desarrollan esta memoria de las notas se debe a que no es algo que nos sea muy útil. Es más, puede llegar a ser bastante desagradable, ya que la mayoría de las personas canta o silba muy fuera de tono. Si fueras violinista en una orquesta, el oído absoluto te sería útil para ir afinando tu instrumento en el taxi de camino al concierto. O si fueras un cantante profesional, siempre podrías estar seguro de que estás ensayando con las notas correctas aunque estés paseando por el campo. Pero esas serían las únicas ventajas. Esta falta de utilidad es una de las razones por las que en la enseñanza de la música nunca se hace ningún intento de adquirir oído absoluto. Otra razón fundamental para su falta de desarrollo es que es muy difícil de lograr después de los seis años de edad.

Una vez dicho esto, sí hay bastantes músicos (y algunas personas de carne y hueso) que tienen oído absoluto parcial. Lo que quiero decir con esto es que han memorizado una o dos notas. Por ejemplo, la mayoría de los músicos de una orquesta tienen que afinar su instrumento al principio de cada concierto (a diferencia de aquel violinista repelente con oído absoluto que puede hacerlo a solas en el taxi). Siempre utilizan la nota La con este fin. Un instrumento (normalmente el oboe) emite un la y todos los demás ajustan su instrumento para que su la suene igual (esto produce el escándalo horroroso ese que se oye cuando una orquesta va a empezar un concierto). Esta repetida atención a la nota La puede hacer que algunos músicos acaben memorizándola.

Otros ejemplos de oído absoluto parcial también guardan relación con la exposición repetida a una nota o canción concreta. A veces, los que no son músicos también pueden lograrlo y memorizar una nota o varias notas, aunque no sepan cómo se llaman. Pruébelo usted mismo. Ponga una de sus canciones favoritas y cante la que piense que va a ser la primera nota de la canción, y siga haciéndolo cada vez que ponga en marcha su equipo de música. No hay forma de predecirlo, pero usted podría acabar con un tono absoluto parcial.

Este tono absoluto parcial no es tan sorprendente como podría parecer al principio: todos podemos recordar una nota durante unos cuantos segundos (pruébelo con su equipo de música), y la memoria a corto plazo, si se repite con frecuencia, a veces puede convertirse en memoria a largo plazo.

Por cierto, para aumentar muchísimo su precisión tonal cuando cante o tararee, tápese un oído con un dedo. Algunos solistas también suelen hacerlo. Esto funciona porque estamos diseñados para no oír nuestra voz con mucha intensidad, y así evitar que nuestra propia voz enmascare cualquier sonido al que deberíamos estar prestando atención: leones, avalanchas, el aviso de que se cierra el bar, etc. Cuando nos tapamos un oído, mejora la retroalimentación entre la boca y el cerebro y contamos con más elementos de juicio a la hora de calibrar el tono que emitimos. Habrá notado también que su retroalimentación boca-cerebro también mejora si tiene sinusitis, una condición sumamente molesta. (Una vez cometí el error de quejarme de esto con mi novia: «Mi voz suena muy fuerte y me está poniendo nervioso». Su respuesta, mientras levantaba una sola ceja, fue: «Ahora ya sabes lo que tenemos que aguantar los demás».)

Quisiera volver a nuestros tres cantantes para que imaginemos lo que está sucediendo dentro de su cabeza, pero antes quiero mencionar que los saltos de tono en una melodía se llaman intervalos, y que los intervalos tienen nombres que describen su magnitud. El espacio más pequeño es el que hay entre dos teclas adyacentes en el piano,[1] y se llama *semitono*. No es sorprendente que el doble de este salto se llame *tono*. (No hace falta aprenderse los nombres de todos los intervalos, pero se pueden encontrar, junto con un truco para identificarlos, en la parte A de la sección de Detalles Engorrosos al final del libro.)

Pues bien: ¿en qué están pensando subconscientemente nuestros cantantes cuando cantan las palabras *you are a...* de la canción de Abba?

El cerebro de Carmen Normal está enviando las siguientes señales:

* Canta cualquier nota.
* Sube un poquito para la siguiente nota.
* Ahora otro poco más para la siguiente nota.
Etc.

El cerebro de Jaime Cantor está enviando estas señales:

* Canta cualquier nota.
* Sube un tono entero para la siguiente nota.
* Ahora otro tono entero para la siguiente nota.
Etc.

El cerebro de Cecilia Perfecta está enviando estas señales:

* Canta en mi.
* Sube a Fa sostenido.
* Sube a Sol sostenido.
Etc.

Pero, como he mencionado antes, el hecho de que las notas de Cecilia se ajusten a las que acordó un comité en 1939 no significa que sea mejor cantante que Jaime. Ser un buen cantante no es sólo cuestión

---

[1] Si se fija en la fotografía de un teclado de piano del capítulo 1, observará que en el caso de este instrumento, la palabra adyacente resulta un poco complicada. Todas las teclas blancas parecen estar adyacentes entre sí porque las negras no son suficientemente largas como para separarlas del todo. Pero la menor longitud de las teclas negras tiene como único fin mejorar la ergonomía del instrumento. En lo que respecta al sonido, las notas si y do están adyacentes, mientras que fa y sol, por ejemplo, no lo están, puesto que las separa fa#.

de llegar a las notas correctas, sino que además hay que cantarlas con claridad, con el énfasis apropiado, y asegurarte de que no se te acaba el aire antes de que termine la nota final de una frase. Además, la calidad de la voz se ve afectada por el equipo con el que contamos: nuestras cuerdas vocales, boca, garganta, etc. Casi a cualquiera de nosotros se nos podría enseñar a ser un cantante adecuado, pero para ser realmente bueno además de la enseñanza hace falta estar dotado de un buen equipo.

Rarezas y pedantería

En el capítulo 1 mencionábamos que las flautas alemanas eran de distinta longitud que las inglesas, lo que se traducía en que las orquestas alemanas y las inglesas tocaban notas diferentes. De hecho, distintos países, e incluso algunas ciudades, tenían sus propias notas. En el siglo XIX, un la en Londres era casi un la bemol en Milán y un si bemol en Weimar. Esto lo sabemos porque los historiadores han descubierto diversos diapasones de esa época confusa, además de que podemos comparar las notas de los órganos de iglesia y las flautas de distintos lugares. Para añadir al caos, las notas locales también solían subir o bajar de tono de una década a la siguiente.

Imaginémonos la siguiente escena: estamos en 1803 y Anton Schwartz, el famoso cantante alemán, se encuentra con Luigi Streptococci, el famoso cantante italiano en un *pub* en Bolton, Inglaterra.

—Oye, Luigi, estás cantando todas las notas en bemol. Lo sé porque tengo oído absoluto

—No, Anton. Tú eres el que está cantando en sostenido. Lo sé porque yo sí que tengo oído absoluto.

—No, estás equivocado.

Y así seguirán hasta que el propietario los eche del *pub*, ya que ninguno de los dos canta en tono respecto al piano del establecimiento (que está afinado con los tonos que son típicos en Bolton en 1803). No me extraña que hubiera tantas guerras en Europa en aquellos días.

Era una situación peculiar, ya que los músicos profesionales frecuentemente recibían (y reciben) instrucción desde una edad muy temprana y algunos habrán desarrollado oído absoluto de acuerdo con el tono adoptado por el afinador de pianos o constructor de órganos local. Pero apenas empezaban a viajar se encontraban con otros profesionales muy capacitados que tenían un oído absoluto diferente al suyo. Es como si todos declaráramos que nuestro tono favorito de rosa es el rosa perfecto. Todos estos *oídos absolutos* eran igual de válidos. Para tener oído absoluto lo único que necesitas es que un conjunto de tonos esté grabado en tu memoria a largo plazo. Ni siquiera hace falta saber cómo se llaman las notas: podría ser que hubieras memorizado todas las notas del piano de tu madre sin que nadie te hubiera informado de que esta nota es un mi bemol y aquella es un Re.

Hoy en día, las personas con oído absoluto normalmente tienen memorizados los tonos occidentales convencionales que fueron adoptados en 1939, ya que así es como están afinados todos los pianos, clarinetes y demás instrumentos. Eso significa que si usted lo tiene, su oído absoluto es igual al de todos. La mayor parte de las personas con oído absoluto también saben los nombres de las notas, ya que lo normal es que lo hayan adquirido durante algún tipo de formación musical a una edad temprana.

Los hechos históricos complican la vida a los pedantes musicales que hay entre nosotros. Una postura pedante típica exigiría que interpretáramos la música de Mozart, por ejemplo, tal como la *escribió* él. Otra opinión pedante, igualmente comprensible, exigiría que ejecutáramos la música de Mozart exactamente como la *oyó* en su cabeza al escribirla. Aquí se nos presenta una dificultad, ya que aunque Mozart tenía oído absoluto, las notas que tenía memorizadas no eran las mismas que las que seleccionó el comité de 1939. De hecho, la nota que nosotros consideramos la, Mozart la describiría como un sí bemol ligeramente desafinado. Esto lo sabemos porque contamos con el diapasón que utilizaba Mozart. Así que cuando escuchamos hoy en día la música de Mozart, la oímos aproximadamente un semitono más alta de lo que era su intención, lo que sin duda será irritante para algunos pedantes musicales. Algunas de sus canciones más difíciles por sus agudos serían en realidad mucho más fáciles de cantar si las bajáramos un semitono, que sería más cercano a como Mozart quería que sonaran. Por otro lado, eso implicaría reescribir toda su música en una tonalidad más baja, lo que pondría nerviosos a otros pedantes totalmente distintos.

Así que si alguna vez hablamos del oído absoluto, hace falta que tengamos presentes los siguientes hechos:

- Si alguien tiene oído absoluto, eso significa simplemente que memorizó todas las notas de un instrumento concreto antes de cumplir los seis años, aproximadamente. Estas personas normalmente tienen un alto nivel de habilidad musical, pero eso no tiene nada que ver con su oído absoluto (que es algo bastante inútil). Normalmente tienen unas destrezas musicales excelentes simplemente porque empezaron su aprendizaje antes de cumplir los seis años. La mayor parte de la destreza musical viene como resultado del aprendizaje más que de la inspiración, y cuanto más joven seas cuando empieces, mejor músico llegarás a ser.
- Decir que alguien tenía oído absoluto antes de 1939 no nos dice nada sobre los tonos de las notas que memorizó, ya que entonces no había unas notas convencionales acordadas a escala internacional. Por otro lado, cualquier persona que tuviera oído absoluto local probablemente sería un buen músico, ya que obviamente habría empezado su aprendizaje a una edad muy temprana.

Respecto a la cuestión de si usted tiene o no oído absoluto, hay una forma fácil de averiguarlo con el método que hemos descrito más arriba. Escoja algunas de sus canciones preferidas entre su colección de CD e intente cantar la primera nota de cada una antes de escucharla (acuérdese de taparse un oído con un dedo para oírse a sí mismo con más claridad, y no espere a la primera palabra que se cante, ya que la música de la introducción le daría pistas sobre qué nota es la que va a sonar; lo que tiene que cantar es la primera nota de la pieza).

- Si acierta en todas, es que tiene oído absoluto.
- Si acierta en algunas de ellas, es que tiene oído absoluto parcial.
- Si piensa que ha acertado pero que los que están con usted ninguno acierta, debe irse a dormir e intentarlo de nuevo por la mañana, cuando ya esté sobrio.

3

Notas y ruidos

Cada día oímos millones de sonidos y sólo unos pocos son notas musicales. Normalmente, las notas musicales se crean deliberadamente a partir de un instrumento musical, pero también pueden producirse en situaciones ajenas a la música, como cuando golpeas ligeramente una copa de vino o haces sonar el timbre de una puerta. Al margen de cuándo y cómo se produzcan, las notas musicales tienen un sonido distinto al de otros sonidos.

¿Cuál es la diferencia entre una nota musical y cualquier otro tipo de sonido? Todas las personas que usted conoce responderán a esto de alguna forma, pero la mayoría se basará en la idea de que las notas musicales suenan... mmm... musicales y los otros sonidos no son... mmm... musicales.

La música nos afecta emocionalmente y puede amplificar o transformar nuestro estado de ánimo. Un buen ejemplo de esto es la manera en que la banda sonora de una película nos da pistas de cómo debemos responder emocionalmente a la escena que estamos viendo: el romance, el humor o la tensión se ven potenciados por la música que los acompaña. Esta vinculación entre música y emoción nos podría hacer pensar que las propias notas poseen un contenido emocional y que, de alguna manera, son sonidos misteriosos y mágicos. Pero aunque sí existe una genuina diferencia entre las notas musicales y todos los demás sonidos, no tiene nada que ver con la emoción, y un ordenador podría detectar dicha diferencia sin vacilar.

Sonido

Si arroja una piedra a un estanque tranquilo, agitará la superficie del agua y creará ondas que se irán alejando del impacto inicial. De manera parecida, si chasquea los dedos en una habitación silenciosa, agitará el aire y se generarán ondas de aire que se irán alejando de sus dedos.

En el caso de la piedra en el estanque, las ondas significan un cambio en la altura del agua, y nosotros podemos ver claramente lo que está sucediendo: la altura del agua sube, baja, sube, baja, sube, baja, etc., y las ondas se alejan del lugar del impacto.

Cuando chasqueamos los dedos (o hacemos cualquier otro sonido, incluida una nota musical), las ondas de sonido que viajan hasta nuestros oídos son cambios de presión del aire. No podemos ver esas ondas, pero nuestros oídos las detectan. Cuando las ondas llegan hasta nuestros oídos, la presión del aire baja, y luego sube y baja y sube y baja, lo que hace que los tímpanos se muevan hacia adentro y afuera y adentro y afuera y adentro y afuera al mismo ritmo, ya que nuestros oídos son como unas minúsculas camas elásticas que fácilmente son empujadas hacia adentro o hacia afuera por los cambios de la presión del aire. Entonces nuestro cerebro analiza esos movimientos del tímpano y descifra lo que está sucediendo: ¿es el momento de echar a correr o el momento de pedir el postre?

Sonidos no musicales

A medida que crecemos, vamos desarrollando una enorme habilidad para identificar e interpretar los sonidos: el agua hierve, alguien extiende mantequilla sobre una tostada, alguien más corta leña, el cajero automático hace un simpático clic mientras se come nuestra tarjeta de crédito. Vamos acumulando una enorme biblioteca de sonidos que nos ayudarán a entender lo que sucede a nuestro alrededor.

Si pudiéramos ver las ondas de presión de estos sonidos no musicales, notaríamos que son muy complicados. La onda básica se creará por todo tipo de cosas que suceden al mismo tiempo; el sonido de una puerta que se cierra puede incluir las vibraciones producidas por la puerta, por la cerradura, por la pared y por las bisagras, y cada una de estas complejas vibraciones individuales se combina con las demás para producir un conjunto todavía más complicado de ondas de presión de aire.

Imaginemos que podemos ver las ondas de presión producidas por una puerta que se cierra. En la parte izquierda de la siguiente ilustración he dibujado unas posibles representaciones de las ondas[1] de la puerta, la cerradura, la pared y las bisagras por separado. A la derecha de la ilustración las he combinado para indicar la forma de la onda principal que hace que nuestros tímpanos se muevan hacia adentro y hacia afuera cuando se cierra la puerta.

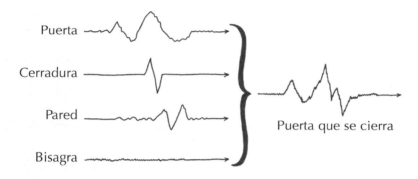

Para formar un ruido se unen varios conjuntos de ondas de presión. Las ondas generadas por una puerta, una cerradura, una pared y una bisagra se unen para formar el ruido completo de una puerta que se cierra.

La forma de las ondas que finalmente llega al tímpano del oído a partir de un ruido es extremadamente compleja porque está constituida por un grupo caótico de ondas individuales que no tienen relación entre sí. Esto es cierto de todos los ruidos que no son notas musicales.

---

[1] Podemos averiguar cómo es la verdadera forma de las ondas de una puerta que se cierra si conectamos un micrófono a un ordenador y hacemos que éste represente gráficamente los cambios de presión sufridos por el micrófono (que actúa de forma muy parecida al oído: tiene una pequeña pieza en su interior que se desplaza hacia adentro y hacia afuera a medida que la presión del aire aumenta o disminuye). La representación de las ondas probablemente sería todavía más complicada que la que yo he dibujado aquí.

Notas musicales

Las notas musicales son distintas a los sonidos no musicales en que cada nota musical está formada de un patrón de ondas que se repite una y otra vez. En la siguiente ilustración se presentan algunos ejemplos de los patrones de ondas de notas producidas por distintos instrumentos. Para considerarla una nota musical, no importa lo complicadas que sean las ondas individuales, sino el hecho de que el patrón se repita.

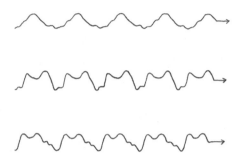

Las notas musicales se forman de patrones de ondas que se repiten una y otra vez. Aquí se representan notas reales producidas por una flauta (superior), un clarinete (medio) y una guitarra (inferior). (Fuente: Exploring Music, de C. Taylor (Taylor & Francis, 1992))

Nuestros tímpanos se flexionan hacia adentro y hacia afuera cuando las ondas de presión actúan sobre ellos. Pero los tímpanos no pueden responder adecuadamente si el patrón de ondas se repite demasiado rápida o lentamente; solamente oímos patrones que se repiten entre más de veinte veces por segundo y menos de veinte mil veces por segundo.

No es necesario que las notas musicales las produzca un instrumento musical. Cualquier cosa que vibre o agite el aire de forma repetitiva entre veinte y veinte mil veces por segundo produce una nota, sea una moto a gran velocidad o un taladro de dentista. En la canción *The Facts of Life*, la banda Talking Heads usa lo que parece ser un taladro accionado por aire comprimido para producir una de las notas del acompañamiento de fondo. Esta combinación de música e ingeniería encaja bien con la letra, que nos dice que «el amor es una máquina sin conductor».

Los instrumentos musicales son simplemente dispositivos que han sido diseñados para producir notas de forma controlada. Un músico usa el movimiento de sus dedos o la potencia de su soplo para que algo vibre a las frecuencias elegidas, y se producen las notas.

Las vibraciones organizadas producen notas

Cuando las cosas vibran, normalmente lo hacen de muchas maneras diferentes a la vez. Por ejemplo, si está cortando un árbol, cada vez que el hacha golpea el árbol las diversas ramas vibran a velocidades distintas y en diferentes direcciones. Cada una de estas vibraciones genera un patrón de ondas en el aire, pero éstos no se suman para crear un patrón general repetitivo, de modo que oímos un ruido en vez de una nota. Las notas musicales se producen únicamente cuando todas las vibraciones contribuyen a generar un patrón repetitivo como los de la ilustración anterior. Para que esto suceda, el objeto que vibra debe producir únicamente ondas que están fuertemente relacionadas entre sí y se pueden unir de forma organizada. Es más fácil que esto suceda cuando el objeto que vibra tiene una forma muy simple. Una de las formas más sencillas posibles es una columna o barra como la que se muestra en la siguiente ilustración. Como veremos en breve, las columnas vibran de la manera exactamente adecuada para generar notas musicales, y esta es la razón de que la mayoría de los instrumentos musicales utilicen la vibración de una columna de aire en el interior de un tubo (la flauta, el clarinete, etc.) o la vibración de cuerdas, que no son más que columnas largas y finas hechas de plástico o de acero.

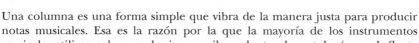

Una columna es una forma simple que vibra de la manera justa para producir notas musicales. Esa es la razón por la que la mayoría de los instrumentos musicales utilizan columnas de aire que vibran dentro de un tubo (como la flauta o el clarinete) o la vibración de cuerdas (que son largas y delgadas columnas de acero o plástico).

En cuanto a las cuerdas, las notas más puras y con mayor volumen se consiguen con cuerdas nuevas, cuando su forma se acerca lo más posible a una columna. Cuando llevan usándose un tiempo adquieren raspaduras y daños y su forma de columna se hace más imperfecta. Cuando esto sucede, su sonido es más apagado y las notas tienden a hacerse más ambiguas en cuanto a su tono. Los músicos profesionales cambian de cuerdas cada pocas semanas, pero cuando yo era estudiante siempre esperaba a que las cuerdas fueran casi imposibles de afinar antes de comprar un juego nuevo, ya que se pueden comprar muchas patatas fritas, refrescos y salsa curry con el precio de un juego de cuerdas de guitarra. Generalmente, hay que comprar el juego completo, ya que si reemplazas solamente las dos peores vas a tener dos cuerdas nuevas que suenan con más volumen y brillantez que las otras. Y no funciona lo de intentar hacer trampa comprando dos cuerdas nuevas y envejeciéndolas artificialmente con aceite de patatas fritas y salsa curry: la columna perfectamente simétrica de las cuerdas nuevas acabará sobreponiéndose a esas admirables técnicas caseras para intentar ahorrar.

Podemos aprender mucho sobre las notas musicales si nos fijamos en la manera en que vibra una sola cuerda. Cuando pulsamos una cuerda de guitarra, se mueve hacia delante y hacia atrás cientos de veces por segundo. Naturalmente, ese movimiento es tan rápido que no lo vemos: únicamente vemos la imagen borrosa de la cuerda en movimiento. Las cuerdas que vibran solas no hacen mucho ruido, ya que son muy finas y no desplazan demasiado aire, pero si se une a la cuerda una gran caja hueca (como un cuerpo de guitarra), entonces la vibración se amplifica y la nota se oye con toda nitidez. La vibración se transmite a las superficies de madera de la caja, que se ponen a vibrar a la misma velocidad que la cuerda. La vibración de la madera crea ondas de presión de aire más potentes. Cuando las ondas emitidas por la guitarra alcanzan el oído, el tímpano se flexiona hacia adentro y hacia afuera tantas veces por segundo como la guitarra original. Finalmente, el cerebro analiza el movimiento del tímpano y piensa, *el vecino de al lado ya está ensayando con la guitarra, el muy pesado.*

El número de veces que vibra la cuerda en un segundo se llama la *frecuencia* de la nota, y el término se refiere precisamente a con cuánta frecuencia vibra. Uno de los primeros en realizar un estudio científico serio sobre las frecuencias, en la década de 1880, fue un alemán de barba poblada llamado Hertz. Los científicos y músicos que realizaban trabajos sobre acústica se encontraban con que les hacía falta una manera breve de decir *la cuerda tenía una frecuencia vibracional de 196 ciclos de movimiento hacia delante y hacia atrás.* Primeramente lo acortaron a *la cuerda tenía una frecuencia de 196 ciclos por segundo,*[2] pero incluso los científicos de barba poblada se dieron cuenta de que no se trataba de una forma muy atractiva de expresarlo. Por fin, en 1930 se le ocurrió a alguien la idea de utilizar el nombre de Hertz para expresar el número de ciclos por segundo, así que en la actualidad decimos *esta cuerda tiene una frecuencia de 196 hercios.* Normalmente acortamos hercio a Hz cuando lo escribimos: *la cuerda tenía una frecuencia de 196 Hz.* (Estoy seguro de que tanto el doctor Hertz como su barba habrían estado encantados de dicho honor; a mí ya me gustaría que se me ocurriera algo que se pudiera medir en *Powells.*)

En el capítulo 1 expliqué que el tono (o frecuencia) de cada nota que utilizamos se decidió en un comité en 1939. Aunque no hablaron concretamente de guitarras, las decisiones que tomaron afectaban a todos los instrumentos. Así, hoy sabemos que la segunda cuerda más gruesa de una guitarra, la cuerda La, debe vibrar 110 veces por segundo.

Así que John Williams (el guitarrista clásico por excelencia) acaba de pulsar la cuerda La de su guitarra y, en una guitarra bien afinada, la cuerda La tiene una frecuencia fundamental de 110 Hz. Una forma simplificada de expresarlo es decir que la cuerda ahora se mueve hacia adelante y hacia atrás 110 veces por segundo y nuestros tímpanos hacen lo mismo. Pero esta no es la historia completa. La cuerda está vibrando en realidad a muchas frecuencias simultáneamente, y la de 110 veces por segundo, o 110 Hz, es apenas la más baja de las frecuencias. Las otras frecuencias son múltiplos de ésta: 220 Hz (2×110), 330 Hz (3×110), 440 (4×110), 550 Hz (5×110), y así sucesivamente. Cuando se hace sonar la cuerda, oímos todas esas frecuencias simultáneamente, pero el efecto en nuestro sistema auditivo es de un único patrón de ondas que se repite 110 veces por segundo.

Esto nos plantea varias preguntas muy interesantes:

1. ¿Por qué una cuerda vibra a muchas frecuencias distintas y no a una sola?

---

[2] El término *ciclos por segundo* se refiere a cuántas veces la cuerda realiza un ciclo completo en un segundo. Un ciclo completo sería, por ejemplo, empezar en el centro, moverse a la derecha, volver al centro, desplazarse a la izquierda y volver al centro.

2. ¿Por qué la cuerda vibra sólo a frecuencias que están relacionadas por números enteros con la frecuencia fundamental (dos, tres, cuatro veces, etc.).
3. ¿Por qué oímos una frecuencia fundamental que se impone a todas las otras cuando hay diversas frecuencias que se le unen?

Vamos a contemplar este tema desde el punto de vista de la cuerda. Antes de ser pulsada, la cuerda vivía feliz en un estado de estabilidad: cuando estaba estirada ocupaba la ruta más corta entre dos puntos, la línea recta. Al pulsarla la hemos estirado un poco más antes de soltarla. Esto es extremadamente incómodo para la cuerda e inmediatamente intenta volver a ser una línea recta, aunque pasa de largo una y otra vez hasta que agota la energía. A la cuerda se le agota la energía porque al moverse de un lado para otro, tiene que abrirse camino a través del aire, además de que transfiere su energía vibratoria al cuerpo de madera de la guitarra o el violín.

Se podría pensar que la cuerda simplemente se desplazaría de un extremo a otro, desde una curva suave hasta otra curva suave, como se muestra en la siguiente ilustración. Pero no puede hacer eso porque para ir de una curva a otra sin más, la cuerda tendría que empezar su trayecto como curva suave. Pero de hecho cuando se pulsa una cuerda, se forma una línea quebrada –dos rectas que se unen en el dedo que la pulsa– como se muestra en la segunda figura de la ilustración. Cuando se suelta, la cuerda no tendrá tiempo para organizarse en forma de una suave curva gradual, sino que sus distintas partes se desplazarán tan rápidamente como sea posible.

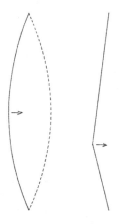

Si quisiéramos hacer que una cuerda vibrara solo a su frecuencia fundamental, tendríamos que iniciar su movimient con la forma correcta: una curva suave como la de la figura de la izquierda. Lo que en realidad sucede es que cuando pulsamos una cuerda, iniciamos el movimiento a partir de dos líneas rectas que se encuentran en el dedo que la pulsa, como se puede ver en la figura de la derecha.

Así que ahora nuestra cuerda se encuentra en un conflicto. Necesita moverse apenas sea soltada, pero no se puede mover como una curva sencilla porque no ha empezado a desplazarse como una curva sencilla. La solución a este problema es que la cuerda empieza a vibrar de varias maneras a la vez.

Esto quizá suene extraño. ¿Cómo puede una cuerda hacer varias cosas a la vez? En realidad no es tan difícil. Imagine que está sentado en un columpio del parque, uno de esos de tipo tradicional que constan de un asiento de madera suspendido de dos cadenas. Si se columpia suavemente hacia adelante y hacia atrás, cada uno de los eslabones de cada cadena también se desplazará hacia adelante y hacia atrás. Es verdad que los eslabones más cercanos al asiento son los que más se mueven y los que están próximos al travesaño del que cuelga el columpio se mueven muy poco, pero podemos decir que la cadena en su totalidad está respondiendo a una orden única: muévete suavemente hacia adelante y hacia atrás. Ahora, mientras esto sucede, dé un golpe a la cadena más o menos a la altura de su vista. Entonces, empezará a vibrar rápidamente hacia adelante y hacia atrás además de desplazarse suavemente. La cadena estará obedeciendo dos órdenes distintas: 1. Muévete suavemente hacia adelante y hacia atrás; y 2. Vibra rápidamente hacia adelante y hacia atrás. Además, mientras se columpia, podría iniciar un movimiento rotatorio, con lo que se le daría otra instrucción adicional. Y si lo que quiere es marearse, puede añadir muchos otros movimientos distintos. Esto pone de manifiesto que una cadena o una cuerda puede obedecer varias órdenes a la vez.

Aunque nuestra obediente cuerda de guitarra puede seguir varias instrucciones simultáneamente, solo acepta, sabiamente, las que le permiten que los extremos se mantengan estacionarios, ya que se encuentran sujetos al instrumento y por tanto no se pueden mover.

Echemos un vistazo a la ilustración de abajo: junto a una foto de mi guitarra clásica favorita hay tres dibujos de algunas formas en las que podría vibrar una cuerda. Lo primero que hay que notar es que, sea cual sea el patrón de vibración que haya dibujado, me he tenido que asegurar de que los extremos se mantenían en el mismo sitio, ya que los extremos de las cuerdas están sujetos a la guitarra y no se pueden mover. Esto se traduce automáticamente en el hecho de que sea cual sea la manera en que vibra la cuerda, su longitud se tiene que dividir en una, dos, tres partes, o cualquier otro número entero de partes, pero no se puede dividir de ninguna forma más complicada. No se puede dividir en cuatro partes y media, por ejemplo, porque eso supondría que uno de los extremos se mueve con la vibración.

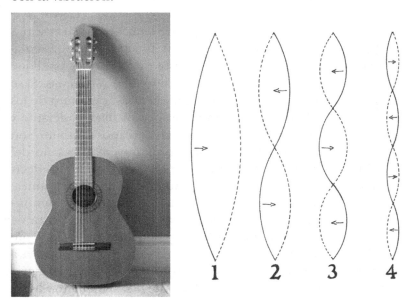

Algunos ejemplos de cómo podría vibrar una cuerda: 1. La cuerda entera vibra a 110 Hz. 2. La cuerda se divide en dos mitades que vibran a 220 Hz. 3. La cuerda se divide en tres tercios que vibran a 330 H. 4. La cuerda se divide en cuatro cuartos que vibran a 440 Hz. Todas estas vibraciones, y muchas más, se realizan simultáneamente en una especie de danza compleja que repite un ciclo entero en la frecuencia más baja de todas, 110 Hz.

Así que, cuando está vibrando de un lado para otro, la cuerda no sólo se comporta como una cuerda larga que se mueve a la frecuencia fundamental, sino que participa en una compleja danza ondulante en la que muchas vibraciones distintas se realizan simultáneamente: el movimiento de la cuerda entera se ve acompañado por algunas vibraciones de media cuerda, de un tercio de cuerda o de un cuarto de cuerda.

Las cuerdas cortas vibran a una frecuencia mayor que las largas, si se trata del mismo tipo de cuerda sujeto al mismo grado de tensión. Es más, hay una relación directa entre la longitud de la cuerda y la frecuencia en la que vibra. Si dividimos por la mitad la longitud de la cuerda, estaremos duplicando la frecuencia. De igual manera, si usamos una cuerda con una sexta parte de longitud, estamos multiplicando la frecuencia por seis.

Todos los segmentos más cortos que resultan cuando la cuerda se divide, vibran a frecuencias que se corresponden a su longitud: las mitades vibran al doble de 110 Hz, los tercios vibran a tres veces 110 Hz, y así sucesivamente. Aunque las mitades, tercios y cuartos vibran de forma independiente, hacen lo que las parejas en un baile de salón tradicional: a intervalos regulares vuelven a la primera posición para volver a empezar. El patrón global de la danza se repetirá a la misma frecuencia, que es la más baja de todas, 110 Hz en este caso. Por eso llamamos a la frecuencia más baja la frecuencia fundamental de la nota. Este es el tono de la nota global que oímos, que es por lo que cuando hablamos de las notas musicales nos referimos sólo a su frecuencia más baja. Todas las demás frecuencias se unen y apoyan a la fundamental (algo muy parecido a los cantantes del coro que apoyan al solista), y esto produce una mayor riqueza de sonido.

Lo que sucede en realidad cuando se suelta la cuerda es que todos los tipos de vibración relacionados con el veloz desplazamiento de la cuerda

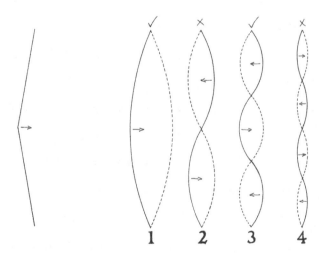

Si se pulsa la cuerda en el centro, todas las vibraciones que requieren que se mueva el centro de la cuerda se pueden sumar al movimiento que produce la nota. Sin embargo, estarán ausentes las vibraciones que requieren que el centro de la cuerda permanezca estático. A la izquierda se representa una cuerda pulsada en el centro; solamente las vibraciones que permiten que el centro de la cuerda se desplace –identificadas por un tick en la parte superior– pueden formar parte de la nota cuando la cuerda se pone a vibrar.

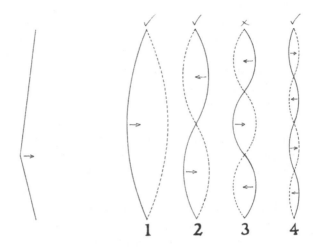

Cuando se pulsa la cuerda a un tercio de su longitud, solo los tipos de vibración que requieren que la cuerda se mueva en ese punto (señaladas por un tick) pueden incorporarse a la nota, mientras que las que exigen que esté inmóvil en ese punto no podrán hacerlo.

en torno al punto en que se ha pulsado empiezan a la vez. Por ejemplo, si se pulsa por el centro, se producirán vibraciones en la frecuencia fundamental y en la que es el triple de la fundamental, ya que ambos tipos de vibración implican mucho movimiento en el centro, como se puede apreciar en la siguiente ilustración. Por otro lado, estarán ausentes las vibraciones dos o cuatro veces la frecuencia fundamental, ya que estas requieren que el centro de la cuerda no se desplace.

Pongamos otro ejemplo: si se pulsa la cuerda a un tercio de su longitud, se producirá una gran cantidad de vibraciones a la frecuencia fundamental y a dos y cuatro veces la fundamental, pero ninguna al triple, puesto que estas últimas no pueden incorporarse si la cuerda se mueve en ese punto, como se puede observar en la anterior ilustración.

Ahora es cuando nos ilumina la deslumbrante luz del entendimiento. Si pulsamos una cuerda, producimos muchas vibraciones simultáneas, y dependiendo del punto en el que la pulsamos se añadirá a la mezcla una determinada proporción de cada tipo de vibración. Esto explica por qué es diferente el sonido de las cuerdas de guitarra en función de que se pulsen cerca del centro o de los extremos. La frecuencia fundamental se mantiene, independientemente del punto donde se pulse la cuerda, pero se verá complementada por distintas proporciones del resto de las vibraciones. Hemos cambiado el patrón de la danza sin modificar la cantidad de veces que se produce el ciclo completo de movimiento. Para producir otra nota distinta, o bien se pulsa otra cuerda o se acorta la misma con la utilización de los trastes[3] del mástil. En esos casos se genera otra vibración fundamental distinta, con su propio acompañamiento de frecuencias relacionadas.

Hay, naturalmente, un grupo de instrumentos musicales cuyos sonidos no implican la colaboración de armónicos, de modo que lo que producen son ruidos. Se trata de los instrumentos de percusión no afinados, como los címbalos, gongs y bombos. Están entre los instrumentos más antiguos del mundo puesto que su origen se remonta a un tiempo muy anterior a la invención de los buenos modales en la mesa. En aquellos tiempos maravillosos las personas que iban a las danzas tribales aporreaban cualquier cachivache que tuvieran a mano. Hoy en día las cosas son ligeramente más sofisticadas, y no está bien visto usar el cráneo de tus enemigos o parientes cercanos, ni siquiera entre los jugadores de rugby. Las bandas de rock, pop o jazz utilizan tambores y platillos casi continuamente para crear un impulso rítmico para la música y ésa es la razón por la que se usan instrumentos que generan ruidos, no notas. Si un batería estuviera produciendo una o dos notas todo el tiempo, dichas notas dominarían la canción y ocasionalmente desentonarían con sus armonías. Un ruido repetitivo, el *rataplán* de un tambor o el *chisss* de un platillo, proporciona información rítmica sin secuestrar la música.

Los tambores son circulares y muy parecidos a columnas cortas, así que tienen tendencia a producir notas si no los disuades (algunos tambores, como los timbales de las orquestas se afinan deliberadamente para producir notas). Un bombo tiene dos membranas, una en cada extremo del cilindro, y lo que hay que hacer para impedir que produzcan notas es afinarlas a notas distintas. Cuando se golpea una de las membranas, se comprime el aire dentro del tambor y eso hace que ambas membranas empiecen a vibrar. Sin embargo, ya que no producen patrones de movimiento que se apoyen entre sí, el sonido no tiene un tono identificable. La falta de apoyo mutuo es asimismo la razón por la que el sonido muere rápidamente, algo que es muy útil si quieres producir ritmos claros.

---

[3] La utilización de trastes como forma de acortar las cuerdas se explica en la página 58.

La razón por la que escogí la cuerda La para el ejemplo de este capítulo es que su frecuencia fundamental es 110 Hz, y es muy fácil reconocer a simple vista que 220 Hz es el doble y 330 Hz es el triple. Pero este libro se refiere a todas las notas, así que no podemos usar siempre el mismo ejemplo. La regla general es que cualquier nota está compuesta de una frecuencia fundamental y otra serie de frecuencias que son el doble, el triple, el cuádruple y así sucesivamente. Todas estas frecuencias se llaman los armónicos de la nota. La frecuencia fundamental es el primer armónico, pero normalmente la llamamos sencillamente la fundamental. La frecuencia que es el doble que la fundamental es el segundo armónico, la que es el triple se conoce como tercer armónico, y así sucesivamente.

Aunque hasta ahora solamente hemos hablado de las cuerdas de guitarra, estos principios son ciertos para todas las notas musicales: cada nota contiene una familia de vibraciones relacionadas entre sí por números enteros, y son las distintas combinaciones de estas vibraciones las que dan a la nota un carácter propio sin cambiar la frecuencia fundamental.

El principio de que las cuerdas producen distintas combinaciones de armónicos en función del punto desde donde se hacen vibrar también es cierto en los instrumentos en los que en lugar de pulsar las cuerdas se utiliza un arco, como el violín y el violonchelo. Este principio proporciona una forma muy útil para controlar el sonido del instrumento si se ejecuta una pieza que tiene repeticiones, como sucede en casi todas las piezas. Se puede ejecutar la melodía primeramente pulsando o frotando con el arco en la zona central de la cuerda, lo que producirá un agradable sonido dulce. Cuando se repita la melodía, se pueden ejecutar las mismas notas más cerca de un extremo de las cuerdas, para generar un sonido mucho más áspero. Esta es una buena manera de potenciar el interés musical de la pieza, aumentando o disminuyendo la tensión. El guitarrista puede empezar con una sensación de dulce resignación cuando el cantante le dice a su novia que se da cuenta de que no es del todo feliz; más tarde, se puede tocar de modo que se dé a entender que ya está mucho menos relajado, cuando está cantando la parte que cuenta que ella se fugó con un pedicuro de Vigo.

Las ondas de presión que hemos visto al principio de este capítulo tienen un aspecto muy complicado, mientras que las ilustraciones que reflejan los patrones de las vibraciones de una cuerda son muy sencillas. Nos podemos preguntar cómo es que la suma de cosas sencillas produce una cosa compleja. Las vibraciones individuales de una cuerda producirían ondas sencillas en el aire, como se refleja en la izquierda de la siguiente ilustración, pero las combinaciones de los diversos ingredientes pueden resultar en una variedad amplísima de formas de onda. La persona que descubrió que se puede construir casi cualquier módulo repetitivo a partir de ondas sencillas fue un francés llamado Fourier, uno de los más importantes colaboradores de Napoleón en tres campos intelectuales íntimamente relacionados entre sí: la egiptología, las matemáticas y el drenaje de pantanos. Utilizando operaciones matemáticas complejísimas consiguió crear casi cualquier patrón repetitivo imaginable a partir de estos ingredientes. Por fortuna, aquí no nos hace falta hablar en detalle de eso. Nos basta con saber que si introducimos en un ordenador cualquier forma de onda, se podrían encontrar los componentes necesarios para generarla: *determinada cantidad de la fundamental, un poquito del segundo armónico, con una pizca del séptimo armónico y un chorrito del decimonoveno*, o lo que hiciera falta para conseguir esa forma general de onda.

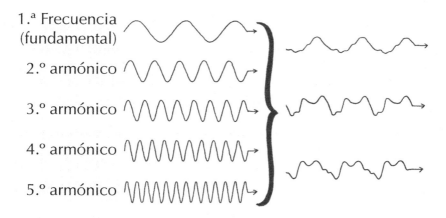

Las diversas ondas relacionadas con una nota se pueden combinar en distintas proporciones para producir distintas formas de onda con la misma frecuencia fundamental. Las proporciones dependen tanto de los instrumentos que se utilicen como de las distintas formas de interpretar un instrumento concreto. El resultado es la misma nota, pero con un sonido diferente (dulce, áspero, etc.). Las ondas combinadas de la derecha son las vibraciones de la flauta, el clarinete y la guitarra que hemos visto anteriormente.

Así que ya tenemos la respuesta a nuestras tres preguntas:

1. Una cuerda vibra a muchas frecuencias a la vez porque la forma que adoptó al principio permite que muchas frecuencias participen en una única danza.
2. Todas las frecuencias están relacionadas por múltiplos enteros porque las divisiones de la cuerda mientras vibra sólo pueden ser números enteros, ya que los extremos no se mueven. Un segmento de media cuerda vibra al doble de la frecuencia fundamental, uno de un tercio vibra al triple, y así sucesivamente.
3. Oímos una frecuencia fundamental unitaria porque un ciclo entero de esta danza se desarrolla a esa frecuencia.

Si rompemos un plato o arrugamos una bolsa de papel, oímos un ruido compuesto de muchas frecuencias sin relación entre sí, pero todas las notas musicales están compuestas de patrones repetitivos. Nuestro cerebro es capaz de identificar si un sonido está compuesto de un patrón de ondas repetitivo o no repetitivo, y gracias a eso distinguimos entre notas y ruidos.

Sabemos por experiencia que las mismas notas tocadas en instrumentos diferentes no tienen el mismo sonido, aunque tengan la misma frecuencia. Por ejemplo, la nota a 110 Hz que se produce cuando pulsamos la cuerda La de una guitarra, contiene distintas proporciones de los diversos armónicos que se suman a la mezcla. Estas distintas mezclas son las responsables de que haya diferencias entre los sonidos de los diversos instrumentos. Ese será el tema del próximo capítulo.

Además de controlar los sonidos de los diferentes instrumentos, los armónicos también influyen sobre cuáles notas escogemos para que suenen bien juntas en las armonías y melodías. Si, por ejemplo, oímos una nota cuya frecuencia fundamental es de 110 Hz y simultáneamente otra cuya frecuencia es el doble, 220 Hz, suenan estupendamente juntas. La nota a 110 Hz está compuesta de armónicos con frecuencias a 110, 220, 330, 440, 550, 660 Hz etc., y la nota a 220 Hz contiene armónicos a 220, 440, 660 Hz etc. La razón por la que las notas suenan bien juntas es que sus armónicos tienen mucho en común, puesto que los armónicos de la nota más aguda son iguales a algunos de la más grave. Cuando la frecuencia fundamental de la nota más aguda es el doble que la más grave, decimos que está a una octava de ella. Este intervalo, la octava, es la piedra angular de todos los sistemas musicales, y se mencionará frecuentemente en el resto del libro. Las notas que están a una octava entre sí están tan relacionadas que se les da el mismo nombre. Ya hemos visto que la nota cuya frecuencia fundamental es a 110 Hz es un La, pero es que la que tiene el doble, 220 Hz, también es La, y la nota que tiene el doble que esta, 440 hz, también es La, y así sucesivamente. De hecho, hay ocho notas La en el teclado del piano, y para distinguirlas entre sí las numeramos (como se puede ver en la página 8). La que ya conocemos, la de 110 Hz, recibe el nombre de La2, y el siguiente la, con frecuencia fundamental a 220 Hz, se conoce como La3.

4

Xilófonos y saxofones: las mismas notas, pero distintos sonidos

Imaginémonos una escena de pesadilla: una sala llena de músicos. Están de buen humor porque se va acercando la hora en que les dan de comer. Para entretenerse, se turnan en la ejecución de una melodía sencilla; primero el violín, luego la flauta, luego el saxofón. Cada instrumento toca exactamente las mismas notas pero, por supuesto, todos tienen un sonido distinto. Cualquiera que los oiga sabe qué instrumento suena en cada momento.

El sonido distintivo de cada instrumento se llama *timbre*. Si le pedimos a un saxofonista que interprete *Three Blind Mice* y luego le pedimos a un xilofonista que repita la misma melodía utilizando las mismas notas, será evidente que la diferencia en el timbre de los instrumentos es enorme. Así que, ¿cómo podemos decir que están interpretando las *mismas* notas?

Para responder a esa pregunta, hemos de pensar en qué cosas son importantes respecto a nuestro sentido del oído. El trabajo principal de nuestro sistema auditivo es mantenernos con vida, así que lo primero que el cerebro y los oídos deben hacer cuando se encuentran con un sonido es analizar si se trata de un mensaje de peligro. Cuando nuestro cerebro analiza un sonido desde el punto de vista del peligro, se concentra sobre todo en su timbre e intenta saber si el sonido lo produjo un animal pequeño (hoy hay conejo en el menú) o un tigre (hoy estoy yo en el menú).

Por fortuna, a nuestro intelecto, que está ajustado muy finamente, le toma muy poco tiempo percatarse de que no es muy probable que nos vaya a comer un xilófono. La segunda cosa importante que tenemos que hacer es saber la procedencia del sonido. En ese caso también, el cerebro se pone en acción: *Ese sonido viene de aquella dirección, aproximadamente de donde está ese xilófono.*

Habiendo llegado a la conclusión de que se trata de una situación musical y no de una agresión, el cerebro se concentra en la frecuencia de las notas que se producen y en su disposición dentro de unas melodías y unas armonías. En el contexto de la música, el timbre de las notas tiene una cierta importancia, pero es secundario respecto a sus frecuencias (o tonos).

Identificamos dos notas como similares si sus frecuencias fundamentales son idénticas, al margen de su timbre. El timbre añade interés, del mismo modo que el sombreado añade información a un dibujo de contorno. Este sombreado musical puede repercutir definitivamente en el aspecto emocional de la música, razón por la que no es muy probable que esos violinistas que van de mesa en mesa en ciertos restaurantes vayan a ser reemplazados por xilofonistas.

Aunque en este capítulo nos vamos a fijar en el timbre de instrumentos individuales, vale la pena recordar que en muchos casos, el timbre global de una pieza musical se crea por la combinación de instrumentos que la interpretan. Cuando escribe una pieza orquestal a gran escala, el compositor pasa mucho tiempo seleccionando qué instrumento o combinación de instrumentos ejecuta cada una de las partes de la melodía y de la armonía para potenciar la eficacia de la música. Es un ejercicio de equilibrio bastante complejo combinar el volumen y el timbre de los diversos instrumentos para producir una sola voz, un timbre unitario.

En el caso de una banda de rock con cuatro miembros, la distribución de las notas es bastante obvia, pero aun así los intérpretes pueden escoger entre una amplia gama de timbres para sus instrumentos. El primer guitarra presiona diversos botones durante la canción para aumentar o reducir la agresividad del sonido, como hace también el teclista. También pueden cambiar de instrumento. Hablaremos con más detalle de la locura de todos esos botones al final de este capítulo, en la sección sobre sintetizadores, pero por ahora nos vamos a centrar sobre el timbre de cada instrumento no eléctrico.

Aquí podemos ver tres notas con la misma frecuencia pero timbres diferentes. Estas ondas simplificadas representan las variaciones en la presión del aire que llegan a nuestro oído. Imaginémonos que se trata de olas que rompen contra el tímpano, así como en la costa pueden llegar distintos tipos de olas.

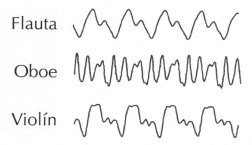

Patrones de ondas de tres notas con la misma frecuencia pero timbre diferente. Hay que señalar que en cada caso hay más de una *joroba* en cada ciclo completo. (Fuente: Measured Tones, de I. Johnston (Taylor y Francis, 2002))

En el caso de el primer patrón de ondas, el tímpano se moverá adelante y atrás de modo regular a medida que aumenta o disminuye la presión del aire. Esto lo interpretará el cerebro como un sonido bastante puro. Las ondas que aquí se muestran son las de una nota producida por una flauta, que nosotros percibimos como un sonido limpio.

En las otras dos representaciones gráficas también hay patrones repetitivos, pero en estos casos las variaciones en la presión del aire sobre el tímpano producirán sonidos más ricos y menos limpios. Estas notas tienen la misma frecuencia fundamental que la que corresponde a la flauta, y por tanto se trata de la misma nota, aunque producida por un oboe y por un violín, respectivamente.

¿Por qué una flauta produce un sonido más limpio, menos complejo, que un violín o un oboe? Para responder a esta pregunta conviene pensar en los instrumentos como máquinas de producir notas. Todas estas máquinas han sido diseñadas para producir patrones repetitivos de ondas de presión de aire y hacen esto de distintas maneras. Por ejemplo, la flauta utiliza el método elemental de hacer vibrar una forma muy sencilla: una columna de aire. Dentro de una flauta no hay piezas móviles, simplemente un volumen de aire que se mueve. Por otro lado, un violín usa un método bastante complicado que consiste en hacer vibrar una cuerda raspándola con un manojo pegajoso de crin de caballo (ampliaremos esto más adelante). Entonces, la cuerda transmite sus vibraciones bastante irregulares al cuerpo del violín, que es una caja de madera que tiene una forma bastante extraña.

Aunque la vibración general de la caja se repetirá a la frecuencia fundamental, las distintas partes de la caja vibrarán en direcciones distintas. Así que en lugar de cantar con una voz única, como la flauta, un violín cuenta con un coro de voces distintas, todas emitiendo la misma nota. Algunas de estas voces son ásperas, algunas chillonas, y cuando se juntan producen un sonido complicado y rico. La influencia de las distintas partes del *coro* cambia cuando, por ejemplo, ejecutamos las notas más agudas, en las que puede que los miembros más chillones tengan más influencia. De este modo, el timbre del violín varía mucho a lo largo de todo su rango. Un buen violinista incluso puede producir la misma nota con distintos timbres. Si tocas con el arco cerca del centro de la cuerda, animas a la parte más dulce de tu *coro* para que haga una mayor contribución a la nota. Si, por el contrario, usas el arco cerca del extremo de la cuerda, produces un sonido mucho más áspero y agresivo. En los instrumentos que *cantan* con una cantidad de *voces* mucho menor en el *coro*, como la flauta, la gama de timbres es mucho más limitada, si bien incluso en esos casos varía el timbre entre las notas bajas y las altas.

Ahora bien, si los instrumentos no tienen un patrón de ondas estable y reconocible en todo su rango, ¿cómo es que los reconocemos con tanta facilidad, sean cuales sean las notas que emiten? Detectamos el tipo de instrumento que estamos oyendo a partir de dos fuentes principales de información:

1. El sonido que produce el instrumento cuando la nota empieza a emitirse.
2. El sonido que produce mientras la nota se está emitiendo.

Analicemos por separado estos dos aspectos.

Diferencias entre instrumentos cuando la nota empieza a emitirse

Puede sonar absurdo, pero mucha de la información sobre el instrumento la recibimos a partir de los ruidos que se producen cuando empiezan a sonar las notas y no por las notas en sí. Se han realizado muchos experimentos para demostrar que esto es así, normalmente utilizando grabaciones de música lenta en las que el inicio de cada nota se ha eliminado. Si se hace esto, es difícil identificar de qué instrumento se trata, aunque en la grabación se haya conservado la mayor parte de la nota.

Hay diversas formas en las que empiezan las notas en los distintos instrumentos. Antes de que la nota propiamente dicha empiece a sonar, los ruidos no musicales del principio de las notas, cuando se pulsa la cuerda, se mueve el arco, se golpea el instrumento, son fáciles de identificar por el oído humano, incluso si se trata de notas extremadamente cortas y rápidas. No hay duda de que esta pericia auditiva está vinculada a la supervivencia: a fin de cuentas, si no puedes reconocer el sonido que hace un arco cuando dispara una flecha, no vas a seguir vivo mucho tiempo. Por cierto, estos ruidos de inicio se conocen como *transitorios*.

En el contexto de la música, también identificamos los instrumentos por medio de la subida y bajada del volumen de las notas durante su vida individual. Por ejemplo, una nota de piano empieza súbitamente y entonces se desvanece lentamente. En un clarinete, por el contrario, la nota tiene un inicio más gradual y luego puede mantenerse al mismo volumen durante varios segundos. Estas variaciones del volumen de una nota se conocen como su *envolvente*.

Diferencias entre instrumentos cuando la nota se está emitiendo

Recordaremos que en el capítulo 3 se explicó que una nota musical está compuesta por diversas frecuencias que suenan a la vez: la fundamental y el resto de armónicos.

Arriesgándome a que se me acuse de ser un tacaño con el presupuesto para ilustraciones, me gustaría volver a mostrar aquí la última figura del capítulo anterior, ya que muestra el principio básico detrás de la producción de los distintos timbres.

Aquí vemos los primeros cinco armónicos de una nota combinándose en distintas proporciones para producir distintos timbres. En la realidad, la mayoría de las notas están compuestas de muchas más frecuencias, de modo que las curvas llegan a ser mucho más complejas. La razón por la que los instrumentos tienen distintos timbres es que producen notas que contienen distintas proporciones de dichos armónicos. Por ejemplo, en un violín, la mezcla de armónicos para el Do central tiene un gran componente del sonido fundamental apoyado por el segundo, cuarto y octavo armónico. Sin embargo, en una

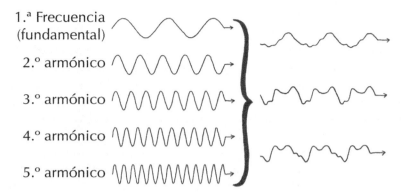

1.ª Frecuencia
(fundamental)

2.º armónico

3.º armónico

4.º armónico

5.º armónico

Los armónicos se pueden combinar en distintas proporciones, dependiendo tanto del instrumento como de la forma en que se ejecuta, para producir timbres diferentes.

flauta la nota consta sobre todo del segundo armónico apoyado por el sonido fundamental y el tercer armónico. En ambos casos, muchos de los otros armónicos contribuyen a enriquecer el sonido.

Como ya hemos señalado en esta imagen, los distintos componentes hacen que el patrón de ondas de presión del aire del violín sea muchísimo más complejo que el de la flauta. En lo que respecta a la física, las ondas de la flauta se acercan más a la forma que se conseguiría con una onda pura que constara tan sólo del sonido fundamental, así que podríamos decir que la flauta produce una nota más *pura*. Lo curioso es que nosotros, como oyentes, no solemos favorecer la pureza sobre la impureza. Disfrutamos de los sonidos complicados del violín y del saxofón tanto como de los timbres más puros de la flauta, el arpa y el xilófono. Esto también es cierto de nuestra apreciación de los cantantes. Nos gusta la pureza de la voz de Aled Jones cuando interpreta su versión de *Walking in the Air* tanto como apreciamos el sonido la voz modelada por el whisky y el humo de Louis Armstrong cantando *What a Wonderful World*. Pensándolo bien, ahora que Aled ya no es un chico del coro, ¿no deberíamos organizarnos para enviarle una caja de botellas de whisky y un paquete enorme de cigarrillos baratos? Quizá tendríamos lo mejor de dos mundos.

Como hemos mencionado antes, los instrumentos producen distintas combinaciones de frecuencias tanto por sus formas y tamaños diferentes como porque sus sonidos se generan de diferentes maneras.

Vamos a detenernos un poco más en el violín. Sea cual sea la nota que se ejecuta, el sonido lo produce la vibración de una caja de madera que tiene una determinada forma y tamaño. Estas características de la caja la hacen menos sensible a ciertas frecuencias que a otras. Cada nota que se toca en el violín está compuesta de muchas frecuencias relacionadas entre sí y, sea cual sea la nota que se toque, algunas de las frecuencias que se produzcan van a estar entre las que favorecen la forma y el tamaño de la caja. Es evidente que esas frecuencias tendrán un poco más de volumen que el resto de las que componen la nota. El nombre técnico del conjunto de frecuencias que favorece un instrumento es *formante*.

Para entender qué es el formante, consideremos un par de notas emitidas sucesivamente en un violonchelo malísimo a rabiar. Un verdadero violonchelo tiene un formante que favorece muchas frecuencias distintas, de modo que suena bien en un amplio rango de notas. Pero vamos a inventarnos un instrumento horroroso que favorece tan sólo una gama muy limitada de frecuencias. Tocaremos las notas La y Re, y daremos por sentado que aunque vibra a todas las frecuencias hasta cierto punto, favorece sólo a las que se aproximan a las 440 vibraciones por segundo (440 Hz).

Cuando se ejecuta el La, oiremos su frecuencia fundamental (110 Hz) juntamente con frecuencias que son el doble (220 Hz), el triple (330 Hz), el cuádruple (440 Hz), etc. En un instrumento que tuviera una respuesta uniforme a todas las frecuencias, oiríamos una combinación equilibrada de todas estas vibraciones. Sin embargo, los instrumentos reales no son justos y muestran favoritismos. En este ejemplo, nuestro instrumento es totalmente caprichoso y sólo favorece frecuencias en torno a los 440 Hz, de modo que el cuarto armónico (440 Hz) va a tener un protagonismo excesivo en el sonido que escucharemos.

Cuando cambiemos a Re, las frecuencias que oiremos serán la fundamental (146,8 Hz) junto con el doble de esa frecuencia (293,6 Hz), el triple (440,4 Hz), el cuádruple (587,2 Hz), etc. Pero el instrumento no ha cambiado: todavía favorece el tercer armónico de 440,8 Hz, de modo que oiremos ese componente de la nota con más presencia que la que tendría en un instrumento sin prejuicios.

Estos armónicos más prominentes no afectan a la frecuencia fundamental de la nota, simplemente modifican la proporción de armónicos, lo que afecta al timbre de la nota que oímos. Así que ambas notas tendrían timbres distintos. Un instrumento como el violonchelo patético que acabo de describir sería inútil, porque favorece una sola frecuencia que predominará en cualquier música que ejecutemos en él. Por fortuna, los instrumentos verdaderos tienen muchas frecuencias favoritas y esto garantiza que todas las notas se producen con claridad. Sin embargo, cada tipo de instrumento tiene una familia de frecuencias a la que favorece y esa es una de las razones por las que los chelos tienen un sonido diferente al de los violines, aunque emitan la misma nota.

También es interesante notar que en muchos casos el patrón de ondas de una nota se modifica a lo largo de su vida. La siguiente ilustración muestra esto muy claramente. Las representaciones gráficas provienen de cerca del principio, el centro y el final de una sola nota emitida por un clavecín. Estos cambios se producen en todos los instrumentos, y nos ayudan a apreciar el timbre del instrumento en cuestión.

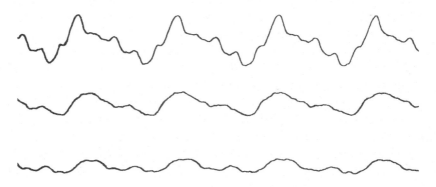

Estos tres patrones de curvas muestran cómo cambia una nota durante su vida. Aquí vemos muestras extraídas cerca del inicio, del centro y del final de una única nota tocada en un clavecín. (Fuente: C. Taylor, *Exploring Music*, Taylor y Francis 1992).

Ahora que ya comprendemos los conceptos básicos del timbre, es un buen momento para comparar la manera en que los distintos instrumentos producen sus sonidos. El siguiente capítulo investiga la personalidad musical de algunos de nuestros instrumentos favoritos, desde el violín hasta el sintetizador.

Interludio instrumental

La producción de notas en distintos tipos de instrumentos

Está muy bien que yo hable de que las flautas tienen «una forma sencilla» y de que las cuerdas de violín producen «unas vibraciones bastante irregulares», pero para entender realmente cómo producen sus diversos timbres los instrumentos, tenemos que analizar en más detalle algunos instrumentos. No necesitamos estudiar todos los instrumentos, ya que muchos comparten los mismos principios. El clarinete, por ejemplo, es muy parecido al saxofón, y los chelos son, para todos los efectos, violines grandes.

He escogido tres instrumentos de cuerda: el arpa, la guitarra y el violín. Cada uno tiene algo que decirnos sobre la vibración de las cuerdas. El arpa es el más sencillo de explicar porque las cuerdas simplemente se pulsan. La guitarra implica tanto pulsar las cuerdas como acortarlas para producir las notas deseadas, y el violín implica frotar la cuerda con un arco en vez de pulsarla.

También nos fijaremos en tres instrumentos que producen notas con la acción del aire dentro de un tubo:[1] el órgano, el *tin whistle* irlandés y el clarinete. El órgano proporciona una buena introducción a la manera en que se producen notas usando distintos tubos. El *tin whistle* nos servirá para explicar cómo podemos generar distintas no-

---

[1] Es tradicional referirse al órgano como un instrumento de teclado y la policía del pensamiento te llevará esposado si dices que es un instrumento de viento, así que voy a llamar a los tres instrumentos del segundo grupo *instrumentos de viento en tubos*, y espero que eso me evite ser detenido.

tas a partir de un solo tubo con agujeros. El clarinete es un ejemplo representativo de cómo se utilizan cañas para conseguir un timbre rico y complejo a partir de un tubo de aire.

Después de hablar de estos instrumentos activados por el viento pasaremos a hablar de dos instrumentos de percusión afinados: el *glockenspiel* y el piano. Finalizaremos con unos breves apuntes sobre los sintetizadores. Entre todos ellos, estos instrumentos tienen mucho que enseñarnos sobre los fundamentos de la generación de notas musicales.

Tres ejemplos de instrumentos de cuerda

El arpa

Básicamente, un arpa es un conjunto de cuerdas estiradas entre una columna sólida de madera y una caja hueca de madera (puede que los arpistas se sientan un poco dolidos por esta descripción tan burda de su instrumento, pero puesto que nunca nadie ha muerto de una paliza propinada por un arpista, me siento confiado y valiente). Como se ha comentado en el capítulo 2, cuando pulsamos una cuerda la estiramos en una dirección y luego la soltamos. La cuerda intenta volver a su posición recta original, pero se pasa de largo una y otra vez hasta que, cuando se agota la energía, acaba recta nuevamente. Una cuerda tensa por sí misma no suena mucho, pero si la fijamos a una caja hueca (el caso de la guitarra, el violín, el arpa, etc.). La vibración se transmite al aire de forma mucho más eficaz y escuchamos una nota con mayor volumen. Una nota de arpa empieza con más volumen y se va desvaneciendo a medida que disminuye el movimiento de la cuerda, lo que produce ese característico sonido de cuerda pulsada que también es típico de la guitarra.

La forma de poner en movimiento la cuerda en el arpa no podría ser mucho más sencilla, y el mástil es básicamente una pieza de madera plana sobre una caja de forma poco complicada. Por tanto, el timbre de este instrumento es muy dulce y puro. Esta dulzura hace que en una orquesta se asignen a las arpas ciertas funciones musicales y no otras. Un ejemplo muy conocido de la utilización de este instrumento es el movimiento lento (*adagietto*) de la quinta sinfonía de Mahler. Esta pieza, que se ha utilizado en varias películas, consta de unos diez minutos de violines con mal de amores y un acompañamiento lento en el arpa. Este instrumento no parece estar haciendo gran cosa, pero aporta muchísima magia a esta pieza. Concretamente, el hecho de que cada nota del arpa «empieza con más volumen y se va desvaneciendo» ayuda a marcar el ritmo y a dar una sensación de movimiento a las largas notas del resto de los instrumentos de cuerda.

La frecuencia fundamental de la vibración de la cuerda pulsada, y por tanto la nota que oímos, se ve determinada por tres factores:

1. El grado de tensión de la cuerda (una cuerda muy tensa tiene mucha más prisa por volver a ponerse recta que una más suelta, y en consecuencia se mueve hacia adelante y hacia atrás más rápidamente, lo que produce una frecuencia más alta y por tanto una nota más aguda).

2. El material del que está hecha la cuerda (los materiales pesados, como el acero, se mueven más lentamente que los ligeros, como el nailon, de modo que los materiales más pesados producen notas más graves).

3. La longitud de la cuerda (las cuerdas más largas contienen más material que las cortas y esto hace que se muevan más lentamente, de modo que las cuerdas más largas producen notas más graves).

En el arpa, hace falta que todas las cuerdas estén bien tensas para generar notas limpias, así que vamos a concentrarnos en las variaciones en el material de las cuerdas y la longitud de éstas, como dos medios de conseguir un amplio rango de notas. Las cuerdas de las notas más graves están hechas de metal, mientras que las de las más agudas son de nailon. Una variada gama de longitudes de las cuerdas se crea automáticamente por la forma aproximadamente triangular del instrumento.

El único ajuste que podemos realizar al timbre del arpa es el sitio en el que pulsamos las cuerdas. Si se pulsa en la zona central, las notas son más sencillas y el timbre es el más dulce que se puede conseguir en cualquier instrumento de cuerda. Si deseamos un sonido más áspero, hace falta pulsar la cuerda en un punto cercano a uno de sus extremos. En qué parte de la cuerda se pulsa afecta la combinación entre la frecuencia fundamental y sus diversos armónicos, como sucede con la guitarra, de la que hemos hablado en el capítulo anterior.

La guitarra

La guitarra es otro instrumento en el que se pulsan cuerdas fijadas a una caja hueca. Cada cuerda se tensa entre la clavija al final del mástil y el puente situado en el cuerpo del instrumento. Cuando se pulsa una cuerda, se produce una nota parecida a la de un arpa. Sin embargo, la mayoría de las guitarras cuentan con seis cuerdas únicamente y, obviamente, necesitamos más de seis cuerdas; de lo contrario, no resultaríamos muy *sexy*.

En realidad, una guitarra cuenta con más de cuarenta notas que se producen por medio de acortar las cuerdas, presionándolas contra el mástil. Hay una serie de piezas metálicas incrustadas en el mástil, de modo que cuando se presiona la cuerda, se mantiene tensa entre el traste más próximo y el puente. Puesto que la cuerda se sujeta entre estos dos objetos duros, emite una nota clara, cercana a la de un arpa. Si se sujetara contra un puente sin trastes la punta del dedo, más blanda, absorbería las vibraciones casi enseguida, de modo que la nota resultante sonaría más a *tunc* que a *diiing*.

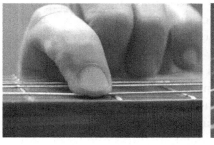

| a | b |

Las cuerdas se acortan por medio de trastes: la cuerda se sujeta entre el traste deseado, en un extremo, y el puente, en el otro.

Gracias a la forma en que ha sido diseñada la guitarra, es posible presionar las seis cuerdas al mismo tiempo y rasguearlas a la vez, como se puede ver en la foto siguiente. Esta posibilidad de ejecutar acordes (varias notas relacionadas entre sí, simultáneamente) es una de las razones por las que la guitarra es tan popular para acompañar canciones. Los guitarristas expertos pueden ejecutar acordes y melodías simultáneamente y, además, los guitarristas clásicos o de jazz a menudo tienen que ejecutar dos o tres melodías a la vez.

En la guitarra es posible acortar varias cuerdas a la vez para producir acordes de notas relacionadas entre sí. En este caso se reduce la longitud de las seis cuerdas para producir una combinación de notas que constituye un acorde mayor.

Por razones obvias, el timbre del arpa y el de la guitarra tienen mucho en común: ambos implican cuerdas pulsadas. Si se está familiarizado con uno de los dos instrumentos, normalmente es muy fácil detectar la diferencia de sonido, ya que cada una permite hacer cosas que la otra no permite. Por ejemplo, sólo un arpa puede producir esas escalas luminosas, y sólo una guitarra puede producir esos acordes rasgueados rápidos.

Si estuviéramos escuchando en la radio uno de dichos instrumentos, seríamos capaces de detectar mucha información del timbre tan sólo por la forma en que acaban las notas. En términos generales, las notas de la guitarra mueren más súbitamente que las del arpa, puesto que a menudo hay que utilizar la misma cuerda para la siguiente nota de la melodía. Los arpistas, por otro lado, cuentan con una cuerda por nota, y su técnica normalmente implica producir la siguiente nota antes de que termine la anterior. Esto da una gradual disminución de las notas, que se montan unas sobre otras.

Otra diferencia ente los dos instrumentos es que el guitarrista puede desplazar el dedo que sostiene la cuerda para estirarla ligeramente sobre el traste. Estos desplazamientos cambian ligeramente la tensión de la cuerda, lo que hace que el tono suba y baje, a menudo varias veces por segundo. Este efecto se conoce como *vibrato* y se utiliza para dar a las notas, sobre todo si son largas, un temblor *romántico*. Este efecto se puede conseguir en bastantes instrumentos, sobre todo el violín, la viola y el violonchelo y a menudo los cantantes lo usan (y a veces abusan de él). Se pueden apreciar distintas utilizaciones del vibrato si se oyen varias grabaciones de la canción de jazz *Cry me a river*. A los guitarristas de rock y de blues también les suele gustar mucho el vibrato, sobre todo en las notas largas durante los solos. Para oír el vibrato en una guitarra clásica, recomiendo la versión de John Williams o la de Julian Bream ejecutando el *Preludio número 4* de Villa-Lobos.

El violín

El violín también es un instrumento que utiliza cuerdas tensadas unidas a una caja vacía. En este caso, se trata de cuatro cuerdas y, como en la guitarra, se producen las distintas notas por medio de presionar las cuerdas contra el mástil para acortarlas. Sin embargo, los violines no tienen trastes. Como he señalado, esto significa que si se pulsa la cuerda, se produce un sonido entrecortado en vez de una nota clara. Este sonido se llama pizzicato, y a veces lo usan los compositores para conseguir un efecto melódico y rítmico con los violines y otros instrumentos de cuerda. *La polka pizzicato*, de Johann Strauss, es un magnífico ejemplo de esta técnica.

Por fortuna para todos, es muy poco frecuente que los violinistas tengan que pulsar las cuerdas. El método habitual para dotarlas de energía es bastante más complejo y permite que el instrumento produzca notas claras con musicalidad en lugar de sonidos entrecortados.

Para producir notas largas y limpias a partir de un violín (o viola, violonchelo o contrabajo) hace falta un arco. Se trata básicamente de un manojo de crines de cola de caballo que se mantienen tensos sobre una pieza de madera de forma especial. Las crines se hacen ligeramente pegajosas (pero secas) frotándolas con un material llamado *colofonia*, una resina seca (la resina es la sustancia pegajosa que a veces vemos sobre el tronco de los pinos). Los fabricantes de colofonia recolectan la resina de los pinos y la secan formando pequeños bloques que utilizarán los músicos que tocan el violín y otros instrumentos de cuerda frotada.

Esta imagen de detalle de un arco de violín muestra la banda de crines de caballo que se frota contra las cuerdas para hacerlas vibrar (las crines se suelen decolorar, como sucede en este caso).

Antes de explicar cómo funciona el arco, me gustaría que el lector hiciera lo siguiente: deje este libro un momento, acérquese a una ventana, pantalla de ordenador o televisor. Ahora humedézcase con saliva la punta del dedo y frótelo de un lado a otro sobre el cristal (esto no funciona igual en las pantallas de ordenador portátil hechas de plástico). En un par de segundos se generará un rechinido, resultado del efecto *stick-slip* (adhesión-deslizamiento) del dedo sobre el cristal. Este efecto es exactamente lo que dice su nombre: el dedo se adhiere en un punto, luego se desliza rápidamente hasta otro punto donde se vuelve a adherir antes de volver a deslizarse.

La presión del dedo contra el cristal tiende a mantenerlo adherido en un solo sitio, pero la fuerza del brazo lo obliga a moverse –la saliva ayuda a lubricar el movimiento. El dedo permanece estacionario hasta que se acumula la fuerza de desplazamiento. Entonces, cuando dicha fuerza es suficiente, el dedo se mueve una fracción de milímetro. Esto descarga la fuerza de desplazamiento, y el dedo puede volver a detenerse. Pero la fuerza de desplazamiento se vuelve a acumular y el ciclo se repite una vez más (se repite cientos de veces por segundo). Así, se produce una alternancia entre el momento de adhesión y el de desplazamiento por la superficie del cristal, que es lo que genera el sonido.

Cuando las crines de caballo se frotan contra una cuerda de violín (véase la siguiente ilustración), se produce este efecto *stick-slip* y esto continuamente excita la cuerda, como si estuviera siendo objeto de una pulsación minúscula cientos de veces por segundo. En este caso, la cuerda se ve empujada en una dirección por el arco pegajoso, pero cuando se estira lo bastante, se desliza para recuperar su posición recta original y entonces se pasa de largo (como le sucede a una cuerda pulsada), antes de que la adhesión del arco la vuelva a capturar y la empuje nuevamente al sitio desde donde empezó a desplazarse.

La frotación del arco hace que vibren las cuerdas del violín.

La frecuencia con la que se produce el efecto *stick-slip* está condicionada por los factores normales que condicionan la vibración de una cuerda: la tensión de la cuerda, el material del que está hecha y su longitud. La longitud de la cuerda se modifica cuando el violinista la presiona contra el mástil del instrumento. Como he dicho antes, pulsar una cuerda sujetada así (sin trastes) produciría un sonido sordo muy breve, pero la acción del arco de hecho pulsa una y otra vez la cuerda cada vez que vibra y esto es lo que produce la larga nota de una enorme musicalidad que asociamos a los violines.

Teniendo en cuenta la manera irregular en la que se hace vibrar la cuerda y la complicada forma que tiene el cuerpo del violín, no sorprende que el timbre de este instrumento también sea complicado y tenga mucho carácter.

Vale la pena señalar otra gran diferencia entre la guitarra y el violín: un guitarrista (tocando un instrumento afinado adecuadamente) no tiene más que poner la punta del dedo entre dos trastes para conseguir una nota que esté afinada con el resto de los instrumentos, ya que la longitud de la cuerda estará determinada por la posición del traste. Sin embargo, un violinista puede colocar fácilmente el dedo en una posición incorrecta del mástil y producir una nota que no está afinada con nada más. Por esa razón toma más tiempo convertirse en violinista competente que en guitarrista competente. También es la razón por la que sólo los buenos violinistas tocan más de una nota a la vez, mientras que los guitarristas meramente competentes encuentran que tocar hasta seis notas a la vez no presenta demasiada dificultad. Por *competente* quiero decir que la persona en cuestión puede tocar cinco minutos seguidos en una boda sin que le tiren volovanes. Convertirte en un violinista o guitarrista bueno exige aproximadamente la misma cantidad de tiempo y esfuerzo, puesto que las exigencias de ambos instrumentos son diferentes. *Bueno*, en este caso, significa que habrá gente dispuesta a pagar por escucharte.

El aprendizaje musical para llegar al nivel de experto normalmente toma unos diez años y continúa durante todo el tiempo que sigas tocando el instrumento. De hecho, se han realizado muchos estudios al respecto, y actualmente se acepta que hacen falta unas 10.000 horas para llegar al nivel de experto en casi cualquier actividad, sea el paisajismo o el karate. La música encaja dentro de este modelo, así que eso se traduce en dos horas y media de práctica durante diez años. Por supuesto, aquí nos referimos a un nivel de competencia profesional; se puede llegar a un nivel musical muy satisfactorio si se le dedica sólo una hora por semana.

El aprendizaje para un nivel profesional normalmente te lleva hacia los límites de lo que un ser humano puede realizar con un instrumento. Y como los instrumentos difieren entre sí, las exigencias a las que se enfrenta el músico también difieren. Yo podría enseñar al lector a tocar la melodía de Campanitas del lugar en el piano en quince minutos, pero si usted estudiara el instrumento hasta alcanzar un nivel bueno, la gente normalmente esperaría que armonizara la melodía con una serie de notas ornamentales y diversos acordes de seis notas simultáneas, ya que tocar las notas de una en una en el piano es muy fácil. En otros instrumentos, como la trompa o el fagot, es difícil tocar con precisión incluso una melodía sencilla. Todos deberíamos estar agradecidos con los músicos que trabajan arduamente durante los primeros años de su aprendizaje con instrumentos como estos, que son especialmente difíciles para principiantes. Yo no sería capaz; ya fueron lo bastante duras las primeras etapas de mi aprendizaje de guitarra clásica. Ahora que lo pienso, también para mi familia fue bastante duro aguantar mis primeros rasgueos con la guitarra.

Música producida por el viento dentro de un tubo

El órgano tubular

Para describir cómo funciona un órgano tubular harían falta demasiadas páginas, ya que se trata de un auténtico prodigio de la ingeniería. Todo lo que quiero hacer es describir cómo el tubo de órgano más sencillo produce una nota.

Un tubo de órgano (de extremo cerrado) y el flujo del aire sobre el borde afilado de su silbato.

El tubo de órgano más sencillo es básicamente un tubo con un silbato en un extremo y con el otro extremo cerrado. Un silbato no es más que un contenedor que fuerza una corriente de aire sobre un borde afilado o cuchilla. En un tubo de órgano, el silbato es la sección que genera el sonido, pero la frecuencia de la nota la determina la longitud del tubo. Veamos cómo funciona eso.

Primeramente, necesitamos un chorro de aire. En aquellos maravillosos tiempos de la antigüedad, se podían contratar niños muertos de hambre a precios muy razonables para que impulsaran unos fuelles mecánicos que produjeran el aire necesario para operar un órgano de iglesia. Actualmente, es más normal utilizar un compresor eléctrico. Cuando se pulsa una de las teclas, se abre una válvula debajo de uno de los tubos y el aire entra en la cámara de la parte inferior del tubo. Entonces, este aire escapa de la cámara formando un chorro fuerte a través de una estrecha abertura. El aire fluye directamente hacia un borde afilado, como se puede ver en la ilustración anterior. Esto hace vibrar la columna de aire que se encuentra en el interior del tubo. Para entender cómo se produce la nota, necesitamos saber qué sucede cuando un chorro de aire pasa por un borde afilado.

Cuando un chorro de aire choca contra un borde afilado, no se divide tranquilamente en dos chorros de aire. Lo que sucede es que en el borde se produce mucha confusión, y el aire tiende a alternar entre un borde y el otro.

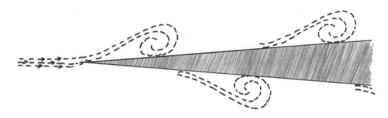

Cuando un chorro de aire se encuentra con un borde afilado, el aire alterna entre ir casi por completo hacia un lado y luego hacia el otro.

Si esta alternancia nos parece improbable y poco natural, veámoslo así: imaginémonos que en una calle de una sola dirección, el tráfico llega a una divisoria alargada en el centro de la calle. Todos los conductores tienen prisa, así que cuando se aproximen a la divisoria, tomarán la ruta que les parezca más vacía. Así, Federico ve que la parte de la izquierda tiene menos coches, y va en esa dirección. Juana, que va en el coche siguiente, ve que el coche de Federico se ha ido a la izquierda, así que la parte de la derecha se queda más vacía, y se dirige a la derecha. Así, la mejor ruta va alternando entre derecha e izquierda y los coches se turnan para ir en un sentido o en otro. Esta es la situación en la que se encuentra el aire cuando llega a un borde afilado; el chorro de aire alterna entre un lado y el otro. El factor decisivo es la presión en cada uno de los lados. El aire, como cualquier otro gas, tiende a moverse hacia las zonas donde la presión es baja de la misma manera como el agua siempre fluye cuesta abajo. El aire que llega a un borde, se encuentra con que la presión es superior en un lado que en el otro, y se dirige hacia el lado con presión baja, pero al hacerlo hace que aumente la presión de ese lado, así que el aire que viene detrás favorecerá el lado contrario del borde.

El tráfico se turna a ambos lados de la divisoria en una calle de una dirección.

En un instrumento accionado por el viento, la frecuencia de dicha alternancia se relaciona con la longitud del tubo a una escala de milésimas de segundo, por un fenómeno conocido como *resonancia*. La resonancia es necesaria para producir cualquier tipo de nota musical, y requiere una cierta explicación.

Resonancia

La resonancia es el proceso por el que un pequeño esfuerzo repetido a la frecuencia adecuada produce un gran resultado.

Por ejemplo, si empujamos a un niño en un columpio, podemos hacer que vaya muy alto con muy poco esfuerzo si tan sólo le damos un pequeño empujón en el momento justo.

Un columpio es como un péndulo, y el factor que modifica la velocidad de su recorrido completo es la longitud de las cadenas o cuerdas que lo sujetan a su soporte. No importa la fuerza con la que empujemos, la altura a la que suba el columpio o el peso del niño: un ciclo completo de ida y vuelta siempre tarda la misma cantidad de tiempo. La única cosa importante es ajustar la frecuencia de los empujones al ritmo natural del columpio y conseguiremos un gran efecto con el mínimo esfuerzo. Si lo intentamos con cualquier otra frecuencia, las cosas se torcerán. Por ejemplo, si el columpio tarda tres segundos en ir y volver, tienes que empujar a intervalos de tres segundos. Si nos empeñamos en empujar cada tres segundos y medio, muchas veces ni siquiera tendremos cerca el columpio cuando intentemos empujar, y pronto acabaremos empujando cuando el columpio esté aproximándose, y seguramente tendremos que pasar el resto de la tarde con el dentista de Manolito, en una consulta de emergencia.

Si prefiere un ejemplo de resonancia que no implique hacer el ridículo en el parque de juegos, intente esto. Primeramente tendrá llenar de agua hasta la mitad un contenedor bastante grande. Se puede utilizar el fregadero o la bañera. Ahora mueva la mano hacia un lado y el otro rápidamente dentro del agua, manteniendo la mano plana, como un remo, tal como se muestra en las fotos siguientes. El efecto sobre el agua será el de una pequeña tormenta: se producirán numerosas ondas pequeñas desorganizadas. Esto sucede así porque está moviendo la mano demasiado rápidamente para producir resonancia alguna. Ahora pruébelo desplazando la mano muy lentamente. Esta vez conseguirá muchas ondas muy pequeñas, porque la frecuencia del movimiento es demasiado baja para producir resonancia. Finalmente, coloque algunas toallas en el suelo en preparación para la resonancia. Tendrá que mover la mano con la misma fuerza que antes, pero si consigue la frecuencia correcta, logrará que toda el agua se mueva de ida y de vuelta formando una única ola. Para hacerlo, empuje el agua en una sola dirección a distintas frecuencias, hasta que consiga una ola más o menos grande que va y viene, y siga el ritmo de esa ola.

a   b   c

Mueva la mano dentro del agua. *a*) Frecuencia excesiva (minitormenta); *b*) Frecuencia demasiado baja (sólo ondas); *c*) Si consigue mover la mano a la velocidad de una onda amplia, acabará consiguiendo una gran ola que, si se descuida, acabará desbordando el lavabo. Este es un efecto de resonancia, como cuando empujamos un columpio. Para hacer estas fotos, puse una sustancia colorante en el agua para hacerla más visible.

Como sucede con el columpio de Manolito, no es posible afectar el ritmo natural de la onda; lo que hay que hacer es adaptarse a dicho ritmo si se desea conseguir el máximo efecto con el mínimo esfuerzo. Yo acabo de hacer la prueba en mi bañera y he observado que el ciclo entero de ida y vuelta toma como tres segundos. En el lavabo toma un segundo, aproximadamente. Esto es así porque el lavabo mide más o menos un tercio de lo que mide la bañera, de modo que la onda tarda en recorrerlo una tercera parte del tiempo. Este es un dato importante respecto a las frecuencias resonantes. Al margen de que estemos hablando de agua en una bañera o aire en un tubo (como el de un órgano), la frecuencia resonante aumenta a medida que el contenedor disminuye en tamaño. Hay una relación precisa entre ambos. Si, por ejemplo, la longitud del contenedor A es una quinta parte de la del contenedor B, la frecuencia resonante de A será cinco veces la de B.

La resonancia es la causa por la que ciertos cantantes puedan romper una copa con la voz. Cuando damos un golpecito con el dedo a una copa de vino, el cristal se dobla hacia adentro (alejándose del dedo) y hacia afuera cientos de veces por segundo de forma repetitiva, produciendo una nota de un determinado tono. La copa está básicamente vibrando y produciendo cambios de presión en el aire. Esto puede funcionar a la inversa si cantas la misma nota hacia la copa con suficiente volumen. En vez de que la copa produzca la nota cuando se dobla, una nota puede hacer que la copa se doble. El cristal no es especialmente flexible, así que si lo doblas lo suficiente cantando muy fuerte, se romperá. Tienes que cantar exactamente la misma nota que emite cuando le das un golpecito, ya que de lo contrario no habrá resonancia. Las ondas de presión de nuestra nota sólo *empujarán el columpio* en el momento adecuado si se produce a la frecuencia precisa, y la copa nos muestra su frecuencia cuando le damos un golpecito. Los cantantes profesionales son los que mejor lo hacen, porque están adiestrados para reconocer y reproducir los tonos con precisión y también para cantar con un gran volumen, lo que significa que los cambios de presión generados por sus notas son grandes. Si usted quiere probar su capacidad para cometer vandalismo con las copas, debe utilizar una gran copa vieja de paredes delgadas. Debe ser grande para que la nota sea lo suficientemente grave como para que puede emitirla un cantante no experto. Ha de ser delgada para que no sea demasiado fuerte, y las copas viejas están cubiertas de minúsculas raspaduras, que pueden ayudar a que se rompan.

Pero quizá deberíamos dejar en paz la valiosa colección de copas de vino del abuelo y volver a nuestro tubo de órgano.

Cada soplo de aire dentro del tubo creado por la alternancia frente al borde afilado, viaja a lo largo del tubo como onda de presión. Cuando golpea el final del tubo, rebota y vuelve a desplazarse hacia la zona donde está el borde afilado. Cuando esto ha sucedido varias veces, una de las ondas que viajan de regreso se encontrará con una onda recién creada y las dos unirán sus fuerzas, rebotando a lo largo del tubo. Entonces, esta onda mayor genera un efecto de resonancia que controlará la duración de la alternancia frente al borde. La alternancia se producirá a una frecuencia que vendrá determinada por el tiempo que tarda una onda de presión en hacer el recorrido de ida y vuelta entre el borde y el extremo del tubo. Por tanto, a mayor longitud de tubo, menor será la frecuencia. Este efecto de resonancia empieza a operar tras tan sólo una fracción de segundo, y es lo que genera la nota que oímos. La nota creada por este efecto tiene, por supuesto, la misma frecuencia que la onda de presión que rebota por el interior del tubo.

Los tubos de órgano sencillos son de dos tipos: los que acabamos de analizar, que están cerrados por uno de sus extremos, y los que tienen el extremo abierto. Nos podríamos preguntar cómo rebotará la onda desde el final del tubo si se deja abierto (yo al menos me lo pregunté cuando oí hablar de esto por primera vez). El proceso es un poco diferente de lo que es sencillamente rebotar desde el borde cerrado, pero el resultado es muy parecido, y también en este caso se genera un efecto resonante que es el que produce la nota. Como hemos dicho antes, en un tubo cerrado una onda de alta presión lo recorre hasta el final y rebota. Si el extremo del tubo está abierto, la onda de alta presión sale de él y paralelamente deja atrás una zona de baja presión en el extremo del tubo. Toda esta actividad en una y otra dirección genera un efecto de resonancia (similar al que se consigue cuando el aire rebota desde un extremo cerrado) y se produce una nota.

Un órgano tubular típico es una gran colección de silbatos individuales. La frecuencia de la nota que se produce está determinada por dos únicos factores: la longitud del tubo y si el extremo es cerrado (un tubo cerrado produce una nota una octava más baja que la de un tubo abierto de la misma longitud). El timbre de la nota generada por un silbato puede verse afectada por la forma de la sección transversal del tubo (las hay circulares, cuadradas e incluso triangulares), pero uno de los factores es el grosor del tubo. Los tubos finos favorecen las frecuencias altas, de modo que crean una mezcla con menos de los armónicos de número bajo y más protagonismo de los armónicos más agudos. Una nota así, con muchos armónicos altos, tiene un sonido muy brillante y a veces chillón, mientras que la nota producida por un tubo más grueso se concentra en la frecuencia fundamental y sus acompañantes más cercanos, lo que produce una nota más redondeada.

Los constructores de órganos dan una gran importancia a dotar a sus instrumentos de una amplia gama de timbres, así que incluyen muchos conjuntos de silbatos diferentes. Puede ser que haya un conjunto de tubos finos y otro de gruesos, además de varios intermedios. El órgano cuenta con una serie de botones que cuando se accionan activan unos conjuntos de tubos u otros. Pero además, el constructor de órganos suele incorporar conjuntos de tubos con distintos timbres, por ejemplo cónicos u otros que cuentan con una lengüeta que los hace sonar como clarinetes. Todo esto proporciona muchas opciones de timbre, con la ventaja añadida de que los distintos conjuntos se pueden utilizar simultáneamente, lo que nos brinda cientos de combinaciones posibles. Se podría, por ejemplo, tocar los tubos delgados con lengüeta al mismo tiempo que los gruesos con fondo abierto y a continuación combinar todos los conjuntos de tubos cónicos. Para el gran final, quizá desearíamos que todos los tubos del órgano contribuyeran, para lo que accionaríamos todos los botones.

Por cierto, ¿y esos enormes tubos relucientes que se ven en los grandes órganos de iglesia? Me temo que sólo son decorativos. Los verdaderos tubos están ocultos detrás de ellos.

El tin whistle

Por desgracia, el *tin whistle* ya no hace honor a otro de sus nombres: *penny whistle* (silbato de penique). Las leyes de la economía han hecho estragos y hoy en día debería llamarse *silbato de 500 peniques*. Pero, a pesar de la inflación, sigue siendo el instrumento más económico y el más fácil de tocar por un principiante, y en manos de un experto tiene un sonido maravilloso. Yo estaba intentando aprender a tocar *The lonesome boatman* en el mío, y pienso seguir con ello en cuanto las autoridades me levanten la prohibición de hacer ruido.

El *tin whistle* se parece mucho a un órgano de iglesia en que es un tubo con un silbato en uno de sus extremos. La principal diferencia es que en este caso el tubo cuenta con varios agujeros. Se puede cambiar la longitud del tubo de resonancia tapando dichos agujeros con los dedos. Si se tapan todos, la parte del tubo con resonancia es la longitud total de éste, con lo que se produce la nota con la frecuencia más baja.

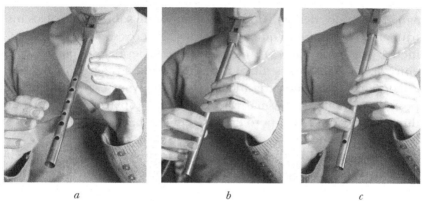

a   *b*   *c*

Tin whistle: a) Todos los agujeros abiertos. *b*) Todos los agujeros cerrados. *c*) Un agujero abierto.

Si retiramos un dedo, el aire del tubo resuena tan sólo hasta el primer agujero que se encuentra (el que acabamos de dejar abierto). Esto significa que el tubo ahora es más corto y por tanto aumentará la frecuencia de la nota. El efecto de acortar la longitud de resonancia del tubo al retirar los dedos de los agujeros se muestra en la siguiente ilustración: las ondas de presión rebotan por el tubo sólo hasta que se encuentran el primer agujero por donde pueden escapar.

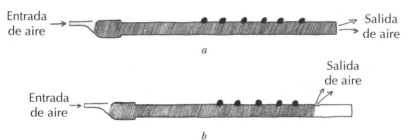

Lo que sucede en el interior de un *tin whistle* (la zona sombreada representa la parte del aire de su interior que resuena para producir la nota: *a*) Con todos los agujeros cubiertos, el aire resuena hasta el final del tubo y se produce la nota más grave (tubo largo = nota grave). *b*) Si se retiran algunos dedos de los agujeros, el aire resuena tan sólo hasta el primer agujero, que es por donde las ondas de presión pueden escapar. Este tubo *acortado* genera una nota más aguda.

Cada *tin whistle* está diseñado para producir únicamente las notas de una escala mayor. Puesto que una escala mayor contiene siete notas, necesitamos sólo seis agujeros (se produce una nota cuando todos los agujeros están abiertos y las otras seis cuando se cubren los agujeros con los dedos). Un hecho interesante sobre este y otros instrumentos de viento es que no todos los agujeros son del mismo diámetro. Se podría hacer un *tin whistle* que tuviera agujeros idénticos entre sí, pero sería más difícil de tocar, ya que los agujeros habrían estado tan juntos que sería incómodo. Para evitar ese problema, es posible mantener la misma nota y a la vez desplazar el agujero en dirección a la boquilla, pero esto sólo puede hacerse si el agujero es lo bastante pequeño.

He mencionado antes que las ondas de presión rebotan por toda la longitud del tubo, pero esto es así sólo con un diámetro suficientemente grande. Con un agujero más pequeño, se engaña a las ondas de presión para que actúen como si el tubo fuera un poco más largo que la distancia real entre la boquilla y el agujero, como se puede apreciar en la siguiente ilustración. Las ondas de presión no pueden escapar completamente por el pequeño agujero, así que utilizan también el siguiente, y el efecto de resonancia termina en algún punto entre ambos agujeros.

Si el agujero del *tin whistle* es pequeño, entonces las ondas de presión no pueden escapar con facilidad. Así, el efecto de resonancia sigue activo a varios milímetros del agujero, puesto que son dos los agujeros que cumplen la función de dejar que salga el aire. Por tanto, el tubo produce una nota ligeramente más grave que la que correspondería a un agujero en esa posición.

Este principio lo utilizan los fabricantes de los instrumentos de viento para situar los agujeros en posiciones que hagan más fácil la ejecución. También lo utilizan los buenos instrumentistas de *tin whistle*, que consiguen notas adicionales (entre medias de las de la escala mayor) por medio de cubrir los agujeros a medias, lo que tiene el efecto de hacer más pequeño el agujero. Los verdaderos expertos, como muchos de los talentosísimos músicos que tocan *The Lonesome Boatman* en YouTube, pueden utilizar esta técnica de variar el tamaño del agujero para deslizarse gradualmente de una nota a otra. Retiran el dedo del agujero lentamente para que el tubo parezca crecer o disminuir de tamaño gradualmente para el aire en su interior, de modo que la columna de aire resonante se desliza gradualmente entre la posición de un agujero y la del otro. Naturalmente, yo entiendo esto sólo en teoría; mis intentos por conseguir este efecto simplemente han producido aquel desafortunado incidente con el perro de la casa de al lado.

La flauta dulce también utiliza el efecto de agujero pequeño/grande para generar dos notas distintas a partir de una sola posición de los dedos. Las flautas dulces cuentan en ocasiones con dos agujeros contiguos, como se puede ver en la foto de abajo. Si se descubre uno solo de esos agujeros, se produce una nota *de agujero pequeño*; si se descubren los dos, se genera una nota *de agujero grande*, que es un semitono más alta.

Los agujeros dobles, como los de esta flauta dulce, permiten producir dos notas distintas a partir de una sola posición de los dedos, ya que el efecto puede ser el de un agujero pequeño (al descubrir uno solo) o grande (cuando se descubren ambos).

Es posible crear resonancias más complicadas de ondas de presión en un tubo con agujeros por medio de cerrar ciertos agujeros dejando entre ellos agujeros abiertos. Esto permite obtener el máximo número de notas a partir de una cantidad limitada de agujeros.

La combinación de todas estas técnicas hace posible que se produzca una cantidad sorprendentemente grande de notas a partir de un *tin whistle* que cuenta con apenas seis agujeros. Claro que eso no impide que este instrumento sea extremadamente irritante si cae en las manos equivocadas. (*Las manos equivocadas*, en este contexto, son las de cualquier otra persona, naturalmente.)

En cuanto al timbre, ya he mencionado al hablar de los tubos de órgano que los tubos delgados producen unos tonos más brillantes porque favorecen los armónicos con un índice mayor. Estos parientes con mayor frecuencia se fomentan aún más si se aumenta la velocidad del aire, lo que sucede cuando se sopla fuerte para llegar a las octavas más altas. Esa es la razón por la que en un *tin whistle* las notas más altas tienen un sonido tan chillón... Perdón, tengo que replantear la última frase... Esa es la razón por la que en un *tin whistle* las notas más altas tienen un sonido tan condenadamente chillón.

El clarinete

Para producir una nota musical a partir de un tubo, se ha de crear una situación en la que se mandan por el tubo reiteradamente soplos de alta presión. Al principio, el aire puede estar muy desorganizado, pero rápidamente se genera una resonancia y la frecuencia de los soplos se hace fija, con lo que se emite una nota. Hemos visto que tanto en un tubo de órgano como en un *tin whistle* estos soplos se producen por la alternancia de un chorro de aire al pasar por un borde afilado. En el caso del clarinete, el chorro de aire se divide en una sucesión de soplos individuales por una lengüeta colocada en el extremo del tubo, que se ve obligada, por nuestro aliento, a abrirse y cerrarse cientos de veces por segundo.

La siguiente ilustración muestra cómo funciona la lengüeta en la boquilla del clarinete. El clarinetista presiona suavemente la superficie inferior de la lengüeta con el labio inferior, con lo que impide el paso del aire al interior del tubo. Entonces, sopla con bastante fuerza a la vez que relaja la presión sobre la lengüeta. El aire acaba por filtrarse en el pequeño hueco entre la lengüeta y el resto de la boquilla. Se llega entonces a un equilibrio entre el aire que obliga a la lengüeta a abrirse y el labio inferior que la obliga a permanecer cerrada. La lengüeta se abre y se cierra cientos de veces por segundo, y entra en el tubo una sucesión de soplos de aire. Como en el caso del tubo de órgano y el *tin whistle*, la frecuencia de los soplos enseguida se ve controlada por la distancia entre la boquilla y el primer agujero del tubo, o la combinación de agujeros cerrados.

Como sucede con el violín, el timbre del clarinete es complejo y tiene mucho carácter. La razón en ambos casos es que la forma en que transmitimos energía al instrumento requiere una acción interrumpida reiteradamente. Los instrumentos que producen un timbre suave –como el arpa, la guitarra y la flauta– funcionan con una vibración que se repite de forma regular. Ya hemos visto que una cuerda pulsada produce este efecto, lo mismo que un chorro de aire cuando se encuentra con un borde afilado. Una cuerda de violín, por el contrario, es arrastrada en una dirección de forma relativamente lenta por el arco y entonces se desliza rápidamente en la dirección opuesta, antes de volver a ser capturada una vez más por el arco. Esto hace que la vibración sea lenta en una dirección y rápida en la dirección contraria.

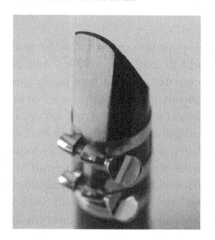
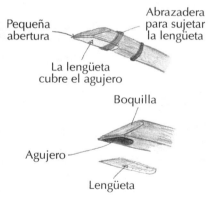

Boquilla de clarinete. El clarinetista presiona hacia arriba la lengüeta con el labio inferior, cerrando la pequeña abertura. Entonces, sopla a través de dicha abertura. La presión del aire abre el hueco, mientras que la presión del labio lo cierra. El resultado es que la abertura se abre y se cierra cientos de veces por segundo y así se producen las notas musicales.

La irregularidad de la vibración del clarinete la produce el hecho de que la lengüeta está completamente cerrada durante un corto periodo en cada ciclo. Durante esos momentos, se interrumpe la energía que se transmite a la columna de aire dentro del tubo. No somos conscientes de esos momentos de inactividad porque duran poquísimo, cientos de veces por segundo. Pero a pesar de esto, la interrupción periódica de la fuente de energía de un instrumento se traduce en ondas de presión mucho más complejas que las de las de un movimiento oscilatorio regular, y esto lo oímos como un timbre rico y complejo. El timbre del clarinete es más rico para las notas graves que para las agudas, y una razón es el hecho de que los momentos de inactividad duran más en las notas de baja frecuencia y por tanto tienen una incidencia mucho más evidente en la calidad del tono.

Sin embargo, no dejemos que todo este rollo sobre la «irregularidad de la vibración» nos deje con la impresión de que el clarinete o el violín producen un sonido inferior al de los instrumentos con un timbre más suave, como el arpa o la flauta. Como ya he mencionado antes, dichos timbres complicados nos resultan tan agradables como los más sencillos y en ocasiones los preferimos, puesto que dotan a la música de un grado adicional de interés.

Cuando un compositor escribe algo para una orquesta, tiene que tener en mente el timbre y el volumen de cada uno de los instrumentos a su disposición y entonces repartir las funciones musicales correspondientes. Este proceso, llamado orquestación, puede hacer que una música aburrida se haga interesante y también que una música interesante se haga aburrida, dependiendo de si está bien hecho o no. Los libros que tratan este tema dicen, por ejemplo, que el rango de un fagot se puede dividir en tres partes: sus notas graves tienen un sonido pleno y áspero, las medias un sonido pesaroso y las agudas, pálido y suave. Otros consejos contienen perlas tales como el hecho de que el clarinete puede tocar a menor volumen que la flauta y que el triángulo no puede tocar a volumen bajo. La mayoría de esos libros tienen, por supuesto, un tono tranquilo y erudito, aunque mi preferido expresa sus opiniones con rabia. El profesor Frederick Corder escribió *The orchestra, and how to write for it* (*La orquesta y cómo escribir para ella*) en 1895. Leamos su opinión sobre la trompeta:

«Quisiera dejar constancia de mi opinión enfática respecto a que la trompeta en la orquesta es un fastidio sin paliativos. En la pequeña orquesta de Haydn o Mozart anula casi todo lo demás y nos atrevemos utilizarla sólo aquí y allá en el relleno; en la orquesta moderna es inútil por causa de lo limitado de su escala, mientras que en la música de Bach o Händel es fuente de una constante turbación de espíritu.»

Lo siento, Frederick, no quisiera turbar su espíritu, así que voy a guardar mi trompeta. ¿Qué le parece algo de música para guitarra?

«No vale la pena desperdiciar palabras con la guitarra, que tiene un tono muy débil y un timbre profundo.»

¡Vaya! ¿Quizá una melodía relajante con la viola?

«Los intérpretes de viola siempre han sido tanto escasos como malos.»

¿Oboe?

«El tono del oboe es escuálido, penetrante y excesivamente nasal. Es lastimero y patético o pintoresco y rústico, según el carácter de la música, y no debe escucharse durante demasiado tiempo seguido.»

¿Nos vamos a un bar? ¿Sí? Un momento, le traigo su abrigo.

Uno de los pocos instrumentos sobre los que el profesor Gruñón tiene algo bueno que decir es el clarinete, pero me da miedo pensar en lo que habría dicho del oboe de pajita. Todo lo que hace falta para poseer uno de estos estupendos instrumentos es una pajita para beber y unas tijeras. La siguiente ilustración muestra cómo hacerlo. Aplaste el extremo de la pajita para que quede plano y córtelo para que termine en punta. Introduzca el extremo en su boca de modo que más o menos un centímetro quede en el interior. Entonces, utilice los labios para mantener la pajita plana a la vez que sopla dentro de ella. Después de practicar durante un par de minutos será capaz de equilibrar la presión de los labios sobre la pajita con la presión del aire que intenta abrirse camino dentro de ella. Si tiene muchos problemas para conseguir esto, probablemente tiene dentro de la boca un trozo demasiado largo o demasiado corto de pajita. El resultado debería ser un sonido de instrumento de lengüeta, por cierto no exactamente dulce. Si corta el tubo, obtendrá distintas notas a medida que se acorta la longitud de resonancia. Incluso podría cortar pequeños agujeros para los dedos y tocar horrorosas melodías desafinadas. Las largas noches de invierno se pasarán volando.

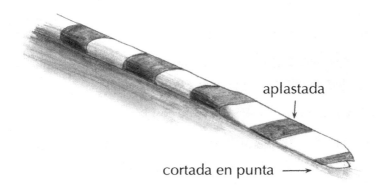

Oboe de pajita de beber. Aplaste uno de los extremos de una pajita de beber para que quede plano y córtelo en punta. Coloque ese extremo en su boca y manténgalo aplastado con los labios mientras sopla en su interior. Los labios deben colocarse más o menos donde está situada la flecha de aplastada del dibujo. (Las pajitas de papel funcionan mejor que las de plástico porque son más fáciles de aplanar.) r.

Percusión afinada: el *glockenspiel*

El *glockenspiel* pertenece a la familia de instrumentos de percusión afinados. *Percusión* porque hay que golpearlos para que suenen, y *afinados* porque producen notas en vez de los sonidos no afinados de la mayoría de los instrumentos de percusión, como el bombo. Su nombre significa *toque de campanas* en alemán, pero el instrumento más bien tiene el aspecto de un teclado hecho de barras de metal sobre soportes.

El *glockenspiel* genera sus notas de una forma bastante sencilla que guarda relación con la manera en que se mueve una cuerda pulsada. Cuando golpeamos una de las barras metálicas, lo que hacemos es doblarla súbitamente un poco y soltarla inmediatamente. Entonces la barra intenta volver a su condición recta original pero se pasa de largo y se dobla en la dirección contraria. Estas flexiones en un sentido y en el contrario continúan, perdiendo un poco de energía en cada ciclo, de modo que la nota se desvanece.

Desde el punto de vista tímbrico, la barra de metal produce una nota sumamente pura, ya que está compuesta casi en su totalidad por la frecuencia fundamental. Esto se debe al soporte del instrumento. Si tomáramos una barra metálica de *glockenspiel*, la atáramos con un cordel, la suspendiéramos en el aire y la golpeáramos con un palo, obtendríamos la misma nota, pero tendría un timbre más complicado, puesto que el material se flexionaría en todas las direcciones posibles. En cambio, si la volvemos a colocar en su *glockenspiel*, obtendremos de nuevo un tono sumamente puro. Esto se debe al hecho de que estará sujeta en los puntos justos que le permiten vibrar en una sola dirección, la que genera la frecuencia fundamental. Esto significa que toda la energía del golpe se canaliza hacia la generación de la frecuencia fundamental, que por tanto tendrá una enorme claridad y un gran volumen. Si alejáramos o acercáramos uno de los soportes unos milímetros respecto al centro de la barra, la nota perdería volumen y ganaría en complejidad de timbre. Y esto es porque el soporte se situaría dentro del trayecto de la barra al flexionarse en un sentido o en el otro e interferiría con su movimiento.

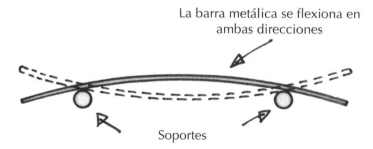

La barra metálica se flexiona en ambas direcciones

Soportes

Los soportes de una barra de *glockenspiel* están situados de modo que le permiten flexionarse en una sola dirección, que es la que produce la nota fundamental. Las demás flexiones se suprimen, puesto que requerirían movimiento en los puntos de fijación.

El piano

Los chavales de once años y otras personas puntillosas a quienes les guste coleccionar datos estarán encantados de contarnos que el piano es un instrumento de percusión. Percusión significa que la nota se produce cuando algo golpea algo más, pero ¿eso qué significa si nos referimos a un piano?

Dentro del piano, cada tecla está conectada a una serie de palancas que interactúan entre sí para hacer que un pequeño martillo forrado de fieltro golpee una de las cuerdas. El volumen de la nota depende de la velocidad del martillo cuando golpea la cuerda. Cuando el martillo se aproxima a la cuerda, deja de estar conectado con las palancas, lo que le permite rebotar contra la cuerda inmediatamente, algo necesario para que el martillo no permanezca en contacto con la cuerda y mate su vibración.[1]

Cuando se habla del tono de un violinista, esa expresión suele referirse a la claridad con la que produce las notas, lo que a su vez está condicionado por la combinación de diversos factores: la calidad del instrumento, la precisión al colocar los dedos en el mástil, la manera de mover los dedos para producir un efecto de vibrato, y el dominio del movimiento del arco. El músico que toca un violín o una flauta tiene mucho control sobre el volumen y el timbre de cada nota que se produce, desde el principio hasta el final de la nota. Esto no sucede con instrumentos de percusión como el xilófono o el piano. Con este tipo de instrumento, iniciamos la nota y la dejamos sonar, a menos que decidamos cortarla. No hay comunicación entre el pianista y la nota mientras ésta suena.

Por tanto, el pianista cuenta con un tipo de *toque* diferente del de un violinista. Los instrumentos son igualmente difíciles de tocar a nivel alto, pero se necesitan destrezas distintas. El pianista controla únicamente el volumen de la nota, el momento en que empieza, y cuánto dura. Como contrapartida, tiene control sobre estos factores en hasta diez notas simultáneamente, lo que requiere una enorme habilidad. Un pianista muy experto es capaz de pulsar con los cinco dedos de una mano para crear un acorde, pero imprimiendo más velocidad a uno de ellos para que una de las notas tenga más volumen.

También es importante señalar que las notas del piano cambian de timbre según su volumen, puesto que si se golpea la cuerda con más fuerza se obtiene una mezcla distinta de armónicos. Un golpe fuerte tiende a favorecer los armónicos de mayor índice, lo que pro-

---

[1] En realidad, cada martillo golpea dos o tres cuerdas, todas afinadas en la misma nota, lo que le da un mayor volumen. Pero aquí hablaremos de *una cuerda* como si de verdad se tratara de una sola.

duce un sonido más complejo y duro. Esto significa que para un pianista el control del timbre está vinculado al control de volumen.

De hecho, el control del volumen fue lo que motivó la invención del piano. El nombre completo del instrumento es *pianoforte*, que significa *suave-fuerte*. Hubo varios precursores del piano, todos con teclado, pero el clavecín era el único que contaba con suficiente volumen como para tocar con otros instrumentos.

El clavecín tiene un conjunto de teclas, cada una conectada con una púa de pluma de cuervo que punza la cuerda. La desventaja que tiene este sistema es que da igual la velocidad a la que se punza la cuerda o la fuerza con la que se golpea la tecla; el sonido siempre es el mismo y tiene el mismo volumen. En una guitarra, la nota pulsada se puede hacer más fuerte tirando más de la cuerda antes de soltarla, pero en un clavecín la cuerda siempre se estira la misma distancia, de modo que el volumen no se puede modificar. Esta carencia, aunada al sonido áspero creado por la cuerda punzada hizo que los fabricantes de instrumentos empezaran a buscar nuevos métodos para poner en movimiento las cuerdas. Golpearlas con un objeto relativamente suave resultó ser la opción más prometedora, y esto finalmente llevó al desarrollo del piano.

El piano lo inventó en 1709 un constructor de instrumentos italiano con el melodioso nombre de Bartolomeo Cristofori, y se siguió desarrollando durante unos cien años. Una vez solucionada la acción de las palancas, se contó con un instrumento que podía tocarse a cualquier volumen, desde suave hasta fuerte. Esa capacidad para variar el volumen tiene dos grandes ventajas. La primera es que se puede destacar la melodía respecto al acompañamiento, y la segunda que se puede modificar el volumen (y por tanto el timbre) siempre que se desee para enfatizar cada clímax emocional de la pieza.

Diseño de timbre: sintetizadores

En la década de 1960, los músicos empezaron a contar con un nuevo tipo de instrumento, el sintetizador. Las bandas de rock no tardaron en descubrir que sus teclistas empezaban a gastarse una parte desproporcionada del presupuesto para instrumentos. Hasta ese momento, el teclista era la persona que se sentaba al fondo, junto al batería y que no se comía ni una rosca después del bolo. Ya a mediados de la década de 1970, algunos de ellos disponían de más mandos e indicadores que un piloto de helicóptero militar. Los sintetizadores les permitían mezclar armónicos que nunca antes se habían combinado para crear millones de timbres distintos. Algunos sonidos que producían eran maravillosos, claro resultado de semanas de experimentación y planificación. Otros no.

Los sintetizadores generan notas musicales sintéticamente, esto es, no hay nada que vibre en su interior: las notas se crean combinando patrones de ondas electrónicas que mueven los altavoces para producir notas musicales. Cuando se produce una nota musical natural, el patrón de ondas se compone de una mezcla de armónicos –una serie de ondas sencillas se combinan en una forma de onda compleja. Los ingenieros electrónicos utilizan el mismo principio para producir notas sintéticas. Dentro de un sintetizador, los circuitos producen patrones de ondas sencillas que se combinan para generar ondas más complejas, pero puesto que se puede hacer casi cualquier combinación de ellas, se puede elegir entre una enorme cantidad de timbres posibles.

Algunos sonidos son más difíciles de copiar que otros con esta tecnología. Por ejemplo, es mucho más difícil emular los sonidos no musicales que se producen en cualquier instrumento tradicional al empezar una nota que emular la nota misma. Además, los instrumentos de timbre simple son más fáciles de imitar que los de timbre complejo como el violín o el oboe. Otro problema es el hecho de que si se configura el sintetizador para producir un determinado patrón de ondas, el timbre se mantiene constante en todo el rango de notas, desde la más aguda hasta la más grave. Eso, como ya hemos visto, no lo hacen los instrumentos reales. Debido a todo esto, generalmente los sintetizadores no se utilizan para emular otros instrumentos, sino que se usan como instrumentos por derecho propio. Si deseamos el sonido de un instrumento musical tradicional, debemos utilizar un instrumento real o, en su defecto, la tecnología del sampleado, que es el registro digital de las notas individuales de un instrumento real.

Aquí sucede algo muy raro

Echemos un vistazo al siguiente conjunto de frecuencias. Son los componentes de nuestra vieja amiga, la nota La:

110 Hz, 220 Hz, 330 Hz, 440 Hz, 550 Hz, 660 Hz, 770 Hz, etc.

Ya sabemos que el timbre de un instrumento consta de la mezcla de estos ingredientes a distintos volúmenes en una sola forma de onda. Sean cuales sean los ingredientes, nuestro cerebro reconoce que se trata de una nota con una frecuencia global de 110 Hz. Incluso si el componente más fuerte fuera de 330 Hz, el patrón en su conjunto realizaría su ciclo completo 110 veces por segundo, de modo que la frecuencia fundamental es la de 110 Hz.

«Ya, John», me estará diciendo el lector, «eso ya lo has dicho. ¿Es que te pagan por palabra o qué?»

Sea paciente, querido lector, porque dentro de un momento le voy a enseñar algo muy raro.

En vez de ser un componente menor del sonido, es posible que uno de los armónicos no suene en absoluto. Por ejemplo, si la frecuencia de 770 Hz estuviera totalmente ausente, seguiríamos oyendo el resto de los armónicos como parte de una nota que tiene una frecuencia fundamental de 110 Hz. Esto es así porque sólo la de 110 Hz puede ser cabeza de la familia que incluye 110 Hz, 220 Hz, 330 Hz, etc. Podría ser que varios armónicos permanecieran en silencio, y aun así la frecuencia fundamental sería la de 110 Hz.

Ahora la cosa rara: podríamos incluso eliminar del todo el primer armónico, el fundamental −110 Hz− y el tono principal de la nota que escucharíamos seguiría siendo el de 110 Hz. Esto parece una locura, pero es totalmente cierto. Si oyéramos el siguiente conjunto de frecuencias: 220 Hz, 330 Hz, 440 Hz, 550 Hz, 660 Hz, 770 Hz, etc., seguiríamos oyendo una nota con la frecuencia fundamental de 110 Hz, aunque el sonido no contuviera esa frecuencia.

Aunque el cabeza de familia está ausente, los restantes componentes se reúnen en una danza que se repite 110 veces por segundo. Así que la frecuencia fundamental es 110 Hz y eso no puede ser de otra manera.

Una persona cuerda normalmente responderá que la nota en cuestión debería ser un La una octava por encima de 110 Hz, o sea el que tiene una frecuencia fundamental de 220 Hz. Pero esto no es así porque los armónicos de esa nota serían 220 Hz, 440 Hz, 660 Hz, 880 Hz, etc. Este grupo no contiene 330 Hz, 550 Hz o ningún otro armónico con índice impar de la familia original de armónicos.

Estos armónicos con índice impar sí están presentes en nuestro grupo al que le falta la frecuencia fundamental, así que la única posibilidad que tiene el grupo al combinarse es la frecuencia de 110 Hz.

Este tema del *fundamental desaparecido* es raro, pero también es útil. Quizá no tan útil como una navaja suiza o la maniobra Heimlich, pero que algo tan sumamente peculiar como esto tenga algún tipo de utilidad ya resulta admirable, ¿no?

Los altavoces Hi-Fi o incluso los Lo-Fi tienen una gama de frecuencias respecto a las cuales son eficaces, y esto tiene que ver con su forma y tamaño y el material del que están hechos. Antiguamente, un buen bafle contenía dos o tres altavoces distintos: pequeños y rígidos para las notas altas y grandes y blandos para las frecuencias bajas. Hoy en día es posible obtener frecuencias ridículamente bajas a partir de un altavoz pequeño utilizando el concepto del *fundamental perdido*. Digamos que nuestro altavoz no hace gran cosa con frecuencias de menos de 90 Hz y sin embargo queremos oír claramente la nota La$_2$, que tiene una frecuencia de 55 Hz. Pues bien, si alimentamos al altavoz los armónicos de 55 Hz sin el fundamental (110 Hz, 165 Hz, 220 Hz, 275 Hz, etc.), escucharemos la frecuencia de 55 Hz con toda claridad y volumen, a pesar de que la frecuencia más baja a la que se mueve el altavoz es la de 110 Hz. Impresionante, ¿eh?

Estaremos oyendo una nota que no está produciéndose en realidad.

Yo ya había advertido que era algo muy raro.

6

¿Cuánto volumen es mucho volumen?

Diez por uno es igual a dos, aproximadamente...

Todos notamos cuando el volumen de la música sube o baja, pero es extremadamente difícil precisar con exactitud la diferencia de volumen entre dos sonidos. Tratar de saber si un sonido tiene exactamente el doble de volumen que otro es tan difícil como tratar de decidir si un chiste te hace exactamente dos veces más gracia que otro.

Una de las rarezas más grandes del volumen tiene que ver con la suma de sonidos. Normalmente, cuando sumamos cosas, el resultado tiene sentido. Si le doy a Pepe una naranja y usted le da otra, entonces el suertudo de Pepe tiene dos naranjas; si yo le doy tres y usted le da dos, tiene cinco, y así sucesivamente. La suma de sonidos no funciona así. Cuando escuchamos a un solista tocando un concierto de violín con una orquesta, puede variar el número de personas que tocan en cada momento, entre uno y cien, en un segundo, pero no nos llevamos las manos a los oídos diciendo *Vaya, el volumen de la música se ha multiplicado por 100*. Es difícil generalizar sobre cuánto sube el volumen en estos casos; depende de qué instrumentos se usen y si el compositor ha dado instrucciones para que todos toquen fuerte o suave. Sería posible, por ejemplo, que la orquesta entera tocara más suave que un solo instrumento tocando fuerte.

Si sumamos el sonido de diez violines tocando juntos (y esto es cierto de cualquier otro instrumento), no oímos un volumen diez veces superior al de un solo instrumento. De hecho, es muy difícil estimar exactamente cuántas veces mayor es el volumen, aunque la mayor parte de la gente estará de acuerdo en que diez violines (tocando la misma nota con la misma fuerza) producen un volumen aproximadamente dos veces superior al de un solo violín. ¿Y cien por uno? El resultado es más o menos cuatro, obviamente.

Bien: entonces diez instrumentos suenan sólo el doble de fuerte que uno, y cien instrumentos cuatro veces. Estas afirmaciones, *extrañas pero ciertas* –como se suele decir–, requieren alguna explicación. Por fortuna, yo me había preparado una...

Antes de empezar nuestro análisis, quiero señalar que para simplificar hablaré de un solo tipo de instrumento cada vez –en la siguiente sección hablaré de flautas–, pero los datos son igualmente ciertos con grupos de distintos instrumentos.

Pues bien, imaginémonos que hemos conseguido reunir una orquesta de cien flautistas. Para empezar, hay silencio. Entonces una de las flautas empieza a emitir una nota. La diferencia entre el silencio y una flauta es impresionante, algo parecido a cuando estás a oscuras y enciendes una vela. Entonces otra flauta empieza a tocar la misma nota. Se nota la diferencia, pero no es tan grande como la diferencia entre el silencio y la primera flauta. Cuando se les une la tercera flauta, tocando la misma nota, hay poca diferencia en el volumen, y con la cuarta todavía menos. A medida que cada uno de los flautistas se une, tocando la misma nota, llega un momento en el que es imposible percibir el momento en el que empieza a tocar una flauta nueva, ya que la diferencia entre, por ejemplo, 62 y 63 flautas es muy pequeña.

Todo esto es muy extraño, ya que podríamos haber pedido al flautista número 63 que fuera el primero en tocar, en cuyo caso habría sido el que más diferencia habría marcado. De hecho, podríamos pedir a cada flautista que tocara solo, tan fuerte como fuera capaz, después de un silencio, y el volumen de todos ellos sonaría igual.

Hay dos razones por las que nuestros cien flautistas suenan menos fuerte de lo que cabría esperar. Una de ellas tiene que ver con la manera en que se combinan las ondas de sonido, y la otra tiene relación con el funcionamiento de nuestro sistema auditivo. Veamos cada una por separado.

Cómo se combinan las ondas de sonido

Ya sabemos de sobra que una nota musical es un patrón regular de cambios en la presión del aire que hace que los tímpanos se flexionen hacia adentro y hacia afuera. El número de veces que se flexiona cada segundo informa al cerebro sobre el tono de la nota. Además, las notas más fuertes implican mayores cambios de presión, lo que hace que se flexione más el tímpano (y si se oye un sonido excesivamente fuerte, como una explosión, la alta presión flexionará tanto el tímpano que lo rasgará, una condición que se llama perforación del tímpano).

La siguiente ilustración nos indica lo que sucede. Ambos patrones de ondas tienen la misma frecuencia, pero uno implica mayores cambios de presión, por lo que deforma más el tímpano y tiene más volumen.

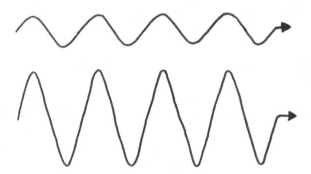

Patrones de ondas de la misma nota, con un volumen bajo (arriba) y alto (abajo). La frecuencia de la nota no ha cambiado, pero la nota más fuerte conlleva unas mayores variaciones de presión.

¿Qué le parece si vamos de compras? Usted vaya a una tienda de música y compre dos *glockenspiels* idénticos mientras yo voy a comprar un medidor de presión acústica. Este dispositivo tiene un micrófono que funciona exactamente como un oído: las ondas de presión presionan sobre una parte de modo que se flexiona hacia adentro y hacia afuera. También cuenta con un ordenador que mide la potencia de dichas ondas. Estoy utilizando un medidor de presión acústica porque responde de forma muy directa a los cambios en la presión del sonido –si se duplica la presión del aire, se multiplica por dos la lectura que da el ordenador.

Ahora lo único que necesitamos es un hotel grande y unos gemelos idénticos (confíe en mí, esto se va a poner interesante). Empezamos en una habitación donde pedimos al primer gemelo que golpee cualquier nota del *glockenspiel* a la vez que medimos la potencia de las ondas de presión que se producen. Digamos que el ordenador nos indica que el volumen de la nota justo después de golpear es de 10 unidades de presión.

Ahora llevamos al segundo gemelo a otra habitación del hotel y le pedimos que golpee la misma nota en el otro *glockenspiel* con la misma fuerza que su hermano (hemos escogido gemelos idénticos precisamente porque queremos que los dos golpeen con la misma fuerza). Como sería de esperar, cuando medimos las ondas de presión el ordenador nos indica que el máximo volumen es nuevamente diez.

Ahora los reunimos a los dos en la misma habitación. Primero hacemos que se turnen golpeando la nota. No es extraño que no haya diferencia entre las lecturas que obtenemos; mientras sigan golpeando la misma nota con la misma fuerza, el volumen es de diez unidades.

Finalmente, hacemos que los dos golpeen la misma nota a la vez. Podríamos esperar que el ordenador indique que diez más diez da veinte. Pero no. Podemos repetir la prueba varias veces, y la lectura media de la combinación de ambas notas será más o menos catorce. Una parte de nuestro sonido ha desaparecido.

Y si fuéramos a comprar más *glockenspiels* y contratáramos a más gemelos, resultaría que para cuarenta instrumentos, en lugar de obtener una lectura de cuatrocientos el resultado es de apenas sesenta y tres.

Vaya desilusión. Tenemos una habitación llena de costosos gemelos y *glockenspiels* y resulta que una gran parte del sonido simplemente desaparece. Vamos a pedirles que se vayan a la cafetería del hotel a tomarse algo mientras explico lo que está sucediendo.

Cuando usamos un solo instrumento, obtenemos los mejores resultados por nuestro esfuerzo. Golpeamos la barra, que empieza a deformarse hacia arriba y hacia abajo y transmite esas vibraciones al aire como ondas de presión. Así que con ese golpe obtenemos el 100% de lo que hemos pagado.

Sin embargo, con dos instrumentos conseguiríamos el doble del efecto únicamente si las ondas de presión estuvieran exactamente sincronizadas entre sí. En ese caso, actuarían juntas para generar una onda de presión que va ARRIBA-ABAJO-ARRIBA-ABAJO.

Pero cuando golpeamos ambos instrumentos, es prácticamente imposible que los golpeemos al mismo tiempo *exactamente*, así que las ondas de ambos instrumentos no estarán sincronizadas cuando lleguen al micrófono. El resultado será que en ciertos momentos, una onda estará intentando subir la presión del aire a la vez que la otra está intentando bajarla. De hecho, si las notas de ambos instrumentos estuvieran exactamente desincronizadas, el movimiento arriba-abajo-arriba-abajo de uno se vería cancelado por el movimiento abajo-arriba-abajo-arriba del otro, y la nota quedaría totalmente anulada.

Esto es extraño, pero cierto. Así es como algunos agricultores se protegen los oídos cuando conducen un tractor ruidoso todo el día. Se compran unos protectores, que son auriculares que en el interior llevan un micrófono y un altavoz. Estos van conectados a un dispositivo electrónico que recoge el sonido que está a punto de llegar al oído y genera una onda de presión idéntica pero perfectamente desfasada con la original. En teoría, cuando ambas ondas se encuentran, una de ellas intenta subir la presión mientras la otra la intenta bajar, así que no sucede nada y el tímpano no recibe ninguna agresión. En la práctica, las ondas de sonido son demasiado complicadas para que esto funcione a la perfección, pero sí es verdad que se reduce la mayor parte del ruido.

Volviendo a nuestros *glockenspiels*, las vibraciones no se cancelan de forma perfecta porque sería algo demasiado difícil de organizar: las ondas sonoras vienen desde distintos lugares de la habitación y rebotan contra las paredes, además de que es prácticamente imposible golpear ambos instrumentos en el momento preciso para que las ondas estén perfectamente desfasadas justo en el momento en que alcanzan el micrófono. Lo que sucede en la realidad es que aunque se genera más presión sonora con dos instrumentos que con uno, hay un determinado grado de interferencia entre las secciones de baja presión de un conjunto de ondas con las de alta presión del otro, de modo que se cancelan mutuamente en parte.

Si participa un mayor número de instrumentos, el grado de cancelación es más importante. La presión del aire junto al micrófono puede ser mayor de lo normal (lo que empuja el micrófono) o menor que lo normal (lo que tira de él), pero no las dos cosas a la vez. Todos nuestros cuarenta *glockenspiels* pueden subir o bajar la presión en un momento determinado, pero su influencia es contrarrestada por otros en gran medida. Si el *glockenspiel* número cuarenta y uno se incorporase a nuestra pequeña fiesta, su nota quedaría cancelada casi en su totalidad, pero una pequeña parte sí se mantendría y contribuiría al volumen total.

Así que esa es la razón por la que las combinaciones de instrumentos hacen menos ruido del que se podría esperar. Pero este no es el único factor en nuestra percepción del volumen. Por este efecto exclusivamente, 100 instrumentos tendrían un volumen de 10, pero como he señalado anteriormente, nosotros percibimos su volumen como cuatro veces el de un solo instrumento. Esta mayor disminución es el resultado de la manera en que estamos diseñados los seres humanos. Vamos a echarle un vistazo.

Por qué nuestro cerebro no suma bien los sonidos

¿Por qué nuestro cerebro no suma de forma normal el sonido? La respuesta puede resultar sorprendente: nuestro cerebro y oídos suman los sonidos de forma extraña para ayudarnos a seguir vivos. Desde los tiempos de los primeros cavernícolas hasta nuestros días, hemos utilizado los oídos para evitar el peligro. De hecho, esta es una de las causas principales por las que tenemos oídos (aunque también son útiles para llevar gafas de sol). Para ser eficaces, los oídos tienen que ser capaces de detectar sonidos muy suaves (como el sonido de alguien que se te acerca a hurtadillas), pero a la vez no deben ser dañados por los ruidos fuertes (como un trueno). No serviría de nada si tuviéramos un oído excelente para los sonidos suaves pero que dejaran de funcionar al primer oído fuerte que oyéramos.

Si un sonido es suave, el funcionamiento de nuestro sistema auditivo permite que lo oigamos nítidamente, pero a medida que sube el volumen, el ruido tiene cada vez menos incidencia. Esto sucede también con el resto de nuestros sentidos: el olfato, el gusto, la vista y el tacto. Seis calcetines apestosos no nos resultan seis veces más apestosos que uno solo (incluso si cada calcetín despide la misma cantidad de olor) y diez cacahuetes salados no nos resultan cinco veces más salados que dos (aunque ahora tenemos cinco veces más sal en la lengua). Si encendemos cien velas en una habitación oscura se producirá el mismo efecto que con las flautas: la primera es la que más diferencia marca; la número ochenta y siete casi no se nota. Y si estamos tan locos como para clavarnos un alfiler en el dedo, nos dolerá; pero si nos clavamos otro (junto al primero), no sentiremos el doble de dolor.

Alguien me preguntará por qué he señalado específicamente que los alfileres deben estar juntos. Bueno, sí hay una razón, y es sorprendentemente relevante para nuestro análisis sobre el volumen del sonido. Imaginemos que accidentalmente piso una chincheta con el dedo gordo del pie. Obviamente sentiría mucho dolor y probablemente juraría en arameo. Si pisara dos chinchetas con el dedo gordo, la sensación global sería un poco peor, pero ni de lejos sentiría dos veces más dolor. Si, por el contrario, me clavara una chincheta en el dedo gordo izquierdo y otra en el derecho, el dolor que sentiría sería mucho mayor que si me las clavo las dos en un solo dedo (por favor, que nadie haga la prueba; sencillamente créanme). La causa de este aumento de dolor es el hecho de que mi cerebro recibirá dos señales de dolor, una de cada pie, en lugar de una sola señal de haberme clavado dos chinchetas en un dedo.

¿Y qué tiene que ver todo esto con la música? Bueno, al principio dijimos que el sistema formado por el oído y el cerebro hace el cálculo según el cual diez flautas tienen aproximadamente el doble de volumen que una flauta. Esto es así sólo si todas ellas tocan la misma nota. Si las dividimos en dos grupos y pedimos al grupo 1 que toque una nota con un tono mucho más agudo o mucho más grave que el grupo 2, entonces las dos notas tocadas simultáneamente serán más fuertes que cuando todo el mundo toca la misma nota. Pero para que esto se cumpla, la diferencia de los dos tonos tiene que ser mayor que la diferencia entre *pa* y *ni* en *Campanita del lugar*. Una razón de este aumento de volumen es el hecho de que el cerebro estará recibiendo entonces dos señales sonoras distintas (como las dos señales de dolor). La otra razón es que cada una de las notas se verá menos cancelada por las ondas simultáneas, al ser más pequeño el grupo.

Volumen y tono

La sensibilidad de nuestro sistema auditivo no es igual en todas las frecuencias. La demostración más extrema de esto es que hay sonidos que no podemos oír en absoluto porque tienen un tono demasiado agudo (por ejemplo, los de un silbato para perros) o demasiado grave (por ejemplo, los infrasonidos que a veces experimentamos cuando el motor de un gran camión hace vibrar las ventanas del edificio donde nos encontramos). Tanto el silbato para perros como la vibración de las ventanas producen un sonido, pero nuestros oídos no están hechos para percibirlos. Incluso dentro del rango de sonidos que puede percibir el oído humano, hay diferencias de sensibilidad. Nuestra máxima sensibilidad es a los sonidos bastante agudos, chillones, que se corresponden a las notas más altas del flautín, que es la razón por la que en una orquesta o banda oímos ese instrumento claramente por encima de todos los demás. De hecho, los libros de texto de música aconsejan a los compositores que utilicen poco el flautín, ya que es difícil de mezclar con los demás instrumentos.

A frecuencias más altas o más bajas de este rango agudo, chillón, nuestros oídos van perdiendo sensibilidad. La mayoría de las notas musicales están por debajo. Eso significa que si aspiramos a conseguir un sonido que equilibre un instrumento grave, como el fagot y un instrumento más agudo, como el clarinete, es posible que el fagotista tenga que tocar tan fuerte como pueda mientras que el clarinetista se lo toma con tranquilidad. De igual manera, si dos instrumentos idénticos tocan juntos pero uno toca notas altas y el otro bajas, este último debe tocar más fuerte para que su volumen se perciba como parecido al de las notas altas.

Volumen y duración de las notas

Otra peculiaridad más del volumen tiene relación con la duración de las notas. El volumen normal de una nota se aprecia si dura un segundo más o menos, pero si se toca durante medio segundo o menos sonará menos fuerte. Hay que tener en cuenta que muchas piezas de música contienen notas que duran menos de medio segundo. Por ejemplo, cuando en *Campanita del lugar* cantamos *del lugar*, la única sílaba que dura más de medio segundo es *gar*.

Por otro lado, si una nota se toca durante varias decenas de segundos, su volumen parece disminuir a medida que el cerebro empieza a notarla menos. Este efecto de disminución de intensidad en un estímulo continuado también se da con el resto de nuestros sentidos, sobre todo el olfato (de lo cual podemos estar contentos a veces). La razón por la que el sonido parece disminuir después de un rato es que el cerebro está constantemente monitorizando los sentidos en busca de señales de peligro. Si un sonido es continuo y no está sucediendo nada malo, el cerebro pierde interés porque obviamente no es importante para nuestra seguridad. A nuestro cerebro le interesa sobre todo cualquier cambio en los sonidos que oímos. Esa es la razón por la que nos ponemos alerta cuando un sonido de larga duración cesa de golpe –el efecto del *silencio ensordecedor*.

La medición del volumen

A los humanos nos encanta medir las cosas. Medimos nuestra estatura, nuestro peso, la velocidad de nuestros coches y el tamaño de nuestros baños. Las medidas nos ayudan a hablar de las cosas con más precisión y claridad. Por supuesto, hay muchas cosas a las que no les podemos aplicar un sistema preciso de medidas, como la habilidad para besar o las destrezas sociales de un hámster, pero siempre que podemos, inventamos y utilizamos un sistema de medición. Como veremos a continuación, la invención de un sistema para medir el volumen fue casi tan complicado como lo sería para medir los besos (y probablemente fue mucho menos divertido). Antes de empezar esta sección, quisiera repasar un par de cuestiones sobre los sistemas de medición en general.

Hay dos tipos básicos de sistemas de medición: el absoluto y el comparativo (o relativo). Si usamos el tipo absoluto, decimos: *El granjero González tiene ocho vacas y el granjero Rodríguez tiene cuatro vacas*. Si usamos un sistema comparativo, diremos: *El granjero González tiene el doble de vacas que el granjero Rodríguez*. Como se puede ver, ambos sistemas nos dan información útil, si bien el sistema absoluto es más preciso, razón por la que solemos utilizarlo normalmente. Sin embargo, hay casos en los que no podemos usar un sistema absoluto y hemos de recurrir a uno comparativo. Sí, lo ha adivinado... el volumen es uno de esos casos incómodos.

Puesto que nuestros oídos responden a los cambios de presión, cualquier sistema para medir el volumen debería estar basado en la medición de la presión. Por desgracia, sin embargo, el primer sistema de medición del volumen se adaptó de un método para medir la disminución de fuerza en las señales eléctricas tras recorrer un cable eléctrico de una milla. Así que acabamos teniendo un sistema basado en la intensidad en vez de la presión. Esto equivaldría a medir la distancia en litros de gasolina (si entre Londres y Nottingham hay 35 litros de gasolina, entonces la distancia entre aquí y Bolton es de 27 litros). Dichas cifras son útiles y precisas a su manera, pero se trata de un sistema bastante engorroso. El sistema de intensidad de energía para medir el volumen del sonido tiene ventajas y desventajas, como veremos a continuación.

La medición de la intensidad de los sonidos

¿Recuerda nuestros gemelos con sus *glockenspiels*? Se cansarían igual de golpear el instrumento en habitaciones separadas que al tocar juntos. En ambos casos, utilizarían la misma cantidad de energía, y no es culpa suya que las ondas de presión rehúsen colaborar completamente. El sistema de intensidad se fija en cuánta energía ambos han dedicado a dar sus golpes y no al sonido que producen. Este sistema dice: *la energía dedicada a golpear no se modifica por el hecho de que estén en la misma habitación; un golpe más un golpe, igual a dos golpes de intensidad energética.* Esta comodidad para utilizar una suma simple es la principal ventaja del sistema de medición del volumen basado en la intensidad.

Si tomamos un micrófono, lo conectamos a un ordenador y le pedimos que convierta las lecturas de la presión en medidas de intensidad energética, podemos sumar los sonidos con las reglas normales de la aritmética. A un ordenador se le puede pedir que detecte que los diez flautistas están trabajando igual de duro para producir diez veces más potencia acústica que un solo flautista. Así que, por ejemplo, podríamos decir: Diez violines producen diez veces más potencia acústica y dos veces más volumen que un solo violín.

Digamos que vamos a utilizar un ordenador y un micrófono para medir la potencia acústica que hay entre el silencio absoluto y un doloroso daño a los oídos. Después de algunos experimentos minuciosos, podríamos encontrar el silencio más suave que puede oír un ser humano. Entonces podríamos configurar el ordenador para que a esta intensidad le asignara el valor de uno, y a esto lo podríamos llamar umbral auditivo. Este sonido podría ser, quizá, equivalente al de una persona suspirando a diez metros de distancia. Pues bien, si diez personas estuvieran a diez metros de distancia, suspirando (no entraremos aquí en las causas de tanta infelicidad), entonces el ordenador le asignaría a este sonido un valor de diez, si bien nosotros lo oiríamos a sólo el doble de volumen.

Ahora dejemos a esos pobres desgraciados y midamos el sonido de unas motos y de unas bandas de música. Nos podemos imaginar que para cuando lleguemos a los niveles de ruido que producen dolor (por ejemplo, colocar el oído a unos centímetros de una taladradora de las que usan en las carreteras), estaremos midiendo intensidades sonoras varias veces mayores que nuestro suspiro original. Bueno, prepárese para quedarse boquiabierto. La intensidad que produce dolor es 1.000.000.000.000 veces mayor que la del sonido más suave que podemos oír. Sí, la potencia acústica generada por una taladradora de obras públicas es un billón de veces más grande que la del suspiro. Así que si está insatisfecho como operador de taladro y quiere que se aprecien sus suspiros, acuérdese de apagar el taladro.

Pero ahora necesitamos poner los pies sobre la tierra. Como he dicho antes, nuestros oídos no miden la intensidad, sino que monitorizan las diferencias de presión. Estas diferencias sí tienen relación con las intensidades, pero para convertir la intensidad en presión necesitamos hacer un cálculo. El resultado de la conversión es que la diferencia de presión entre el silencio casi absoluto y el dolor no es de 1.000.000.000.000, sino apenas de 1.000.000 –un millón. Sigue tratándose de un número enorme, pero no es un número ridículamente enorme.

Volvamos al mundo de la medición de la intensidad. Ya sabemos que cada vez que multiplicamos la potencia acústica por diez (cuando tocan diez violinistas en vez de uno) el volumen del sonido se duplica. Así que hagamos una lista de sonidos que abarquen desde el más suave hasta el más fuerte que podemos oír. Cada uno de estos sonidos tiene el doble de volumen que el anterior.

Lista de sonidos desde el umbral auditivo hasta el umbral del dolor

Ejemplo	Volumen relativo	potencia acústica relativa
Casi silencio (suspiro a diez metros)	1	1
Mosca pequeña en la habitación	2	10
Abeja grande en la habitación	4	100
Alguien tarareando una melodía	8	1.000
Conversación tranquila	16	10.000
Violín solo –a medio volumen	32	100.000
Restaurante bullicioso (o diez violines)	64	1.000.000
Tráfico urbano en hora punta	128	10.000.000
Orquesta tocando fuerte	256	100.000.000
Discoteca muy ruidosa	512	1.000.000.000
Cerca de los altavoces, concierto de rock	1.024	10.000.000.000
Gran explosión de fuegos artificiales	2.048	100.000.000.000
Dolor –a unos centímetros de una taladradora	4.096	1.000.000.000.000

(Todos estos ejemplos son meramente orientativos, naturalmente. Quizá en la zona donde usted vive haya abejas ruidosas y bulliciosas, o quizá su hermana tenga un volumen extraordinariamente alto cuando tararea.)

Esta tabla ilustra algunas de las ideas más importantes sobre el volumen y proporciona dos métodos para comparar los sonidos fuertes y los suaves. Sin embargo, ninguno de los dos nos brinda una escala numérica útil, ya que se trata de unas cifras excesivamente altas. Las cifras referidas a la potencia acústica relativa, en la columna de la derecha dice que una mosca tiene un valor de 10 y el violín 100.000. Si esto es así, entonces necesitaríamos casi 10.000 moscas pequeñas en la habitación para producir la misma potencia acústica que la de un violín. Esto es un dato muy útil si usted es un granjero que se dedica a la cría de moscas y además toca el violín, pero seguimos necesitando un sistema para medir el nivel del ruido que utilice un rango de cifras más reducido.

El sistema de decibelios para medir el volumen

La búsqueda de un sistema con un rango pequeño de cifras le dio a alguien, en algún momento de la primera mitad del siglo xx, la ingeniosa idea de una escala de volumen basada en cuántos ceros había después del 1 en la columna de *potencia acústica relativa* de la tabla de arriba. Esta es la escala de *belios*, según la cual una intensidad de 1.000 tendría un volumen de 3 belios, 1.000.000 sería 6 belios, etc. (en cada caso es cuestión de contar los ceros). Esto se consideró una idea brillante durante unos siete minutos y medio, hasta que alguien todavía más listo señaló que eso sólo nos da doce cifras para medir el rango de volúmenes que va entre extremadamente silencioso hasta dolorosamente fuerte y eso no iba a ser un sistema muy útil, ya que ahora no contaríamos con suficientes cifras.

Así que finalmente se decidió que un sistema con ciento veinte medidas de volumen prometía ser más útil, y que eso se conseguiría multiplicando por diez todos los números del sistema de belios, con lo que el volumen se mediría en décimas de belios, o decibelios. Así que ahora tenemos un sistema en el que una potencia acústica de 1.000 equivale a 30 decibelios, 1.000.000 es 60 decibelios, etc. (se trata de contar el número de ceros y multiplicar por 10). Un esquema sencillo de lo que significa para nuestros oídos el sistema de decibelios (decibelio se suele abreviar como dB).

Potencia, decibelios y volumen

Potencia acústica relativa	Decibelios	Volumen relativo	
1	0	1	(casi silencio –suspiro)
10	10	2	(mosca pequeña)
100	20	4	(abeja grande)
1.000	30	8	(tararero)
10.000	40	16	(conversación tranquila)
100.000	50	32	(violín solo)
1.000.000	60	64	(restaurante bullicioso)
10.000.000	70	128	(tráfico en hora punta)
100.000.000	80	256	(orquesta tocando fuerte)
1.000.000.000	90	512	(discoteca)
10.000.000.000	100	1.024	(altavoces en un concierto de rock)
100.000.000.000	110	2.048	(petardo grande)
1.000.000.000.000	120	4.096	(dolor –taladro de obras públicas)

Ahora tenemos un sistema que sirve para medir el volumen desde el sonido más suave hasta el más fuerte y que sólo incluye valores entre 0 y 120. Pero me temo que, aunque los números son sencillos, la utilización de esta escala es complicada. Parece muy simple hasta que nos damos cuenta de que no sólo 20 dB es el doble de volumen que 10 dB (algo que parece obvio), sino que 90 dB es el doble de volumen que 80 dB (lo que parece una locura, pero es verdad: basta con mirar la tabla).

En este momento es necesario que yo haga una confesión: no me gusta en absoluto el sistema de medición de volumen. No es fácil de usar incluso si has estudiado matemáticas o física a nivel universitario. Incluso un científico profesional necesitaría una calculadora y varios minutos para poder indicarnos la diferencia de volumen entre 53 y 87 decibelios. No tengo pruebas de esto, pero me parece que el decibelio fue inventado en un bar, a altas horas de la madrugada, por un comité de ingenieros eléctricos borrachos que querían vengarse del mundo porque no tenían con quién bailar. Además de los problemas de cálculo, la utilización de la intensidad para medir sonidos es indirecta y excesivamente complicada.

Al principio de este libro prometí que no habría fórmulas matemáticas y tengo la intención de cumplir mi promesa. Sin embargo, no puedo explicar cómo calcular la diferencia entre 53 y 87 decibelios sin usar fórmulas. Si a algún lector le gustaría contar con más información sobre el sistema de decibelios, podrá encontrarla en la parte B de la sección sobre Detalles Engorrosos, al final del libro. Sin embargo, pienso que deberíamos dejar detrás los horrorosos decibelios y seguir adelante para echar un vistazo a los sistemas más sencillos desarrollados en la década de 1930 por una serie de investigadores estadounidenses, con el psicólogo experimental Stanley Smith Stevens a la cabeza.

Mejores sistemas de medición del volumen: el fonio y el sonio

Mientras los ingenieros eléctricos se reían entre ellos sobre cómo nos habían endilgado el sistema del decibelio, los diseñadores de salas de conciertos y los psicólogos especializados en la percepción auditiva decidieron contraatacar. Puesto que se pasaban el día trabajando con mediciones del volumen, sabían que el decibelio tenía dos grandes defectos.

Gran Defecto 1: Como he señalado anteriormente, el sistema auditivo humano es más sensible a unas frecuencias que a otras. Esto significa que una nota aguda de una flauta a 32 dB sonará más fuerte (para un humano) que una nota grave de un contrabajo a 32 dB, así que como sistema de medir el volumen para los seres humanos no es fiable.

Gran Defecto 2: antes del nacimiento de las calculadoras de bolsillo, tenías que pasarte la noche entera con seis lápices y tres gomas para calcular cosas como, *¿Qué diferencia de volumen hay entre 49 y 83 dB?* Incluso cuando ya había calculadoras, te tenías que comprar una con un número absurdo de botones y un manual de instrucciones tan gordo como el listín telefónico.

¡Aja!, dijeron los psicólogos experimentales, *podemos prescindir del decibelio y desarrollar un sistema que se corresponda más con la respuesta del oído humano.* (Los psicólogos experimentales hablan con este tono de superioridad y pedantería siempre que tienen la ocasión.)

La única forma de desarrollar un sistema basado en la respuesta subjetiva del oído humano es efectuar pruebas con muchísimas personas. Por eso el trabajo lo hicieron psicólogos: medían las opiniones de las personas más que cosas que se puedan medir con instrumentos.

El primer conjunto de pruebas tenía como fin contrarrestar el Gran Defecto 1, y en él participaron muchas personas a las que pidieron que compararan notas de distintas frecuencias y que dijeran cuándo les parecía que tenían el mismo volumen. A partir de estas observaciones, que se realizaron con una gama amplia de volúmenes y frecuencias, se desarrolló una unidad de volumen llamada fonio.

Para explicar la diferencia entre los fonios y los decibelios, imaginemos que hemos programado un robot para que toque el piano para nosotros. Primeramente le pedimos que produzca un volumen de 50 decibelios para cada nota y que toque todas las notas, una a una, empezando por la más aguda.

Puesto que nuestros oídos pierden sensibilidad a medida que nos movemos de las notas más agudas a las más graves, nos parecería que las notas perdían volumen a medida que el robot avanzaba por el teclado. Por otro lado, un ordenador que contara con un micrófono para *escuchar* las notas, detectaría que todas ellas tienen la misma intensidad de energía.

Ahora le pedimos al robot a repetir las notas, pero en esta ocasión produciendo un volumen de 50 fonos para cada nota. Esta vez nuestro amigo mecánico aumentaría la fuerza con la que golpea las teclas a medida que avanza por el teclado. Nosotros oiríamos todas las notas al mismo volumen, puesto que el robot estaría compensando el hecho de que no podemos oír los graves del piano tanto como los agudos. Por otro lado, el ordenador detectaría exactamente lo que hace el robot y registrará que está tocando más fuerte las notas graves.

El sistema del fono es, simplemente, el sistema del decibelio, pero compensando el hecho de que el oído humano es menos sensible a las notas graves.

Habiendo conquistado el Gran Defecto 1, los psicólogos abordaron el Gran Defecto 2. Puesto que el sistema del fono es básicamente una versión del sistema del decibelio, tenemos el mismo problema cuando intentamos que las cifras signifiquen algo. ¿Qué diferencia de volumen hay entre 55 y 19 fonos? Que alguien me pase la calculadora y unas galletas de chocolate.

Así que los psicólogos decidieron prescindir por completo de los decibelios y buscar una manera de utilizar una escala basada en volumen relativo, causando gran consternación entre los ingenieros eléctricos que habían desarrollado el sistema del decibelio. No ha habido intercambio de invitaciones a fiestas entre los dos grupos desde 1936.

Si volvemos a mirar la última tabla, vemos que la escala de volúmenes relativos va desde 1 (suspiro) hasta 4.096 (taladradora de obras públicas) y que, como hemos señalado, maneja cifras demasiado abultadas como para constituir una escala útil. Pero... un momento... los sonidos fuertes son así de grandes únicamente porque hemos empezado asignando el número 1 al sonido más suave que podemos oír. Eso sería como calcular el precio de todo en céntimos. No decimos, *el coche me costó 800.000 céntimos*. No necesitamos utilizar la moneda más pequeña posible como nuestra unidad de medida. Los psicólogos lo pensaron y decidieron pasar el 1 de un sonido extremadamente suave a algún punto en el centro de nuestro rango auditivo. Lo asignaron al nivel de una conversación bastante tranquila. Así, el rango actual sitúa el 1 donde antes estaba el 16. Esto significa que tenemos que dividir todas las cifras de nuestra columna de volumen relativo entre 16, de modo que actualmente las cifras que se manejan sólo suben hasta 256, como se puede apreciar en la siguiente tabla. Aunque tenemos que utilizar fracciones para los sonidos suaves, esto no presenta una gran dificultad, ya que no necesitamos fijarnos en los sonidos muy suaves muy frecuentemente.

Así que ahora tenemos un sistema que realmente funciona para los seres humanos. Se basa en el sonio como unidad de medida, y no hay que preocuparse por grandes cifras o por operaciones matemáticas complejas: 8 sonios tienen el doble de volumen que 4 sonios y 5 sonios suenan la mitad de fuerte que 10 sonios.

Sistema de medida de volumen basado en el sonio

Ejemplo	(después de compensar la frecuencia)	Sonios
Casi silencio (un suspiro a 10 metros)	1	0,06
Mosca pequeña en la habitación	2	0,12
Abeja grande en la habitación	4	0,25
Alguien tarareando en la proximidad	8	0,5
Una conversación bastante tranquila	16	1,0
Violín solo –volumen moderado	32	2,0
Restaurante bullicioso (o diez violines)	64	4,0
Tráfico urbano –hora punta	128	8,0
Orquesta tocando a alto volumen	256	16,0
Discoteca muy ruidosa	512	32,0
Proximidad de los altavoces, concierto de rock	1.024	64,0
Explosión de un gran petardo	2.048	128,0
Dolor –a unos centímetros de una taladradora de obras públicas	4.096	256,0

Los medidores de volumen modernos *deberían* medir los distintos niveles en sonios, ya que se trata del sistema más sensato para monitorizar y analizar el volumen desde el punto de vista del ser humano. Por ejemplo, si una guitarra acústica tiene 4 sonios de volumen y el nivel de una banda de rock es de 40 sonios, eso significa que la banda tiene diez veces el volumen de la guitarra para un oyente humano. Puesto que este sistema está basado en la audición humana, los instrumentos de medición en sonios realizan automáticamente las compensaciones necesarias para las distintas frecuencias. Este tipo de medidores ayudan a los ingenieros a desarrollar mejores altavoces y materiales de aislamiento acústico.

Habrá notado, sin embargo, mi utilización de la palabra *deberían* al principio del párrafo anterior. De hecho, la mayoría de las mediciones de volumen que se realizan hoy en día utilizan los decibelios, aunque normalmente se realiza un ajuste según la sensibilidad humana a las distintas frecuencias. Esto sucede así sencillamente porque el sistema basado en el decibelio fue el primero en establecerse y es al que hacen referencia los documentos oficiales y la legislación respecto a los niveles de ruido y la insonorización. Así que no nos queda más remedio que usarlo.

Pero un día nos alzaremos todos y, empalando nuestras calculadoras científicas en taladradoras de obras públicas especialmente puntiagudas, nos liberaremos de los malvados grilletes opresores del ridículo y abominab...

Pero quizá estoy perdiendo un poco mi objetividad fría de autor... cambiemos a un tema con menos carga de controversia: el arte y la ciencia de la armonía.

7

Armonía y cacofonía

Bebés musicales

Los bebés se divierten cantando pequeñas canciones que a veces constan de una sola nota repetida una y otra vez. A medida que van creciendo, aumentan el número de notas que usan, ya que las canciones de una sola nota son un poquito aburridas. Cuando aumenta el espíritu de aventura del bebé, descubrirá las notas más graves y agudas que pueden producir y observará que puede producir cualquier nota dentro de ese rango.

El bebé, cantando su canción de *la la la*, escogerá notas al azar dentro de su rango y pasará de unos tonos a otros sin cantar la misma nota dos veces. Una canción de este tipo puede incluir cientos de notas ligeramente distintas entre sí, y jamás podría repetirse. Cuando se hace mayor, el niño aprende que todos los demás cantan canciones que se pueden memorizar y repetir porque utilizan un número limitado de notas. *Campanita del lugar*, por ejemplo. El niño oirá a distintas personas cantando la misma canción y acabará por darse cuenta de que no es importante la nota desde la que empiezas, sino que lo importante son los saltos entre unas notas y otras. Para hacer reconocible una melodía, lo único que hace falta es hacer los saltos del tamaño adecuado con el ritmo apropiado.

Cuando un niño memoriza de esta manera algunas melodías, desarrolla un repertorio de saltos de tono melodiosos que podrá utilizar en cualquier canción. Por ejemplo, en *Campanitas del lugar*, la distancia entre *lu* y *gar* es la misma que la de las primeras dos notas de *Frère Jacques*.

103

El niño ahora está usando escalas, esto es un número limitado de saltos de tono reconocibles. Como he indicado anteriormente, estos saltos se llaman intervalos. Los cantantes con formación y las personas con capacidad natural pueden cantar dichos intervalos con precisión, pero los demás nos apañamos acercándonos lo suficiente como para que la melodía sea reconocible.

El tipo de música más sencillo es el de una sola voz cantando una serie de intervalos uno detrás de otro para producir la melodía. El siguiente paso obvio sería reunir a varios amigos para cantar juntos, todos cantando las mismas notas. Este tipo de música ha existido desde que vivíamos en cuevas y esperábamos a que alguien inventara la calefacción central.

Los primeros hombres de las cavernas que cantaron juntos fueron seguidos pronto por los segundos hombres de las cavernas que cantaron juntos, que decidieron animar un poquito las cosas. Como todos los adolescentes, querían tener su propio estilo de música y no querían la basura pasada de moda que cantaban sus padres. Tuvieron mucho éxito con una técnica que consistía en que la mitad de la tribu cantaba la melodía mientras que la otra mitad cantaba una sola nota, llamada *pedal*. Descubrieron, además, que algunas de las notas sonaban mejor que otras con el pedal, aunque no hicieron mucho caso a este fenómeno. Finalmente, una mujer de las cavernas especialmente talentosa, llamada *Ningy, la cantante especialmente talentosa*, empezó a acompañar la melodía utilizando notas diferentes a las que cantaban todos los demás. Gracias a esto, se oían simultáneamente dos melodías y el pedal. Todo el mundo estuvo tan encantado que dejaron de angustiarse tanto por la falta de vidrio aislante doble.

Ningy, la cantante especialmente talentosa, sabía que tenía que escoger con cuidado las notas que cantaba para que sonaran bien con las notas que cantaban los demás: algunas combinaciones sonaban bien juntas mientras que otras tenían un sonido horrible. Esta elección cuidadosa de notas que suenan bien juntas nos da los acordes, y los acordes son la base de la armonía. Cuando digo que las notas *suenan bien juntas*, no me refiero únicamente a combinaciones bonitas y placenteras. Como veremos, las armonías no siempre son armoniosas, puesto que parte del trabajo del compositor es aumentar la tensión de vez en cuando y luego liberarla. El músico de rock estadounidense Frank Zappa resumió este asunto de forma brillante cuando dijo que una música sin subidas y bajadas de tensión sería como «ver una película en la que sólo hubiera buenos».

¿Qué son los acordes y las armonías?

Acorde: un acorde es el sonido creado por tres o más notas tocadas simultáneamente.

Armonía: una sucesión de acordes produce una armonía. La relación entre los acordes y la armonía, por tanto, es parecida a la que existe entre las palabras y las oraciones.

Cuando los compositores (y por *compositores* me refiero a personas que escriben canciones pop o *jingles* publicitarios, no sólo a Mozart y compañía) escriben una pieza musical, normalmente utilizan la armonía como fondo para la melodía. Esta armonía puede modificar el estado de ánimo que transmite la melodía de la misma manera que el fondo de una foto puede hacer que un mismo retrato sea más alegre o menos. Los compositores de música para cine a menudo necesitan únicamente tres o cuatro melodías para todo un largometraje, aunque necesitan modificar las sensaciones que transmitirá cada melodía en cada una de las escenas donde se utilice. Entre las técnicas para alterar el estado de ánimo que transmite una melodía están la utilización de distintos instrumentos (si se trata de una escena que sucede en París, es posible que oigamos el acordeón de rigor) y el uso de versiones más lentas o rápidas de la melodía. Sin embargo, tocar la misma melodía con una armonía distinta es una de las formas más eficaces de manipular nuestras emociones.

Algunas combinaciones de notas dan un sonido placentero, mientras que otras suenan tensas o feas. Los compositores a menudo utilizan deliberadamente acordes con una sensación de ansiedad para acumular tensión antes de liberarla con algunas combinaciones armoniosas. Componer es parecido a contar una historia o un chiste, en cuanto que el compositor tiene que exponer una situación y luego resolverla de alguna manera. Cambiar el nivel de tensión de la armonía es una de las principales herramientas con las que cuenta el compositor para manipular las sensaciones que genera la música. Un ejemplo excelente de esto puede observarse en una pieza de Genesis llamada *Watcher of the skies*, que empieza con una serie de acordes lentos tocados por el teclista. En la primera parte de este solo no hay una melodía o un ritmo evidentes, sino que la tensión se genera muy eficazmente sólo a partir de la armonía. Si quiere contar los acordes, encontrará que el número trece nos introduce en un nivel de tensión totalmente nuevo, perfecto para acompañar el tipo de angustia existencial adolescente que yo intentaba experimentar cuando salió este disco.

Si está de humor para oír algunos acordes ansiosos *de verdad*, escuche *La escalera del diablo*, una pieza para piano de Ligeti. Dura tan sólo unos cinco minutos, pero al final no sabes si quieres tumbarte un rato en una habitación a oscuras o escucharla otra vez. Normalmente yo no me puedo resistir a oírla una segunda vez antes de empezar a buscar una tranquilizadora lámpara de lava.

Los acordes no armoniosos también se pueden utilizar para conseguir un efecto cómico; escuche, por ejemplo, el comienzo de la canción *Driving in my car* de Madness. En los primeros segundos tras los cuatro toques de bocina iniciales y antes de que intervenga el cantante, el pianista utiliza una serie de acordes irritantes que añaden al caos general.

En cuanto a los acordes agradables, hay tantos ejemplos que es difícil saber por dónde empezar. Los acordes armoniosos dominan nuestro paisaje musical, desde *Miss Chatelaine* de K. D. Lang hasta el *Adagio para cuerdas* de Samuel Barber.

Pero el tema de la armonía se puede resumir en una sola pregunta: ¿Por qué ciertas notas suenan bien juntas?

La siguiente ilustración muestra las ondas de presión que llegan al oído. Se trata de una enorme simplificación, ya que se muestra sólo la frecuencia fundamental de la nota, mientras que, como hemos explicado en el capítulo 3, una nota verdadera tendría una curva mucho más complicada. Pero utilizo estos dibujos simplificados para que las cosas queden tan claras como sea posible.

Una nota (ondas de presión de aire) viaja hacia el oído. Las ondas harán que el tímpano vibre hacia adentro y hacia afuera, como una cama elástica en miniatura. Las vibraciones se repiten en un patrón regular, que es lo que hará que el cerebro la entienda como una nota.

La ilustración nos muestra el patrón de onda fundamental de una sola nota, pero si dos o más notas sonaran simultáneamente, se juntarían para formar un único patrón de ondas, como se muestra en la siguiente ilustración. Si las dos ondas se juntan de modo regular y ordenado, el sonido conjunto será suave y armonioso, que es lo que ha sucedido en este ejemplo.

El patrón de ondas resultante de la combinación de dos notas separadas en una octava se ve bien y suena bien, ya que la relación entre ambas frecuencias es muy sencilla: la frecuencia de una de las notas es el doble que la de la otra.

En este caso, la nota más aguda tiene una frecuencia que es exactamente el doble que la de la nota más grave. El intervalo entre ambas notas se llama *octava*. Si oímos ambas notas a la vez, se encontrarán tan cómodas juntas que será difícil diferenciarlas. De hecho, algunos psicólogos de la música de inmaculada bata blanca han llegado a la conclusión de que dos notas separadas por una octava están relacionadas tan íntimamente que son prácticamente idénticas en lo que respecta al cerebro humano.

Veamos un ejemplo para entender cómo funciona esto. El tercer Sol por la izquierda en el piano se llama Sol$_3$. Si tocamos esa nota delante de un coro y les pedimos que la canten, muchos de los hombres con voz grave la cantarán una octava por debajo (Sol$_2$) y muchas de las mujeres con voz aguda la cantarán una octava por encima (Sol$_4$). Si les decimos que están cantando una nota que no es, se molestarán y nos dirán que no es verdad; les hemos pedido un Sol y eso es lo que nos han dado.

La razón por la que las notas separadas en una octava suenan tan parecidas es fácil de entender si nos volvemos a remitir a la naturaleza de las notas musicales. En el capítulo 3 hemos explicado que una nota se compone de una familia de vibraciones, la frecuencia fundamental junto con las frecuencias dos, tres, cuatro, cinco veces, etc. la fundamental.

Por tanto, veamos las frecuencias que oímos si tocamos la nota La$_3$ (110 Hz) y la misma nota una escala por encima, La$_4$ (220 Hz).

La$_2$ (110 Hz) consta de: 110 220 330 440 550 660 770 880 Hz, etc.
La$_3$ (220 Hz) consta de: 220   440   660   880 Hz, etc.

De modo que si oímos primero la nota de 110 Hz y luego las dos juntas, el cerebro no recibe ni una sola frecuencia nueva, sólo recibe doble ración de algunas de las frecuencias que oyó en la nota original. Por esta razón, el sistema de reconocimiento de frecuencias del que está dotado el cerebro oye las notas combinadas como si fueran dos versiones ligeramente distintas de la primera nota, que es la razón por la que las notas separadas en una octava suenan tan armoniosas.

Precisamente por esta fortísima relación familiar se da el mismo nombre a dos notas que estén a una octava de distancia entre sí. Bueno, casi el mismo nombre, ya que, como sabe el lector, les asignamos un nombre con un número que indica su ubicación en el teclado de un piano.

Puesto que las notas a una octava de distancia encajan perfectamente juntas, el resultado será tan armonioso que podría incluso considerarse un poco faltas de interés. Sin embargo, hay otras combinaciones que suenan bien sin que unas notas se traguen la personalidad de los otros. Podemos ilustrar esto utilizando las notas de *Campanita del lugar,*

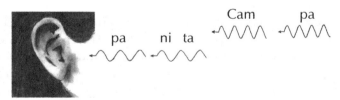

Las notas de *Campanita del lugar* viajan hasta el oído.

Aquí podemos ver que las primeras dos notas son iguales entre sí y que las siguientes dos notas también forman una pareja, si bien son distintas a las primeras dos. Las cumbres de las notas de la segunda pareja están más juntas que las de la primera, por lo que harán que el tímpano vibre con mayor frecuencia, lo que hace que percibamos una nota más aguda.

Cuando escuchamos a una persona cantando esa canción, obviamente oímos las notas una detrás de otra, pero si tenemos dos cantantes y le pedimos a uno que cante la nota de *pa* y el otro la de *ni* a la vez, sonarán muy bien juntos. En este caso, la nota de *ni* tiene una frecuencia una y media veces la de *pa*. Por esta relación sencilla, estas notas tienen un sonido casi tan agradable como el de dos notas separadas por una octava. La siguiente ilustración muestra cómo se combinan ambas notas para crear un patrón de ondas nuevo, lo bastante suave y repetitivo como para sonar bien, pero también lo suficientemente distinto como para sonar interesante.

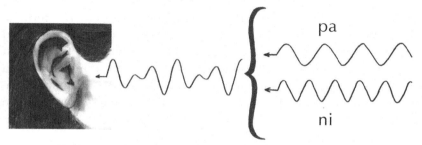

La combinación de dos notas de camino al oído. Los patrones de ondas de las dos notas individuales se mezclan para convertirse en un solo patrón combinado. En este caso, la frecuencia de la nota de ni es una y media veces la de pa. Esta relación sencilla hace que la mezcla de ambas notas tenga un sonido dulce y agradable.

Hasta ahora nos hemos fijado en combinaciones de notas que tienen una relación sencilla, como multiplicar por 2 o por 1,5 la frecuencia original. Ahora veamos qué sucede si combinamos los patrones de ondas de dos notas que tienen una relación complicada entre sí. En la siguiente ilustración podemos ver que las ondas que se crean por la unión de una nota cuya frecuencia fundamental es 17/18 respecto a la otra. Dos notas adyacentes del piano guardan esta relación, y si se tocan juntas producen un sonido desagradable. Las notas adyacentes de un piano están separadas por una distancia de un solo semitono, que es el intervalo más pequeño que utilizamos en la música occidental. Si se tocan simultáneamente dos notas así de juntas, la combinación resultante suena simplemente como si las notas fueran iguales, pero un poco desafinadas. Compiten por nuestra atención de apoyarse mutuamente o aportar interés.

Un efecto de tocar dos notas que están muy juntas en tono es que el volumen de la combinación de ambas sube y baja varias veces por segundo. Esto se explica en la siguiente ilustración: el tamaño global de la onda de presión combinada continuamente aumenta y disminuye. Este efecto lo causa el hecho de que las ondas de ambas notas continuamente entran en fase y luego se desfasan. Para entender cómo sucede esto, imagínese que está caminando junto a un amigo que da zancadas un poco más largas que las suyas y a la vez da menos zancadas por minuto, de modo que en realidad caminan a la misma velocidad. Si empiezan con el mismo paso, gradualmente se irán desfasando, si bien después de un determinado tiempo sus pasos se volverán a sincronizar. Esto sucede en un ciclo repetitivo; digamos, por ejemplo que él da once pasos en cada ciclo y usted doce. Este ciclo fuera de fase-en fase-fuera de fase se da también en el patrón de ondas de dos notas musicales, como se muestra en la ilustración. El sonido resultante es un desagradable uauauaua oscilante a medida que el volumen sube y baja. Este efecto se conoce como *batimiento*.

La combinación de las ondas de dos notas que no tienen una relación sencilla entre ellas. En este caso, la frecuencia de una de las notas es 17/18 la de la otra (una relación parecida a la del intervalo entre dos notas adyacentes del piano). El sonido de esta combinación es tan complicado como su representación gráfica. Se percibe como dos notas discordantes y un efecto que se puede describir como WaWaWaWa, producido por las fluctuaciones del volumen global.

La combinación de notas con una relación complicada resulta áspera. Esta es la razón por la que los instrumentos desafinados tienen un sonido horrible. De hecho, desafinado significa que las relaciones agradables y sencillas que preferimos se ven sustituidas por otras más complicadas. No hace falta desafinar mucho para que se estropee la relación entre las notas; el sonido armonioso de dos notas con una octava de diferencia se puede arruinar si una de las dos frecuencias se desvía tan solo un porcentaje muy pequeño; la combinación de 100 Hz con 220 Hz suena bien, pero la de 110 Hz con 225 Hz produce un sonido desagradable.

Una última observación que quiero hacer aquí es que un acorde musical es una combinación de al menos tres, no dos, notas. En mis ejemplos he utilizado dos notas para simplificar. Tres notas se combinan entre sí de formas más complicadas que dos notas, si bien los principios que hemos señalado son los mismos.

¿Cómo usamos los acordes y las armonías?

Las bandas de rock y pop utilizan acordes en la guitarra rítmica la mayor parte del tiempo para proporcionar las armonías que acompañan la melodía de la canción. La función del guitarrista rítmico normalmente es pulsar varias cuerdas a la vez para producir un acorde, que se suele repetir varias veces antes de pasar a otro. Las notas que componen cada acorde se escogen para apoyar las notas de la melodía, lo que significa que muy a menudo los acordes y la melodía utilizan algunas de las mismas notas. Por ejemplo, si una sección de la melodía utiliza las notas La - Si - Do - Re- Mi, entonces un acompañamiento típico es el del acorde formado por las notas La - Do - Mi. No seguimos automáticamente cada nota que se utiliza en la melodía, sino que escogemos las que mejor funcionen. Este acorde obviamente daría el máximo apoyo a las notas que contiene (La - Do - Mi), de modo que lo usaríamos si fueran las notas que enfatizaremos en la melodía. Si quisiéramos dar prominencia a las notas Sol y Re en esa sección, podríamos utilizar el acorde compuesto por las notas Sol - Re - Fa.

Quizá haya notado que no utilizo notas contiguas en mis acordes. Los acordes más sencillos no incluyen notas que estén juntas en la escala, precisamente porque las que están demasiado próximas producen combinaciones desagradables. Las notas consecutivas están separadas por un semitono o un tono y, como hemos mencionado antes, cuando están separadas por un semitono, las notas compiten por nuestra atención más que apoyarse entre sí. Esto también sucede, en menor medida, con las notas separadas por un tono, así que las notas contiguas dentro de una escala chocan entre sí si se tocan a la vez. Por esa razón, por ejemplo, un acorde compuesto por Do, Re y Mi crearía una sensación de angustia, puesto que el Re chocaría tanto con el Do como con el Mi. Este tipo de acorde no sería muy útil para acompañar una melodía, aunque podría encajar perfectamente en algo con mucha tensión, como *La escalera del diablo*.

Las notas en los acordes sencillos y armoniosos necesitan algo de espacio entre ellas si se han de apoyar unas a otras. El tipo más común de combinación agradable es el de tres notas alternas de la escala que se esté usando. Sin embargo, incluso en canciones pop, es corriente añadir un poco de condimento a algunos acordes por medio de primeramente construir un conjunto armonioso de tres notas y luego añadir una única nota discordante. Así, podríamos utilizar Do, Mi, Sol y entonces añadirle un Si que genere un poco de tensión, al chocar con el Do. El guitarrista rítmico (que en realidad debería llamarse guitarrista armónico) aporta estos grupos de notas como fondo a las melodías que interpretará el primer guitarrista o el cantante.

En otras situaciones musicales, no hay una persona que se encargue de la melodía y otra de la armonía. Un pianista solo, por ejemplo, desempeña ambas funciones a la vez, normalmente tocando la melodía con la mano derecha y los acordes y la armonía con la izquierda. Por otro lado, mucha de la música clásica exige un nutrido equipo de músicos que formen una orquesta. Cuando toca una orquesta, son unos pocos miembros los que tocan la melodía en un momento determinado; los demás tocan armonías de acompañamiento. El compositor a menudo pasa la melodía de un grupo de músicos a otro, para mantener el interés del público. En el *Bolero* del compositor francés Ravel, la música va aumentando de volumen gradualmente a medida que la melodía se pasa de unos músicos a otros y se van sumando instrumentos. Las armonías se mantienen placenteras y cálidas hasta cerca del final, cuando el compositor inyecta una enorme tensión para crear un clímax final de gran dramatismo.

Los acordes y las armonías suelen constituir un fondo para la melodía y también sustentan la puntuación del fraseado de la música. Por ejemplo, en cualquier canción se podría eliminar la letra y la melodía y sólo por la armonía podríamos detectar el final de cada estrofa.

Si la melodía la acompañamos con acordes, lo más sencillo que podemos hacer es tocar repetidamente todas las notas del acorde juntas. Otra opción para añadir una nueva capa de interés a la música es la de tocar las notas del acorde unas tras otras, creando una especie de flujo continuo de notas que se solapan. Un acorde que se ejecuta como una corriente de notas individuales se conoce como *arpegio*, que constituye la base de una técnica muy extendida en la música *folk*, la del *finger-picking*. Un guitarrista que domine esta técnica puede incluso tocar simultáneamente los acordes en arpegio y la melodía. Los arpegios añaden a la música un cierto grado de complejidad y sutileza, puesto que se puede escoger qué notas del acorde coincidirán con unas notas determinadas de la melodía y se puede también elegir un ritmo para el patrón de arpegios.

Los arpegios son muy comunes en todos tipos de música y se encuentran prácticamente en cualquier pieza clásica, pero sobre todo en todas aquellas que usan la palabra *romance* en el título. El conocido movimiento lento de la sonata *Claro de luna* de Beethoven es una sucesión de arpegios con una melodía encima. Sin embargo, el mejor ejemplo de una pieza compuesta *exclusivamente* de arpegios posiblemente sea el *Preludio en Do mayor* de J. S. Bach. No tiene una melodía real, solamente una serie de acordes ejecutados en arpegio. La mayoría de los compositores han considerado, con razón, la pieza de Bach como una joya preciosa que ha de admirarse hasta los celos. Pero Gounod, un compositor francés del siglo XIX tomó otra actitud: *¿Una pieza que consta sólo de arpegios? Qué desperdicio. ¿Dónde está mi cuaderno de melodías sobrantes?* El resultado de esta subida de sangre a la cabeza es su *Ave María*, con acompañamiento de Bach y melodía de Gounod, y he de admitir que hizo un trabajo maravilloso.

A las bandas de rock y pop también les encantan los arpegios. El inicio de *Stairway to Heaven*, de Led Zeppelin, es una serie de arpegios, como lo es *Hotel California*, de The Eagles. Los miembros de Status Quo, por otro lado, consideran que los arpegios son una cursilería y un desperdicio de tiempo de grabación, así que optan por repeticiones rápidas de acordes completos, creando un efecto de gran energía. Beethoven y Status Quo están totalmente de acuerdo en cuanto a que *repeticiones rápidas de acordes completos = energía*. Esto lo podemos constatar si escuchamos los primeros segundos de la sonata *Hammerklavier* de Beethoven o de su quinta sinfonía (la que empieza: *Ta-ta-ta chaan! Ta-ta-ta chaan!*).

El tipo más complejo de armonía se conoce como *contrapunto*. Este término describe el recurso de acompañar una melodía con otra melodía. Se pueden escuchar dos, tres o incluso más melodías a la vez. Para la mayoría de nosotros, la única relación que hemos tenido con el contrapunto son aquellas canciones infantiles en las que dos o tres cantantes van empezando la misma melodía después de un intervalo determinado, así:

Pedro:
Frère Jaques, Frère Jaques, dormez vous? Dormez vous? Sonnez les matines!

Sonnez les matines!

María: Frère Jaques, Frère Jaques, dormez vous? Dormez vous?

Borja: Frère Jaques, Frère Jaques (...).

Esta técnica de repetir la misma melodía después de una determinada demora se llama *canon*. La demora hace que en cada momento se canten a la vez notas diferentes, que es como si se cantaran melodías distintas. Una versión un poco más compleja de esto es cantar la misma melodía tras una demora, pero empezando con una nota más grave o más aguda.

En el contrapunto a menudo se emplean estas técnicas, pero también se puede hacer con melodías distintas ejecutadas a la vez. Dichas melodías se apoyan mutuamente, y suelen ser bastante sencillas para evitar que el conjunto se convierta en un empaste incomprensible. No es posible tocar simultáneamente dos melodías cualesquiera, puesto que las combinaciones de notas en ocasiones resultarían muy desagradables.

Un compositor tiene que ser muy competente para escribir contrapunto. Una pieza que se apoya en la utilización del contrapunto como su contenido principal se conoce como *fuga*. Un maestro de dicha técnica, como Bach, puede hacer que suenen ocho o más melodías a la vez, pero eso nos resulta demasiado complicado a los meros mortales: nuestros oídos probablemente no pueden distinguir más de tres melodías a la vez. Si usted quiere escuchar un excelente ejemplo de contrapunto, le recomiendo el *Concierto para dos violines en Re menor de Bach*. Y si desea oír una gran fuga, lo mejor es una que se ejecute con un solo instrumento, para poder apreciar con claridad las distintas melodías (llamadas *voces*). La *Pequeña fuga en Sol menor*, de Bach, es un buen ejemplo. Empieza con una melodía tocada sin acompañamiento, pero antes de terminar, la misma melodía empieza en notas más graves, y después vuelve a empezar en notas todavía más graves. Hay otras melodías que se entremezclan, pero son cortas y simples por comparación. Un rasgo distintivo de la mayoría de las fugas es que utilizan melodías con un comienzo fácil de reconocer, de modo que cada vez que la melodía principal hace su aparición en la mezcla se distingue sin dificultad.

Al menos, una de estas técnicas básicas de la armonía (pedales, acordes, arpegios o contrapunto) se utiliza en casi toda la música occidental que jamás hayamos oído, desde los cantos gregorianos hasta los Sex Pistols. Excepto en el caso de las melodías sin acompañamiento, en la música occidental la armonía tiene casi tanta importancia como la melodía.

Como veremos, la fascinación occidental por la armonía desembocó en la necesidad de desarrollar un método peculiarmente científico de dividir la octava en doce escalones de igual tamaño, a partir de los cuales utilizamos un equipo de siete notas en cada momento. El trabajo teórico empezó hace más de dos mil quinientos años y nos tomó apenas dos mil años perfeccionar el sistema. El resultado final fue el sistema de Temperamento Igual, que forma la base del siguiente capítulo. Pero antes de entrar en el Temperamento Igual, es interesante dar un vistazo a los sistemas musicales que no han seguido esta senda dominada por la armonía.

Algunas diferencias entre la música occidental y la no occidental

La mayor diferencia entre la música occidental y otros sistemas es que sólo la música occidental hace una extensa utilización de los acordes y la armonía. Por esa razón hemos desarrollado instrumentos que permitan producir varias notas a la vez, como el piano y la guitarra. Además de estos instrumentos polifónicos (muchas notas a la vez), contamos con una gran diversidad de instrumentos monofónicos (una nota por vez), como la flauta y el clarinete, aunque la música occidental tiende a utilizarlos en grupos, de modo que puedan acompañar la melodía con armonías. Este sistema de armonía está fundamentado en notas que tienen un fuerte vínculo familiar. La relación entre las frecuencias de las notas se mantiene lo más sencilla posible para que las armonías puedan funcionar, lo que se traduce en un repertorio limitado de notas.

La música tradicional no occidental utiliza melodías a las que se permite variar más libremente el tono. Esto significa que la armonía de acompañamiento ha de ser mucho más sencilla, para evitar combinaciones desagradables. Imagínese que forma parte de un equipo acrobático de cinco aviones. Puede optar entre contar con un repertorio limitado de maniobras cuidadosamente organizadas de modo que todos los pilotos trabajen juntos, o se le puede dar a un piloto la libertad para hacer lo que quiera mientras los demás se mantienen volando a baja altura, como atracción de fondo. En cualquiera de los dos casos, el público quedará impresionado.

La música occidental se ha desarrollado en la primera de las dos maneras: las notas pueden volar en zigzag en torno a la melodía porque el número de notas con las que se trabaja es limitado y todos los músicos usan el mismo grupo de notas. La música no occidental ha optado por la libertad de la melodía, de modo que si tres o cuatro músicos intentaran moverse en zigzag en torno a los demás, con este nivel de libertad, alguno acabará haciendo *zig* cuando tiene que hacer *zag*, y el resultado será muy poco afortunado.

Por esa razón, la música tradicional no occidental se centra mucho menos en los acordes y la armonía. La música clásica de la India, por ejemplo, tiende a utilizar un instrumento melódico, o como mucho dos, en combinación con percusión y con acompañamientos bastante estáticos tipo pedal. Hay muchos buenos ejemplos en la mayoría de las grabaciones del subcontinente indio cuyo título contiene el término *raga* o *rag,* palabra que significa color o estado de ánimo en sánscrito, y es el nombre que se da a una pieza musical improvisada. Probablemente el intérprete más famoso de este género es el virtuoso del sitar Ravi Shankar, y un excelente ejemplo es *Raga Anandi Kalyan,* que interpreta con su hija Anoushka, también una sitarista de fama internacional.

Los instrumentistas de ese calibre participan en muchas giras por todo el mundo y tienen contacto con músicos occidentales, de modo que es frecuente que participen en colaboraciones musicales que fusionan Oriente y Occidente. Algunas son maravillosas (por ejemplo, Nusrat Fateh Ali Khan cantando *Mustt Mustt* en el álbum con el mismo nombre), otras son interesantes y otras más son... profundamente lamentables. Estas colaboraciones suelen basarse en algunas concesiones entre estilos musicales y sistemas de escalas, pero a los músicos les da igual, y los resultados pueden ser excelentes.

La principal ventaja de los sistemas no basados en el Temperamento Igual es que cuentan con más libertad para la expresión emocional en la melodía; los instrumentistas se entrenan durante años para deslizarse por encima y por debajo de las siete notas básicas de la escala que utilizan. Los músicos de blues y rock también se dedican a deslizar las notas de sus guitarras o armónicas, pero la gran diferencia es que el destino final del deslizamiento es una nota que está clara para los oyentes y para los otros miembros de la banda: la nota acabará siendo la que encaja con la armonía de los acordes de acompañamiento. En cambio, para un instrumentista indio hay muchas otras opciones para el tono final, que es una razón por la que sería muy difícil preparar una armonía adecuada. Sin embargo, durante los últimos cincuenta años aproximadamente, mucha de la música popular de la India y Japón ha seguido la norma europea y utiliza sistemas de Temperamento Igual con muchos acordes y armonías.

8

Escalas y escaleras

Es posible que en sus clases de historia el lector[1] haya aprendido que había ejércitos de rudos hombres que utilizaban escaleras de mano, llamadas también escalas, para atacar los castillos. Además, es posible que haya estudiado en sus clases de francés que la palabra francesa para escalera es escalier. Tanto las escaleras de mano como las fijas tienen escalones que nos permiten subir de una posición baja a una más alta. Y, en un contexto musical, una escala, es una serie secuencial de notas dispuestas como si fueran escalones que nos permiten subir o bajar de unos a otros. En general, una escala abarca una octava, de modo que se inicia con una nota que tiene una determinada frecuencia y sube hasta una nota cuya frecuencia es el doble de la primera.

Hay muchas formas de trepar de una nota a la misma nota una octava más alta. Por tanto, hay distintos tipos de escala. La que se utiliza más comúnmente en la música occidental es la escala en modo mayor, algo que se explicará en el próximo capítulo. Una cosa que de momento quiero dejar clara, sin embargo, es el vínculo entre los términos *escala* y *clave*. Tomemos como ejemplo Do mayor: la escala de Do mayor contiene un grupo específico de siete notas, pero sólo la llamamos escala si tocamos dichas notas de una en una de forma secuencial. Si usamos el mismo grupo de notas para

---

[1] Si bien en inglés no hay un parentesco etimológico de las palabras ladder y stairs con scale, y por tanto puede resultar útil esta explicación para asociar ambos conceptos, en castellano resulta bastante obvia la relación entre escala y escalera. De hecho, ambas se derivan de la palabra latina scala, que significa, en efecto, escalera. *(N. del T.)*

ejecutar una pieza musical, la melodía saltará de unas notas a otras formando todo tipo de patrones y secuencias y, puesto que ya no estamos sólo tocando una escala, decimos que la música está en *clave* de Do mayor.

El sistema de intervalos, o escalones musicales, con el que se produce una escala no es un hecho monolítico y sin fisuras. De hecho, varía en distintas partes del mundo. Ni la música tradicional de la India ni la japonesa utilizan exactamente los mismos intervalos que la música europea, que es la causa por la que tienen un sonido tan exótico para los oídos occidentales. Sin embargo, prácticamente todos los sistemas de escalas siguen dos reglas básicas.

1. Las escalas se basan en una serie de intervalos que son divisiones de un intervalo natural, la octava.

Ya hemos comentado que dos notas a una octava de distancia suenan bien juntas. La relación cercana entre dichas notas se muestra en el hecho de que en ciertos casos es posible producir accidentalmente una nota que esté una octava por encima de la nota deseada. Por ejemplo, si se sopla un poco demasiado fuerte en un *tin whistle* o una flauta dulce, la nota que generaríamos normalmente se ve reemplazada por otra nota que es exactamente una octava más aguda (el mismo fenómeno ocurre al soplar por encima de la boca de una botella). Si se pulsa una cuerda de guitarra y entonces se toca suavemente a la mitad de su longitud (sobre el traste 12), la nota subirá una octava. La octava está vinculada a los fenómenos físicos relacionados con la generación de notas, de modo que surge de forma natural en el canto de los pájaros e incluso en el rechinido de algunas puertas.

Este intervalo de sonido dulce y fácil de producir constituye la base de todos los sistemas de escalas. Sin embargo, la escala es un intervalo muy amplio:[1] el rango de una voz no educada normalmente es de aproximadamente dos octavas. Por tanto, no es ninguna sorpresa que todos los sistemas hayan afrontado la necesidad de dividir la octava en intervalos regulares para poder contar con un repertorio más amplio de notas.

---

[1] Cuando cantamos *Cumpleaños feliz*, en la frase *te deseamos todos* hay una octava de diferencia entre las primeras dos sílabas (*te de...*) y la siguiente (*...se...*).

2. Normalmente, los músicos no suelen utilizar más que unas siete notas por vez, incluso si la octava se ha dividido en más de siete pasos.

Aunque la música europea (u occidental) divide la octava en doce intervalos iguales, normalmente utiliza conjuntos de aproximadamente siete notas cada vez. Estos conjuntos de siete notas componen los modos mayor y menor, que constituyen casi cualquier pieza musical occidental que hayamos oído. Cada conjunto de siete notas recibe un nombre. Por ejemplo, las notas Do, Re, Mi, Fa, Sol, La y Si constituyen la escala de Do mayor, y las notas Fa, Sol, La, Si bemol, Do, Re y Mi constituyen la escala de Fa mayor.

El hecho de que solemos optar por utilizar sólo siete notas distintas encaja bien con las investigaciones realizadas en la década de 1950 por el psicólogo estadounidense George Miller, que estudió la capacidad de nuestra memoria a corto plazo. Después de hacer una serie de pruebas sobre la capacidad de las personas para recordar secuencias de cifras, letras o tonos, llegó a la conclusión de que el límite de nuestra memoria a corto plazo es aproximadamente de siete elementos. Este límite de aproximadamente siete también está presente en otras culturas musicales. Los músicos de la India, por ejemplo, dividen la octava en veintidós escalones, pero también escogen un grupo de siete notas para que actúen como la base de una pieza en concreto, si bien también cuentan con un grupo de notas secundarias asociadas con su grupo básico de siete.

En la música occidental, el compositor no está obligado a constreñirse durante toda la pieza al conjunto de siete notas que ha escogido, sino que es común moverse entre una tonalidad y otra a medida que la pieza avanza, para añadir interés a la música. Puesto que hay solo doce notas en total para elegir, y cada escala contiene siete miembros, es obvio que si nos trasladamos de una tonalidad a otra, algunas de las notas aparecerán en ambas. De hecho, algunos de los cambios de tonalidad (o modulaciones) más comunes se realizan cambiando a una escala que sólo tiene una nota distinta respecto a la original.

La palabra castellana *octava*, originalmente una palabra latina, se refiere al hecho de que una octava contiene ocho notas, así que el lector posiblemente se esté preguntando por qué hago referencia reiteradamente a siete notas. Bien, pues si tocamos o cantamos una octava, esta consta, en efecto, de ocho notas, pero entre la primera y la última hay un intervalo de una octava y, como hemos señalado en el capítulo anterior, las notas a una distancia de una octava son musicalmente muy parecidas, hasta el punto de recibir el mismo nombre. Así que una octava contiene ocho notas, pero sólo siete *diferentes*. Por ejemplo, una escala en Do mayor consta de Do, Re, Mi, Fa, Sol, La, Si y Do.

Las principales tres cosas que hay que recordar respecto a las escalas son las siguientes:

- Necesitamos las escalas para poder memorizar melodías.
- Las escalas dividen el intervalo de una octava en intervalos más pequeños, con lo que nos proporcionan un repertorio de notas.
- Si en cada momento se contara con un número muy bajo de notas, la música sería aburrida; si fueran demasiadas, resultaría confusa.

Los nombres de las notas y el método para escoger los componentes de cada conjunto de siete se explicarán en el próximo capítulo. Pero primeramente quisiera explicar cómo nos hemos arreglado para dividir la octava en doce notas distintas, que son el repertorio de donde escogemos esos conjuntos.

Como se podrá imaginar el lector, las sociedades antiguas no se levantaron de la cama una mañana y decidieron arbitrariamente dividir la octava en doce pasos. La música fue desarrollada por músicos, y éstos no sabían nada sobre las frecuencias y cosas así; sólo sabían lo que sonaba bien. Cuando la música empezó su desarrollo, hace más de dos mil años, las cosas eran más sencillas que hoy en día. Entonces no se usaban doce notas en una octava, ni tampoco siete, sino cinco.

La madre de todas las escalas: la pentatónica

Aunque actualmente la mayoría de los sistemas musicales del mundo usan aproximadamente siete notas en cada momento, casi todos los sistemas de escalas que han utilizado los humanos, desde mucho antes de la Grecia clásica hasta la actualidad, se han basado en una escala que utiliza solamente cinco notas diferentes en una octava: la escala pentatónica (*penta* significa «cinco» en griego).

Gran parte de la música japonesa, china y celta todavía utiliza el sistema pentatónico, y también les encanta a los guitarristas de blues y rock. Algunos ejemplos típicos del sistema de cinco notas son las canciones *Amazing Grace* y *Auld Lang Syne* (con la que en los países de habla inglesa se suele recibir el año nuevo). También hay un ejemplo de una escala pentatónica ascendente en la guitarra al comienzo del éxito de los sesenta, *My Girl*, de los Temptations.

Las notas de una escala pentatónica guardan entre sí una relación matemática muy sencilla, lo que las convierte en un excelente conjunto autosuficiente, bien sea secuencialmente, para crear una melodía, o combinadas, para realizar una armonía.

La próxima vez que se encuentre cerca de un piano, use un solo dedo para tocar una melodía únicamente con las teclas negras. Ese es el sonido de una escala o tonalidad pentatónica. Todas las melodías que toque usando esas cinco notas en cada octava tendrán un sonido agradable. El único momento en el que las armonías resultarán discordantes e incompletas será cuando toque dos notas negras contiguas.

En las tonalidades más utilizadas en la música occidental, las doce tonalidades mayores, cada octava contiene siete notas diferentes. Algunas de estas notas se encuentran separadas tan sólo por un semitono, que como hemos señalado es la combinación menos armoniosa de notas que suenan juntas. Como veremos después, a la disposición de las siete notas en una escala mayor se debe, además, el fuerte sentido de puntuación que captamos al final de las frases musicales. La razón por la que la escala pentatónica estándar es tan invariablemente agradable para las armonías es el hecho de que no contiene semitonos: la sensación agobiante de que algunas parejas de notas están demasiado próximas, se evita al reducirse de siete a cinco el número de notas distintas en la octava. Además, si se cuenta con sólo cinco notas por octava, la puntuación de las frases musicales es un poco difusa. De este modo, si se cuenta con las cinco notas adecuadas por octava, se dispone de un conjunto cuyos elementos se apoyan y colaboran entre sí y la puntuación se consigue sin sobresaltos; es muy difícil que en estas condiciones se genere un sonido discordante o desagradable.

Para conseguir una escala pentatónica en un piano, hemos escogido un grupo concreto de notas dentro de una octava que se ha dividido en doce tramos iguales. Pero las civilizaciones antiguas no sabían nada sobre nuestro sistema moderno de dividir la octava en doce semitonos y entonces escoger cinco de esas notas. Entonces, ¿cómo se las arreglaban para escoger cinco notas espaciadas correctamente para sus arpas y flautas?

Para obtener una escala con un sonido adecuado, necesitamos un conjunto de notas cuyas frecuencias guarden una relación entre sí. La cuerda más aguda debe tener una frecuencia fundamental que sea el doble que la de la más grave, una octava más alta, y todo lo demás debe fundamentarse en este intervalo agradable y que se produce de forma natural. Para que funcionen como un equipo óptimo, las cuerdas entre estos dos extremos también deben tener unas frecuencias que estén relacionadas con la frecuencia de la cuerda más baja. Por ejemplo, 1,5 veces la frecuencia de la cuerda más baja, o 1,25 –cualquier cosa que implique fracciones simples.

Es importante señalar que hubo civilizaciones antiguas en distintas partes del mundo que de forma independiente desarrollaron un sistema para afinar sus instrumentos de acuerdo con la escala pentatónica. Este sistema de afinación tenía que sustentarse en un fenómeno que surgiera de forma natural, ya que de lo contrario habría sido imposible que lo descubrieran numerosas civilizaciones.

El fenómeno físico en cuestión tiene que ver con la vibración de las cuerdas. Obviamente, basta con pulsar una cuerda para hacer que esta genere su nota habitual, pero también es bastante fácil hacer que una cuerda produzca un par de notas adicionales que están íntimamente relacionadas con la primera. Esto nos permite poner en marcha una cadena de acontecimientos que podría formar parte de una historia de detectives. Lo que hacemos es conseguir que la primera nota nos diga quién es su mejor amigo y entonces hacemos que esta segunda nota a su vez nos diga quién es su propio mejor amigo.

Imaginémonos que soy un aprendiz de arpista en el Egipto antiguo, intentando afinar un arpa de seis cuerdas con una escala pentatónica. Ya me han explicado lo que hay que hacer, pero es mi primer intento. En este momento únicamente cuento con dos destrezas: puedo cambiar la nota de cualquier cuerda modificando su tensión, y puedo notar cuándo dos notas tienen el mismo sonido.

Un momento, puedo oír a alguien objetar, *¿por qué utilizamos seis cuerdas si se trata de una escala con cinco notas?* Bien pensado. La respuesta es sencilla, y ya la he apuntado antes: la escala empieza y termina con la misma nota. Así, para tener una escala de cinco notas *distintas* que abarque una octava necesitamos seis cuerdas.

Así que aquí estamos, en Egipto, sin acceso a un diapasón, lo que significa que el sistema que utilice para afinar tiene que ser autosuficiente: el único equipo que puedo utilizar para afinar el arpa es el arpa misma. Suena un poco complicado, pero en realidad es muy sencillo.

Las cuerdas de mi arpa tienen longitudes distintas; las más largas producen notas más bajas. Las vamos a numerar del 1 al 6, empezando con la más larga. Para empezar, las cuerdas tienen poca tensión, y tenso la cuerda 1, la más larga, hasta que genere una nota agradable y clara. No me tengo que preocupar por la frecuencia de dicha nota ya que la reunión en Londres donde se decidirá un tono estándar no se realizará hasta cuatro mil años en el futuro. Así que nos basta cualquier nota agradable y clara.

Ahora necesito conseguir que esta cuerda me ayude a afinar correctamente el resto de las cuerdas. Pero, ¿cómo me las arreglo para que una sola cuerda produzca notas distintas de la que le es habitual?

Utilizo una mano para pulsar la cuerda más larga a la vez que la toco *levemente* con la punta de un solo dedo de la otra mano, y voy desplazando dicho dedo por toda la longitud de la cuerda mientras continúo pulsándola. Normalmente, la punta de mi dedo impide que la cuerda genere una nota clara y lo único que se oye es un golpe sordo. Pero cuando se encuentre en ciertas posiciones, obtendré una nota limpia.

La nota más fuerte y clara se producirá cuando mi dedo esté exactamente en el centro de la longitud de la cuerda, y será una octava por encima de la nota de la cuerda. Así que me basta con afinar la cuerda 6 con esta nota una octava por encima. Entonces, cuando pulse las dos cuerdas de forma normal, tocarán la misma nota con una octava de diferencia.

Bien, ya tenemos las dos notas en los extremos de nuestra octava. ¿Y ahora cómo obtenemos para las cuatro cuerdas intermedias notas agradables que estén relacionadas entre sí?

La respuesta está en que si continúo pulsando la cuerda y tocándola con la punta del dedo, encontraré que hay otros puntos de la cuerda donde obtengo una nota clara y no un sonido seco. Como he dicho, la nota más limpia se produce cuando la toco en su punto central, pero también oiré notas claras cuando mi dedo esté a un tercio o a un cuarto de la longitud de la cuerda.

Hemos de enfrentarnos a un hecho triste sobre nuestra lamentable forma de vida actual: la mayoría de los lectores no tienen un arpa egipcia de seis cuerdas en casa. Por otro lado, es posible que tenga acceso a una guitarra o a algún otro instrumento de cuerda, así que podría intentar encontrar estas posiciones. La guitarra es el instrumento más fácil para realizar este experimento, ya que las posiciones a un cuarto, un tercio y a la mitad de la cuerda coinciden exactamente con ciertos trastes (de hecho, por eso los trastes tienen esa posición). Si pulsa la cuerda tocándola suavemente con la punta del dedo sobre el traste 12, habrá dividido la cuerda por la mitad, y la nota que oirá será la nota de la cuerda pero una octava por encima. Si lo hace sobre el quinto traste, habrá dividido la cuerda en cuartos y obtendrá una nota dos octavas por encima de la original. Si pulsa la cuerda mientras la toca con el dedo sobre el séptimo traste, como yo hago en la siguiente foto, la habrá dividido en tercios, con lo que conseguirá una nota totalmente nueva, la única nueva hasta ahora, ya que únicamente estábamos obteniendo la misma nota a una o dos octavas de distancia.

Si pulso una cuerda con el pulgar derecho mientras la toco levemente con la otra mano, normalmente consigo un golpe sordo en lugar de una nota clara. Pero cuando tengo el dedo en ciertas posiciones, como aquí, obtengo una nota clara.

Hay que reconocer que la frase *pulsar la cuerda con una mano mientras se toca levemente con un dedo de la otra mano* es un engorro, y puesto que lo que estamos haciendo es generar armónicos de la nota fundamental, nos referiremos a este método como afinación por armónicos.[1]

---

[1] En inglés es común llamar *ping* a la nota producida por este método.

Pues bien, la afinación por armónicos permite producir fácilmente tres notas a partir de una misma cuerda:

1. Una que está a una octava de la nota que es natural para esa cuerda;
2. Una que está dos octavas por encima;
3. Una nota nueva.

Otros armónicos se pueden generar con un poco más de destreza y esfuerzo, pero de momento no tenemos que ocuparnos de ellos; nos centraremos en los tres más fáciles.

La técnica para producir octavas y una nota nueva en cada cuerda es lo único que necesitamos para afinar nuestra arpa de seis cuerdas.

Lo que hemos hecho hasta ahora no ha sido más que afinar la cuerda 6 siguiendo el armónico generado con la 1, que es una octava más alto, y a continuación hemos generado un armónico nuevo. Esto nos da la nota para la cuerda 4.

Una vez que hayamos afinado la cuerda 4, generaremos un armónico nuevo en dicha cuerda para afinar la cuerda 2.

La nota nueva generada por armónicos en la cuerda 2 nos da la nota para la cuerda 5.

Finalmente, el nuevo armónico de la cuerda 5 nos da la nota para la cuerda 3.

Para mantener sencilla la descripción anterior, he obviado intencionalmente el hecho de que los nuevos armónicos estarán una o dos octavas por encima de la nota que necesitamos para la siguiente cuerda. Pero esto constituye una dificultad menor en el proceso de afinación. Si le gustaría saber exactamente cómo se hace, he escrito las instrucciones completas en la sección C del capítulo dedicado a temas técnicos al final del libro.

Excelente, hemos conseguido afinar nuestra arpa utilizando exclusivamente el instrumento mismo, que era lo único que se podía hacer en la antigüedad. Pero ¿por qué conformarnos con cinco notas? ¿Por qué no seguir adelante y añadir otra nota?

Bueno, hay una razón. Si repetimos el método de afinación por armónicos y utilizamos la nueva nota que se genera con la cuerda 3, obtenemos una nota que se encuentra un semitono por debajo de la cuerda 6, lo que produce una nota que va a desentonar con las cuerdas 1 y 6. Actualmente, nos gusta producir una cierta dureza y disonancia en la música, pero en las sociedades antiguas no eran temas que entusiasmaran, por lo que se detenían en cinco notas distintas por escala. (Por cierto, esta escala pentatónica, sin semitonos, se conoce por el nombre estupendo de escala pentatónica anhemitónica –y los deberes para hoy consisten en soltar como de pasada dicho término en una conversación.)

¿Y qué es lo que tiene de bueno la escala pentatónica original? ¿Qué nos aporta todo esto de los armónicos y las octavas?

Pues bien, una vez echas las cuentas, este es el resultado:

- La cuerda 1 tiene cualquier frecuencia que escojamos.
- La cuerda 2 tiene la frecuencia de la 1 multiplicada por 1 1/8.
- La cuerda 3 tiene la frecuencia de la 1 multiplicada por 1 1/4.
- La cuerda 4 tiene la frecuencia de la 1 multiplicada por 1 1/2.
- La cuerda 5 tiene la frecuencia de la 1 multiplicada por 1 2/3.
- La cuerda 6 tiene la frecuencia de la 1 multiplicada por 2.

(En las cuerdas 3 y 5 no es exactamente 1 1/4 y 1 /2/3, pero es muy cercano; en ambos casos la desviación es de aproximadamente 1%.)

Las relaciones sencillas son las que hacen que las notas suenen bien juntas y, como se puede apreciar en esta lista, tenemos un grupo muy fuerte de relaciones sencillas entre notas, que es la razón por la que tienen un sonido agradable para todo el mundo. Este grupo pentatónico ha sido descubierto y adoptado por prácticamente todas las sociedades.

Aunque el método de afinación seguramente se habrá desarrollado en las líneas de lo que he explicado aquí, no habrá habido necesidad de que cada músico realizara esta técnica cada vez que afinaba su instrumento. Los músicos desarrollan un sentido bastante ajustado de los intervalos, y esta escala es fácil de memorizar. En una etapa bastante temprana de su aprendizaje, un arpista sería capaz de, simplemente, tensar la cuerda más baja hasta que sonara una nota clara y agradable y entonces tensar las demás cuerdas hasta que sonaran bien, posiblemente recordando una canción que tuviera los intervalos adecuados.

Algunas sociedades permanecieron fieles a esta escala pentatónica en estado puro, otras la utilizaron junto con otras alternativas y, en Europa, acabamos desarrollando un sistema en el que hay doce notas diferentes aunque sólo utilizamos siete aproximadamente. En el siguiente capítulo nos centraremos en la elección de los distintos conjuntos de siete. Pero durante el resto de este capítulo nos fijaremos en por qué nos tomó varios siglos decidir la manera de dividir la octava en doce intervalos iguales. El sistema que desarrollamos finalmente se conoce como el Temperamento Igual.

El sistema europeo/occidental de escala: Temperamento Igual

¿Por qué usamos el Temperamento Igual?

El sistema occidental de escala es el que usamos para prácticamente todo el jazz, el pop, el rock y la música clásica. La versión actual, conocida como *Temperamento Igual*, fue desarrollada en Europa durante la segunda mitad del siglo XVIII. Aproximadamente en 1850, todos los músicos profesionales europeos ya utilizaban dicho sistema, que es el que pervive hasta la fecha. De hecho, es un sistema tan útil que probablemente sigamos utilizándolo hasta que nos borre del mapa una invasión de marcianos (y seguramente los mismos marcianos sigan utilizándolo para sus mañanas musicales dedicadas al *jazz ligero y clásicos populares*).

Sin embargo, a pesar de su enorme popularidad, el sistema del Temperamento Igual es una componenda. Siempre que necesitamos hacer componendas suele ser por la misma razón: no podemos tener exactamente lo que queremos.

Lo que queremos es un método de dividir la octava en doce intervalos y que además permita que todas las notas estén relacionadas entre sí por fracciones sencillas como 1 1/4 o 1 1/2, ya que esas relaciones simples nos proporcionarán muchas armonías buenas. Esta era la idea detrás de la llamada Escala Justa de entonación. Lo que sucede es que dicho sistema no funciona para muchos instrumentos, como veremos.

La Escala Justa de entonación

El sistema de la Escala Justa se remonta más de dos mil años y está basado en la idea de que las relaciones sencillas entre frecuencias, como 1 1/2 o 1 2/3 proporcionan las mejores armonías, así que la octava debería dividirse de esa manera. Sin embargo, la aritmética nos dice que eso no funcionará si deseas además que las frecuencias de las notas se mantengan a unos niveles fijos, como la de 110 Hz que hemos estado mencionando. Para utilizar la Escala Justa, los músicos tienen que estar dispuestos a desplazar las frecuencias de las notas ligeramente hacia arriba o hacia abajo durante una pieza si se pretende mantener sencillas todas las relaciones en los acordes.

Pongamos por ejemplo que cuatro personas están cantando en armonía. Federico canta la línea de bajo, y en esta canción lo único que tiene que hacer es cantar las notas La, Si, Do, La, Si, Do, una y otra vez, mientras sus amigos cantan muchas otras notas. Si escuchamos la pieza, pensaremos que Federico repite exactamente las mismas notas, pero si hiciera eso algunas de sus armonías sonarían terriblemente desentonadas. Ahora bien, utilizando el sistema de la Escala Justa, Federico tendrá que cambiar el tono de algunas de sus notas de vez en cuando para hacer que las armonías funcionen a la perfección. Su Si normal podría funcionar bien la mayor parte del tiempo, pero le puede ser necesario subir el tono ligeramente para ciertas combinaciones de notas (a este Si ligeramente más alto lo llamaremos Si*), así que lo que en realidad va a cantar será lo siguiente: La, Si, Do, La, Si, Do, La, Si*, Do, La, Si, Do.

La razón de esto es que incluso dentro de las relaciones aparentemente *perfectas* de la escala pentatónica, detectaremos errores si analizamos las relaciones entre las cuerdas. Por ejemplo, la cuerda 4 vibra a 1 1/2 veces la frecuencia de la cuerda 1, de modo que en el sistema de la Escala Justa, las cuerdas 5 y 2 deberían guardar la misma relación dulce. Por desgracia, no es así. Si echamos cuentas veremos que la cuerda 5 vibra a un poco menos que 1 1/2 veces la frecuencia de la cuerda 2. Esto significa que aunque las cuerdas 1 y 4 suenan muy bien juntas, las 2 y 5 desentonan, así que habría que cambiar la frecuencia de una de las notas para conseguir una relación perfecta de 1 1/2 veces.

Las cosas se complican todavía más si extendemos esta idea de las fracciones simples a doce notas por octava. Si lo hacemos, veremos que las frecuencias de algunas de las notas deben modificarse ligeramente si nos desplazamos de un conjunto de siete notas a otro, como se suele hacer cuando se cambia de tono.

El sistema de la Escala Justa se puede utilizar con buenos resultados solamente con instrumentos que no tienen notas fijas, como el violín, la viola, el violonchelo, el trombón y, el más importante de todos, la voz humana. En estos instrumentos un buen músico puede ajustar sus notas en el transcurso de una pieza para que las combinaciones de notas siempre tengan una relación simple y por tanto agradable. Pero sólo es posible utilizar este sistema si se usan exclusivamente instrumentos con esta posibilidad de ajustar sus notas. Tan pronto como se introduzca un instrumento con frecuencias fijas, como el piano, la guitarra, la flauta o casi cualquier otro instrumento, hay que abandonar la Escala Justa, ya que si la mitad de los músicos hacen ajustes y la otra mitad no puede hacerlos, los dos grupos desafinarán entre sí.

La consecuencia de todo esto es que los coros y los cuartetos de cuerda (dos violines, viola y violonchelo) tienden a usar la Escala Justa para conseguir las mejores armonías cuando no los acompaña ningún instrumento de notas fijas. Estos últimos necesitan un sistema de escalas diferente, uno que sacrifica la pureza de las armonías pero que permite que las notas se mantengan fijas. Este sistema, que tomó siglos en desarrollarse, se llama Temperamento Igual.

El desarrollo del Temperamento Igual

¿Afinado o desafinado?
Sabemos que ya desde 2500 a.C. se tocaba el arpa, ya que tenemos imágenes de arpistas en vasos pintados de esa época. Es más que probable que la práctica de la música sea miles de años más antigua.

Cuando la gente pasó de cantar a fabricar instrumentos como la flauta (hecha de madera o bambú) se debió de enfrentar al problema de dónde situar los agujeros para los dedos. La posición de los agujeros determina qué notas produce el instrumento y es muy fácil que una flauta produzca notas que desentonan entre sí. No me refiero a que *a oídos modernos* pudieran parecer desentonadas, sino que a todos nos haría decir: *que alguien le tire una piedra al imbécil ese y arroje su flauta al fuego* –un efecto discordante sobre el que todo el mundo estaría de acuerdo.

Esta falta de afinación se produce cuando las notas de un solo instrumento no combinan bien entre sí. Si tomáramos un *tin whistle* y le hiciéramos un agujero adicional en una posición aleatoria, no tardaríamos en constatar que nuestra nueva nota desentona con las otras.

Hace poco, de vacaciones en España, me encontré con un mercadillo callejero de aquellos que venden pendientes para jovencitas, platos pintados para parejas de mediana edad y pollos fabricados de perchas dobladas para todos aquellos que piensan que la vida es falsa y está vacía si no tienes un pollo de alambre. Escapándome por los pelos de un vendedor de cucharillas hechas de cestería, me encontré delante de un puesto de pitos de bambú. Noté que alguien había hecho una fila de agujeros situados a intervalos regulares, por lo que me resultaba evidente que cada uno de los instrumentos desafinaría consigo mismo. No es posible hacer un instrumento musical de esa manera. Cuando me llevé uno a la boca, produje la peor colección de notas sin relación entre sí que jamás hubiera tenido la desgracia de escuchar. Hasta los perros del lugar me miraron con un mal disimulado desprecio. Así que, por supuesto, tuve que comprarlo y lo presento aquí para deleite del lector.

Un instrumento que desafina consigo mismo. Alguien que no tenía ni idea de cómo funciona una escala hizo una hilera de agujeros a intervalos regulares con la esperanza de que eso creara una escala musical. Lo que produce es una secuencia de notas sin relación entre sí, así que si intentas ejecutar una melodía salta entre notas dispares, creando un efecto entre cómico y doloroso. (Si hay algún inspector de Hacienda que esté leyendo esto, quisiera aclarar que los tres euros que pagué por el instrumento los voy a incluir como gasto deducible cuando haga la declaración por mis derechos de autor.)

Cualquiera puede comprobar cuando un instrumento desafina consigo mismo. Cada una de las notas puede tener un sonido agradable, pero si se tocan secuencialmente, no forman una familia coherente. Si un arpa o una guitarra está desafinada consigo misma, lo único que hay que hacer es variar la tensión de algunas cuerdas hasta que vuelva a estar afinada. Las cuerdas se desafinan a menudo por los cambios de temperatura o humedad ambiente, que es la causa por la que las guitarras y los violines cuentan con clavijas para afinar. La situación es diferente si fabricas una flauta de madera. Aunque las notas pueden variar un poco si se agrandan los agujeros, si éstos se han situado en el lugar equivocado es muy probable que nunca se consiga que el instrumento esté afinado consigo mismo, no digamos ya con otros instrumentos.

El descubrimiento de que ciertos conjuntos de notas suenan bien y otros no, sirvió de inspiración a algunos de los grandes pensadores de la antigüedad, que buscaron algún tipo de regla a partir de la cual, por ejemplo, los agujeros de las flautas se pudieran situar en las posiciones adecuadas. Así empezó la búsqueda del sistema perfecto de escalas.

Pitágoras se equivoca

Aunque seguramente hubo muchas personas muy inteligentes que lo intentaron antes que él, nuestro registro más antiguo de la búsqueda de un sistema de escalas que dividiera la escala en doce intervalos se remontan a Pitágoras, que vivió en Grecia en el siglo VI a.C. Pitágoras, como todo el mundo sabe, era un matemático con un malsano interés en los triángulos y que se pasó la vida intentando desarrollar la forma perfecta para el Toblerone. Aunque sus investigaciones sobre los triángulos tuvieron un éxito extraordinario, su intento por llegar a un sistema de escalas resultó ser... digamos... una basura. Antes de entrar en lo que hizo Pitágoras, enumeremos lo que pretende lograr (como cualquier persona dedicada al desarrollo de escalas):

1. Dividir la octava en intervalos más pequeños (ni demasiados ni demasiado pocos).
2. Conseguir un sistema que produjera notas que sonaran bien juntas en acordes (y, naturalmente, tocadas secuencialmente en una melodía).
3. Desarrollar un sistema que permitiera empezar en una nota distinta y, si se repetía la secuencia de intervalos, la melodía (y los acordes) sonarían igual de bien; la única diferencia sería una variación del tono.

No parece que estuviera pidiendo mucho, ¿verdad? Desde luego nuestro héroe de sandalias debería haber creado un sistema así durante su paseo de sobremesa por la playa, ¿no?

Los músicos de la época de Pitágoras sabían afinar sus instrumentos: utilizaban cuerdas más gruesas o largas para las notas bajas y ajustaban la tensión de las cuerdas para conseguir la escala adecuada. Pero lo que no sabían era la razón de que esas notas funcionaban bien juntas. No contaban con una teoría para su sistema de afinación, ya que no hace falta una teoría para hacer buena música.

Sin embargo, Pitágoras no era un músico, sino un científico; lo que le interesaba era analizar lo que los músicos ya estaban haciendo con su afinación pentatónica, y encontrar una forma de conseguir más notas en una octava.

Después de estudiar cuidadosamente cómo los músicos a su alrededor afinaban sus arpas conforme a una escala pentatónica, Pitágoras descubrió que si se utilizaban cuerdas del mismo material con el mismo grado de tensión, entonces la cuerda de la octava más alta (la sexta) debería tener la mitad de la longitud que la cuerda más baja (la primera). Entonces llegó a la conclusión de que la frecuencia de la nota producida guarda una relación con la longitud de la cuerda utilizada: si divides la cuerda por la mitad, duplicas la frecuencia de la nota.

Al seguir esta línea de pensamiento, prestó mucha atención al método de afinación por armónicos y con él descubrió que, con cuerdas idénticas, la longitud de la cuerda 4 tendría que ser dos tercios de la extensión de la cuerda 1. *Excelente*, pensó. *Esto de la escala lo tendré acabado antes de la hora de cierre de la taberna.* Volviendo a su teoría sobre la relación entre frecuencia y longitud de la cuerda, calculó que una cuerda con dos tercios de la longitud original se obtendría una nota con una y media veces la frecuencia original. Cuando se hubo dado cuenta de que la afinación por armónicos te da una cuerda que tiene dos tercios de la longitud original, consiguió afinar su arpa de seis cuerdas aplicando una teoría y no sólo sus oídos. ¡Bingo!

Si tan solo la siguiente etapa hubiera salido bien, actualmente sería considerado el santo patrono de los músicos o algo así, en vez de *el tipo aquel de los triángulos*. Pitágoras tenía mucha fe en las proporciones numéricas sencillas y le gustaba la idea de que con sólo utilizar la proporción 2/3 (para notas nuevas) y 1/2 (para octavas), iba a continuar produciendo notas nuevas hasta completar la octava con intervalos menores. Al final calculó que de esta manera podría dividir la octava en doce escalones. Hizo cálculos y todo parecía correcto, pero cuando examinó las cifras con detenimiento, se dio cuenta de que este plan no funciona bien del todo. Si utilizas este sistema para dividir la octava, obtienes muchas notas que no suenan bien juntas. Tampoco es posible empezar la melodía a partir de cualquier nota de la escala y conseguir los mismos resultados. Estos dos problemas los causa el hecho de que al subir desde las notas más bajas hasta las más altas, algunos escalones de la *escalera* son de tamaños distintos. Pitágoras se enfadó tanto porque su ingenioso plan no hubiera funcionado que se vengó del mundo inventando los exámenes de mates.

El Temperamento Mesotónico

Seguía habiendo el deseo de encontrar un sistema de escalas que produjera más notas que el viejo sistema pentatónico, y ya se sabía que dividir la octava en doce intervalos era una buena idea. Durante los siguientes dos mil años, los músicos y los teóricos intentaron adaptar el fallido sistema pitagórico hasta que, a finales del siglo XVI, encontraron un ajuste que casi funcionaba bien para la mayoría de las combinaciones de notas de un arpa o un teclado. Este sistema ajustado se llama el *Temperamento Mesotónico*, e implica utilizar como base *dos tercios y un poquito* en vez de los dos tercios a los que Pitágoras se había aferrado.

Ya en 1600, el sistema Mesotónico (dos tercios y un poquito) estaba generalizado para los instrumentos de teclado de la época (clavecín, órgano, etc. –el piano no se inventó hasta principios del siglo siguiente). El sistema funcionaba bien para la mayoría de las combinaciones de notas, pero no para todas. Una o dos combinaciones sonaban pésimamente y todos los músicos las evitaban. Por ejemplo, en los libros de texto de música se prohibía tocar juntas las notas La bemol y Mi bemol por el escándalo horroroso que generaban. Así que continuó la búsqueda de una teoría que produjera un sistema de afinación que funcionara para todas las notas.

El éxito, por fin

Tanto el sistema pitagórico como el de la Escala Justa intentaban utilizar proporciones simples para conseguir un número aceptable de notas en una escala que sonaran bien juntas (puesto que las proporciones simples forman buenas armonías). Lo que ambos sistemas tenían en común era el hecho de que si se mantiene la relación matemática lo más sencilla posible, acabas con doce intervalos en una octava; por desgracia para ambos sistemas, los escalones no eran todos iguales.

También estaban de acuerdo en que, una vez que se ha conseguido un conjunto de doce notas, algunas estaban más íntimamente relacionadas entre sí (y por tanto eran más importantes) que otras. Hoy en día seguimos aplicando dichos principios; la octava se divide en doce notas en el Temperamento Igual, pero cada vez usamos aproximadamente siete de los miembros más importantes de la familia.

Durante todo el siglo XVI y comienzos del XVII, los matemáticos trabajaron en el problema de producir una escala que funcionara correctamente para todas las combinaciones de las doce notas. Al final lo solucionaron y, naturalmente, fueron ignorados durante unos cien años. Si bien el padre de Galileo (Vicenzo Galilei) encontró la solución correcta en 1581, no se generalizó el uso del Temperamento Igual hasta el final del siglo XVIII. El estudioso chino Chu Tsai-Yu lo descubrió un año antes que Galilei, pero cuando presentó su hallazgo a la comunidad musical china, recibió la misma respuesta que su homólogo italiano: *vuelve a tus triángulos y deja la música a los músicos*. Los británicos podemos estar especialmente orgullosos de la empresa fabricante de pianos Broadwood, que siguió resistiéndose a adoptar el nuevo –y mejor– sistema hasta 1846. ¡Hurra!

Galilei y Chu Tsai-Yu descubrieron que calcular el Temperamento Igual es bastante fácil una vez que has planteado el problema de forma clara y lógica. Para mantener enfocado el problema hay que ceñirse a tres reglas:

1. Una nota que esté una octava por encima de otra debe tener el doble de frecuencia. (Esto equivale a decir que si se usan dos cuerdas idénticas, la longitud de una debe ser la mitad que la de la otra.)
2. La octava se debe dividir en doce intervalos.
3. Estos doce intervalos deben ser iguales. (Si se toman distintas parejas de notas contiguas, la proporción entre sus frecuencias tiene que ser siempre la misma.)

Pero no se puede reducir la longitud de las cuerdas en una proporción fija para obtener los resultados deseados. No se puede, por ejemplo, empezar con una cuerda larga de 600 mm y quitar 25 mm a la longitud de cada una de las siguientes doce cuerdas hasta alcanzar la longitud de 300 mm para la octava superior. No se puede porque quitar la misma cantidad a una cuerda corta que a una larga no sería proporcional. Eso equivaldría a un sistema de impuestos en el que todos pagáramos 10.000 euros independientemente de cuánto ganáramos.

Puesto que la diferencia de longitud entre las cuerdas no puede ser una cantidad fija (por ejemplo, 25 mm), lo que hay que hacer es que la longitud de cada cuerda debe ser un cierto porcentaje más corta que la anterior. Imaginémonos que soy un carpintero. Tengo un asistente a quien se paga menos que a mí y un supervisor a quien se paga más, una situación perfectamente normal. Digamos que a mi supervisor le pagan 100 euros por día, yo gano un 10% menos (90 euros por día) y mi asistente gana el 10% menos que yo (81 euros al día). Es evidente que la diferencia entre el sueldo de mi supervisor y el mío es de 10 euros, mientras que la diferencia entre mi sueldo y el de mi asistente es de 9 euros por día, aunque he utilizado el mismo 10% para hacer el cálculo. La razón de esta diferencia es que la primera vez restamos el 10% del sueldo de mi supervisor, mientras que la segunda vez fue el 10% de mi sueldo (que es menor que el de mi supervisor, por tanto, el 10% también es menor).

Esta es la manera en que usamos el sistema de porcentajes para encontrar la diferencia en la longitud de las cuerdas: a la longitud de cualquier cuerda le restamos un determinado porcentaje para calcular la longitud de su vecina. Nuestros amigos matemáticos Galilei y Chu Tsai-Yu consiguieron calcular el porcentaje exacto que había que restar a cada cuerda para conseguir una reducción gradual de su longitud hasta que la decimotercera cuerda fuera exactamente la mitad que la primera. Este cálculo se describe en la parte D de la sección de Detalles Engorrosos, donde veremos que el porcentaje que hay que aplicar es una cifra preciosa y fácil de recordar: 5,61256%. Por fortuna, el lector no está obligado a aprenderse ese número. Si desea presumir de sus extensos conocimientos musicales en una fiesta, basta con recordar 5,6 e inventarse el resto de los dígitos: el secreto está en mirar a tu interlocutor a los ojos y hablar con seguridad.

Los matemáticos produjeron una escala, la del Temperamento Igual, con intervalos perfectamente proporcionados, que nos permite empezar la música a partir de cualquiera de las notas, además de darnos muchas combinaciones estupendas de notas que se pueden tocar juntas. El intervalo entre dos notas adyacentes en una escala se llama semitono, y hay doce escalones de un semitono, cada uno en una escala.

El Temperamento Igual presenta un inconveniente, pero por fortuna no interfiere en nuestro disfrute de la música. Cuando usamos el Temperamento Igual, ya no contamos con una fracción simple en las relaciones entre notas, que sería lo que nos daría las mejores armonías. El único intervalo que tiene una relación simple exacta en el Temperamento Igual es la de la octava. Si empezamos con cualquier nota y subimos dos semitonos, la nota resultante tendrá una frecuencia el doble que la original. Otro tipo de relación fuerte es la de 2/3 de la longitud de la cuerda, que en principio debería tener 1 1/2 de la frecuencia de la cuerda original. En el Temperamento Igual esto se tiene que ajustar ligerísimamente. Todas las demás relaciones tienen que ser aumentadas o disminuidas un poco, pero como he dicho antes, no importa demasiado porque la mayoría no notamos dichas diferencias, sobre todo porque hemos convivido siempre con el Temperamento Igual.

Sin embargo, doce semitonos por octava nos da un número de notas excesivo para nuestra memoria si las usáramos todas. Por esa razón hemos inventado las escalas mayores y menores, que utilizan unas siete de las doce notas disponibles. Esta reducción hace que la música sea más fácil de recordar, además de presentar otras ventajas de las que hablaremos en el próximo capítulo.

9

El extraño cambio entre mayor y menor

Estado de ánimo y música

Hay una serie de técnicas que los compositores de sinfonías, canciones pop o *jingles* para anuncios de alquiler de coches pueden aplicar para crear o cambiar el estado de ánimo de una pieza musical. Algunos de dichos efectos expresivos utilizan las respuestas animales de los seres humanos, mientras que otras se fundamentan en la cultura musical que comparten el compositor y el oyente.

Por ejemplo, cuando escuchamos música, una subida de volumen nos resulta excitante. Esta excitación puede ir acompañada de las reacciones animales normales: aumento de la tasa de pulsaciones y producción de adrenalina. Esto se debe al hecho de que nuestro subconsciente relaciona el aumento del volumen de los sonidos (personas que gritan, leones que rugen) con un posible peligro.

Por otro lado, si oímos unos violines lentos que acompañan un piano, solemos asociarlo con algo romántico. Esto lo hacemos sencillamente porque lo hemos aprendido de las bandas sonoras del cine y de los anuncios de perfumes. A nuestros compositores, a su vez, les hemos enseñado que han de echar mano de composiciones para violines y piano si aspiran a que saquemos el pañuelo. En este caso no hay una razón de peso para esta asociación, a excepción de los tópicos culturales en los que nos movemos todos: el banjo representa a un palurdo y el acordeón a París.

A final de cuentas, la música es una forma de entretenimiento, así que da igual si nuestra respuesta es *real* (adrenalina) o *aprendida* (tópicos). Nos encanta sacar el paquete de pañuelos cuando Pretty Woman besa a Richard Gere y también nos gusta entrar en modo de combate cuando el Halcón Milenario se apresta a atacar a la Estrella de la Muerte. En ambos casos, la música contribuye a que la experiencia sea más completa.

Incluso en la época del cine mudo se contrataba a músicos para transmitir emociones. Un pianista o una pequeña orquesta acompañaba la acción de la película con música apropiada. En ocasiones, la película venía con una partitura compuesta ex profeso o una lista de piezas clásicas apropiadas. Sin embargo, en muchos casos se dejaba que el pianista improvisara mientras veía la película. También se vendían libros con composiciones escritas específicamente para acompañar los estados de ánimo de cualquier película. Éstas tenían títulos tan estupendos como *Tensión dramática número 44* o *Prisa número 2 (duelos, peleas)*, y mis favoritos: *Espía sagaz, Pandereta seductora* y *Tema de amor patético número 6*. Yo mismo me he visto envuelto en algunas escenas de amor patético a las que les habría venido bien algo de música de fondo.

Sea en el contexto de una película o no, las siguientes relaciones entre sensaciones y música son bastante fiables:

- Los aumentos de velocidad (tempo), volumen y tono nos resultan excitantes, y las disminuciones en cualquiera de los tres tienen un efecto tranquilizador.
- La anticipación es un buen medio para potenciar las emociones; de este modo, si la música es quietamente repetitiva, esperamos que pronto suceda algo (terrorífico o maravilloso), y dicha anticipación ayuda a crear el efecto dramático.
- La música compuesta en tonos mayores suena más confiada y normalmente más feliz que la compuesta en tonos menores.

Este último punto es muy importante para este capítulo y requiere alguna clarificación antes de que sigamos adelante para analizar el método por el que construimos los conjuntos de notas que constituyen las escalas mayores y menores.

La escala mayor está constituida por nuestra vieja conocida, la escala pentatónica, a la que se añade un par de notas fuertemente relacionadas para rellenar los huecos y contar con un total de siete notas. Esto puede no parecer un gran aumento, pero la diferencia resulta sorprendentemente grande. Cuando interpretamos música, tocamos las notas una detrás de otra o simultáneamente en grupos; pues bien, si añadimos un par de notas al repertorio, aumenta enormemente la cantidad de combinaciones posibles. Pensemos en ello de la siguiente manera: si cinco amigos comen juntos y dos tienen que acercarse a la barra para traer más bebidas, hay diez posibles combinaciones de personas que podrían ir. Si fueran siete personas, serían veintiuna las combinaciones posibles de dos personas. Con sólo sumar dos personas, hemos más que duplicado las posibilidades. Ocurre lo mismo con las notas: el número de combinaciones aumenta muy rápidamente al añadir nuevos componentes al conjunto.

Las siete notas que constituyen la escala (o modo) mayor son las que están relacionadas más íntimamente de entre las doce disponibles. Esto hace que su sonido sea agradable y tenga una gran fuerza, tanto si se tocan una detrás de otra en una melodía o simultáneamente, para crear acordes y armonía. Como resultado de tanta solidaridad, la música en modo mayor tiende a sonar completa y confiada. Un aspecto de las escalas mayores es que son muy apropiadas para crear *puntos* o *comas* muy claros al final de las frases.

En el modo menor, se sustituyen un par de notas del modo mayor con miembros menos solidarios de la pandilla original de los doce. La música resultante tiende a ser, generalmente, más misteriosa y vaga y cuenta con una puntuación menos definida. En parte porque esta música transmite una sensación menor de autoestima, y en parte porque se nos ha adiestrado para ello, asociamos la música en modo menor con la tristeza y la complejidad emocional. Una de las razones principales por las que asociamos las escalas menores con la tristeza es que la letra de muchas canciones en este modo reflejan la gama completa de infelicidad humana, desde *mi nena me ha abandonado* hasta lo que es una tragedia auténtica: *mi impresora se ha vuelto a quedar sin tinta*.

Es sorprendente lo jóvenes que solemos ser cuando establecemos el vínculo entre el modo menor y la tristeza. El otro día Herbie, el hijo de tres años de edad de una amiga, se volvió a su madre y le dijo: «Esta es música triste... sobre un gato que abandonaron». He examinado las notas que acompañan el CD en cuestión y, aunque Rachmaninov no hace referencias explícitas a gatos desconsolados, mi joven amigo tiene razón. No nos debería sorprender que la música a la que se refería (el segundo movimiento del segundo concierto para piano de Rachmaninov) sea lenta y en modo menor.

Este asunto de *modo mayor feliz/modo menor triste* no es, ni mucho menos, una regla absoluta. Leonard Cohen, por ejemplo, se encuentra como Pedro por su casa sintiéndose triste y complicado tanto en modo menor como mayor. Y a alguien se le olvidó contarle a Purcell que las escalas menores son tristes antes de que escribiera su triunfante y optimista *Round O* en Re menor. También conviene señalar que en la música tradicional de la India una escala parecida a la menor se asocia con la felicidad y el baile. En general, sin embargo, la tradición imperante se encargará de que la mayoría de los compositores sigan escribiendo canciones tristes en modo menor, de modo que el vínculo entre la tristeza y el modo menor seguirá siendo un hecho.

Una de las mejores formas de reconocer la diferencia entre los modos mayor y menor es escuchar una pieza que alterna entre ambos. La primera mitad de la famosa pieza para piano de Beethoven, *Für Elise* es un buen ejemplo. Como la mayoría de las piezas clásicas, ésta puede ejecutarse a una velocidad que puede variar, ya que los compositores suelen dar una indicación más bien vaga del tempo, como *Lento* (Largo) o *a la velocidad a la que se camina* (Andante). En este caso se nos indica que debemos tocar *con un poco de movimiento* (Poco moto), que creo que casi no informa de nada, aunque ¿quién soy yo para discutir con un genio muerto? Si el lector escucha una versión de esta pieza que dure unos cuatro minutos, notará que abre con una melodía bastante triste que empieza alternando entre dos notas (*di-da, di-da, di...*). Esta parte está en modo menor. La melodía del *di-da* se repite varias veces y, como al minuto y medio, hay cuatro acordes rápidos y la música cambia a un estado de ánimo mucho más alegre durante unos quince segundos. Esta es la sección en modo mayor. Entonces, vuelve al tema del *di-da* en modo menor y posteriormente se marcha en una dirección distinta antes de redondear con el tema del *di-da*.

Otro buen ejemplo de un cambio entre el modo menor y el mayor es la pieza de guitarra clásica *Adelita*, de Francisco Tárrega. Se trata de una pieza de menos de dos minutos de duración que empieza con una melodía triste en modo menor que a continuación se repite. Después de esto hay un interludio más alegre en modo mayor, y termina con una repetición de la melodía triste en modo menor.

Alternar entre uno y otro modo en el transcurso de una pieza se conoce como *modulación*. Esta técnica se utiliza normalmente para añadir interés a la música y para modificar el estado de ánimo. La modulación del modo mayor al menor (o viceversa) es un buen método para la manipulación emocional, si bien la música también suele modular entre distintas escalas mayores o entre escalas menores. Hablaremos de la modulación con un poco más de profundidad cuando hayamos dejado claro lo que son las escalas mayores y menores.

En la siguiente explicación, voy a utilizar esquemas de un instrumento patentado: el Arpa Fea de John Powell. Este instrumento deriva su nombre del hecho de que yo la inventé... y de que es feo. *¿Por qué patentar un arpa fea?*, se preguntará el lector. Bueno, no es tanto un instrumento musical como un recurso visual. He dado por sentado que todas las cuerdas están hechas del mismo material y que todas tienen la misma tensión. Esto significa que la longitud de cada cuerda está relacionada directamente con el tono de la nota que produce (por ejemplo, si una cuerda tiene la mitad de la longitud que otra, produce una nota con el doble de frecuencia). La parte inferior del instrumento es recta, de modo que nos sea más fácil comparar la longitud de las cuerdas.

Al final del capítulo anterior mencionábamos una escala con doce intervalos iguales entre cualquier nota y la nota una octava por encima (el Temperamento Igual). Esto significa que necesitamos que nuestra Arpa Fea de John Powell cuente con trece cuerdas para disponer de una octava completa (tenemos doce notas distintas más la nota más alta, que es una versión de la más baja, una octava por encima). Gracias a que los intervalos entre las cuerdas son iguales, sabemos que se puede empezar la melodía en cualquier cuerda y que la misma secuencia de subidas y bajadas producirá la misma melodía exactamente. La única diferencia será que la melodía tendrá un tono más alto o más bajo dependiendo de la cuerda con la que se haya empezado. Pero como he dicho antes, trece notas en una octava son demasiadas para nuestra memoria, razón por la que hemos desarrollado los modos mayor y menor.

Arpa Fea de John Powell, de trece cuerdas, que abarca una octava con intervalos iguales de un semitono. Los intervalos entre las notas están basadas en el sistema del Temperamento Igual (véase el capítulo anterior)

Modo Mayor

Escoger una familia o equipo de notas para una escala mayor es similar a constituir un equipo de fútbol a partir de un grupo de amigos. En este caso, vamos a escoger a los mejores siete miembros del equipo a partir de un grupo de doce notas.

Una descripción sencilla de cómo formar una escala en modo mayor es la siguiente: tomar una nota inicial y escoger las seis notas que estén relacionadas más fuertemente con ella para crear un equipo autosuficiente de siete miembros. A la nota inicial la voy a llamar aquí *nota fundamental* o *capitán del equipo*, aunque tradicionalmente se llama la tónica. Ya sabemos que el secreto para conseguir buenas armonías es utilizar notas con relaciones simples entre sus frecuencias, de modo que sus ondas de presión, al juntarse, formen un patrón uniforme que se repita de forma regular. Estas relaciones simples se pueden obtener si la relación entre las longitudes de las cuerdas del arpa se basa en fracciones sencillas como 2/3 o 3/4. Ya hemos visto que no se puede obtener un buen sistema de escalas a partir de dichas fracciones, pero sí nos proporcionan las mejores armonías.

Pero el Arpa Fea de John Powell no está afinada en función de unas longitudes de cuerdas con fracciones sencillas, sino que sigue el sistema del Temperamento Igual, que resta a la longitud de cada cuerda un porcentaje determinado. *¡Oh, qué desastre!*, podría decir el lector, *¡Todo está perdido!* Pero no se desespere: tómese una tila, tranquilícese y luego le contaré sobre una coincidencia muy práctica.

Para crear un arpa de trece cuerdas que cubra una octava utilizando el Temperamento Igual, fuimos reduciendo la longitud de cada cuerda en aproximadamente 5,6%. Por fortuna, da la casualidad de que muchas de las trece cuerdas tienen una longitud que es casi exactamente una fracción simple de la cuerda más larga. Por ejemplo, si a la cuerda más larga le asignamos el número 1, entonces la cuerda 6 tiene una longitud que es el 74,9% de la longitud de la cuerda 1. Esa cifra es muy cercana al 75%, o sea 3/4. Las otras cuerdas también tienen una longitud muy cercana a una fracción simple. Esas fracciones aproximadas están tan cerca de la verdadera fracción simple que sus armonías de todas maneras suenan bien. Para el resto de este capítulo, me voy a referir a la longitud de las cuerdas del arpa como fracciones de la más larga, pero por favor recuerde que no estoy hablando de la fracción exacta, sino de una aproximación muy cercana, que se ha calculado siguiendo el sistema del Temperamento Igual.

Por fortuna, el repertorio de longitudes para nuestras cuerdas basado en el Temperamento Igual incluye seis cuerdas que son muy cercanas a las que se usan para producir una escala pentatónica, puesto que la escala pentatónica es el punto de partida obvio si intentamos crear una escala de siete notas fuertemente relacionadas entre sí. Así que podemos dibujar el arpa sólo con estas notas para ver qué aspecto tiene. En la siguiente ilustración he etiquetado cada cuerda con su longitud y frecuencia en comparación con la cuerda más larga para que podamos comprobar que todo está en orden: sólo hay fracciones simples.

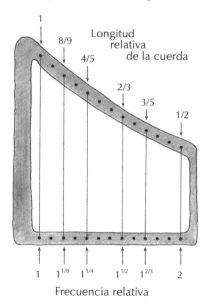

El repertorio inicial de notas para nuestra escala mayor son las notas de la escala pentatónica. La longitud y frecuencias de las cuerdas se muestran como fracciones de la cuerda más larga.

El arpa pentatónica de la ilustración tiene aspecto de ser bastante útil, pero tanto nuestros oídos como nuestros ojos nos informarán de que hay dos grandes vacíos: uno entre la tercera y la cuarta cuerda y otro entre la cuarta y la quinta. La opción obvia para aumentar el número de notas en nuestra escala sería insertar una cuerda en cada uno de esos huecos. Sin embargo, tenemos que escoger entre dos cuerdas posibles en cada caso.

Miremos primero al vacío entre la tercera y la cuarta cuerdas. La candidata con más probabilidades, por el hecho de tener la mejor relación con el resto del grupo, es la más larga de las dos, ya que produce una nota cuya frecuencia es 1 1/3 mayor que la de la cuerda más larga de todas.

Para llenar el vacío de la derecha escogemos la más corta de las dos posibles. Da una nota que tiene 1 7/8 de la frecuencia de la cuerda más larga, por tanto un buen miembro del equipo. Además, crea una sensación de casi haber llegado a la parte final de la escala ascendente:

Cuerda	1	2	3	4	5	6	7	8
	(Casa)				(Pariente más cercano)		(Casi hemos llegado)	(De vuelta a casa)

Una vez que hemos añadido estas dos cuerdas a la escala, este es el aspecto del arpa:

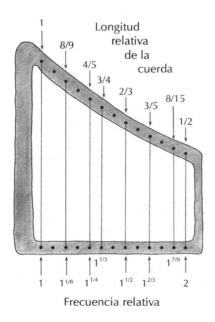

Frecuencia relativa

Escala mayor completada con notas escogidas de las trece cuerdas originales. Hemos añadido dos miembros adicionales al conjunto pentatónico original.

Cuando en la melodía o en la armonía aparece la nota que dice *casi hemos llegado*, exige muy claramente *llegar*, de modo que el oyente tiene la sensación de que la próxima nota tiene que ser la nota fundamental. De hecho, el efecto es tan fuerte que la nota *casi hemos llegado* recibe un nombre técnico: la *sensible*. Siempre que oímos la sensible, sentimos la anticipación de volver a casa con la nota fundamental. Esta anticipación –el efecto de resolución– se usa mucho para finalizar las frases, aunque en ocasiones el compositor puede frustrar deliberadamente nuestras expectativas para hacer la vida más interesante. La razón por la que la puntuación de las frases es más vaga en el caso de la música pentatónica es precisamente porque en una escala pentatónica no hay una nota que anuncie que *casi hemos llegado*.

Estoy utilizando las palabras *frase* y *puntuación* exactamente con el mismo sentido que las utilizamos cuando nos referimos al lenguaje escrito. La música tiene comas, puntos y párrafos, y los utiliza de igual modo que un narrador. El término técnico para cualquier final de frase en música es el de *cadencia*.

El lector habrá notado que en el arpa de ocho cuerdas ahora sólo hay dos posibles distancias (intervalos) entre notas adyacentes: o están contiguas, y por tanto a un semitono de distancia, o están separadas por un vacío, y por tanto a dos semitonos (un tono) de distancia. Empezando por la nota más baja de la octava, vamos a enumerar los intervalos entre las notas: Tono, Tono, Semitono, Tono, Tono, Tono, Semitono. En lugar de escribir todas estas palabras, de ahora en adelante utilizaré las iniciales: TTSTTTS.

Para crear nuestra escala mayor hemos tomado el grupo más fuerte, el de la escala pentatónica, y le hemos añadido dos miembros, uno de los cuales, la nota sensible, ayuda a fortalecer la puntuación de la música. Esta adición de dos miembros al equipo también nos proporciona un enorme aumento en el número de combinaciones posibles para las armonías sin traspasar la frontera del exceso de notas para nuestra memoria. Un chollo donde los haya, como creo que estará de acuerdo el lector.

El único inconveniente del modo mayor es que hay una tendencia continua hacia las afirmaciones definidas y completas. La música en modo mayor suena muy confiada de sí misma, y en ocasiones nos apetece que la música sea menos arrogante. Por eso utilizamos también el modo menor.

El modo mayor y sus escalas

Aunque la música occidental normalmente se limita actualmente a los modos menor y mayor, estos dos tipos fueron seleccionados con el transcurso de los siglos a partir de un grupo más amplio de sistemas de escalas, los *modos*, que han utilizado distintas combinaciones de tonos y semitonos para recorrer una octava de principio a fin. Estos modos llevan siglos utilizándose, y actualmente todavía se utilizan en canciones folk, como *Scarborough Fair*, y en ocasiones también se aplican para dar un toque ligeramente exótico al jazz, la música clásica y el pop. Hablaremos más de los modos más adelante en este capítulo, pero de momento vamos a concentrarnos en las escalas mayores y menores de la actualidad.

La escala mayor, TTSTTTS, es en realidad uno de los modos originales (se conoce como modo jónico) y se caracteriza precisamente por proporcionar armonías fuertes y bien organizadas, puesto que estamos utilizando el equipo cuyos miembros están relacionados más fuertemente entre sí. Pero las armonías fuertes y bien organizadas pueden ser demasiado obvias si lo que estamos escribiendo es música con un sentido de ensoñación. En este caso, puede convenirnos cambiar algunos miembros del equipo y utilizar TSTTTST o TSTTSTT, ambas más vagas. Si componemos música con estas escalas, las melodías no llegan a un *punto* al final de cada *oración*.

En torno al año 1700, la mayoría de los compositores e intérpretes occidentales ya habían escogido sus dos tipos de escala favoritos y habían abandonado prácticamente las otras que tenían disponibles. Como una de sus favoritas escogieron, naturalmente, el equipo más fuerte, TTSTTTS, y lo denominaron escala *mayor*. La otra escala favorita, que producía puntuación menos definida y por tanto era adecuada para composiciones más soñadoras o tristes, se denominó escala *menor*.

Pero las cosas no son tan sencillas. Para cualquier escala mayor siempre contamos con el mismo conjunto de siete notas. Pero lo realmente extraño es que en modo menor, empezamos con un conjunto de notas, luego lo alteramos por una nota, y luego lo volvemos a alterar por una nota más. ¿*Y qué?*, puede que me diga el lector. Eso *no tiene nada de raro, John. Se llama progreso. Las cosas se desarrollan y siguen moviéndose. Tranquilo.* Si nos hubiéramos movido del conjunto inicial de notas a una nueva versión y luego a otra, estaría de acuerdo con esa afirmación. Pero no hicimos eso. Por alguna razón, sucedió que durante los últimos doscientos años hemos estado utilizando las tres escalas a la vez. Y no me refiero a que usamos una en una pieza y otra en otra pieza. Me refiero a que usamos los tres tipos de escala menor dentro de una sola composición. Utilizamos la original si la melodía desciende, otra si asciende y la tercera para constituir los acordes de acompañamiento.

Si la música la controlaran los científicos, todo este caos irracional estaría prohibido. Pero la música la organizan los músicos, esos seres de pelo alborotado y mirada perdida en la lejanía. Los músicos acaban adoptando lo que suena mejor, y ellos observaron que las escalas en modo menor son más eficaces emocionalmente si cambian un par de notas en función de si la melodía asciende o desciende. Este proceso de criba no se desarrolló de repente una noche en el bar: hizo falta que transcurrieran siglos enteros durante los cuales se fueron descartando una a una las otras opciones.

Echemos un vistazo, pues, a las distintas escalas en modo menor.

La escala menor natural

Como la escala mayor, la escala menor natural es uno de los modos antiguos. Se conoce como modo eólico, y más adelante en este capítulo hablaremos un poco más al respecto. Sus intervalos son TSTTSTT, lo que significa que, respecto a la escala mayor, tres de las cuerdas del arpa han bajado una posición, a la siguiente nota más baja. Resulta evidente que esta sustitución de tres de sus miembros más fuertes debilita bastante al equipo. La nueva disposición se puede apreciar en la siguiente ilustración, sobre todo si la comparamos con la escala mayor. Dos de los miembros del *equipo pentatónico* han sido sustituidos y la nota que anunciaba *casi hemos llegado* ha desaparecido. Los recién llegados hacen un sonido muy bonito, pero el equipo ya no tiene la fuerza que tenía, sobre todo al final de las frases.

De todas formas, el sentido de estos conjuntos alternativos de notas es precisamente crear un sabor diferente. En realidad, no queremos que nuestras escalas menores tengan mucha fuerza. Si cantamos canciones sobre la pérdida de la cosecha o los problemas de aislamiento térmico de nuestro *loft*, no queremos que cada verso termine con un optimista punto y seguido. A veces necesitamos algo de ambigüedad.

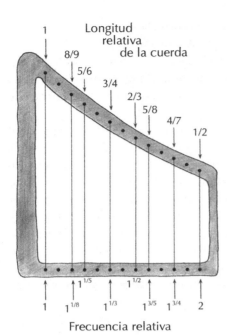

Para crear la escala menor, tres de las notas (tercera, sexta y séptima cuerdas contando desde la izquierda) han sido bajadas en un semitono. El resultado es un grupo menos cohesionado.

La escala menor natural puede utilizarse sola para improvisar o componer piezas de música, pero normalmente se usa como un miembro del conjunto de tres escalas presentes en la mayor parte de la música en modo menor.

Una cosa que se descubrió de esta escala menor natural fue que era ideal para las partes de la melodía que descienden de tono, así que se le llamó también escala menor descendente.

Para melodías que suben de tono, los compositores se dieron cuenta de que echaban en falta el sentimiento de *casi hemos llegado* de la penúltima nota de la escala menor, una nota que además era muy útil en las armonías. Así que desarrollaron la escala menor melódica o ascendente.

La escala menor melódica ascendente

En la escala menor melódica, dos de nuestras notas de la escala menor natural se devuelven a su posición dentro de la escala mayor. La penúltima nota vuelve a su tono original, de *casi hemos llegado*, y su vecina la sigue hacia arriba para evitar que haya un vacío demasiado grande en la escala. En la siguiente ilustración se pueden observar estos cambios.

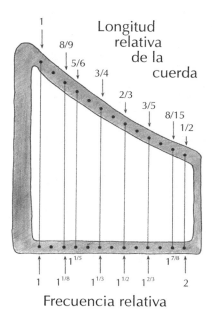

La escala menor melódica difiere de la escala mayor en una sola nota. (la tercera cuerda ha sido bajada en un semitono).

Ahora, pues, contamos con un repertorio completo de notas para melodías en modo menor. Usamos la escala que acabamos de describir para las secciones de las melodías que suben de tono y la escala menor natural para las partes que bajan.

Pero ahora, naturalmente, tenemos un gran problema, puesto que necesitaríamos acordes que fueran adecuados tanto para las partes ascendentes como las descendentes de nuestras melodías. Por esta razón se desarrolló una escala que es un término medio, de la cual extraemos las notas para las armonías. No es sorprendente que se conozca como escala menor armónica.

La escala menor armónica

La escala menor armónica es, como he apuntado, un término medio entre las escalas menores ascendente y descendente. En este caso, tomamos la escala descendente melódica, o natural, y devolvemos únicamente la penúltima nota a su posición de *casi hemos llegado.* Esto se ilustra a continuación.

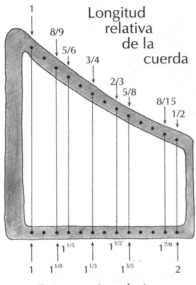

La escala menor armónica, un término medio entre las dos escalas melódicas menores, se utiliza para los acordes y las armonías en modo menor.

Ese, pues, es el tono menor: una relación debilitada entre los miembros del equipo de notas que produce una experiencia musical más compleja. Esta música transmite una sensación mucho menos autocomplaciente y nos hemos acostumbrado a asociarla generalmente con la tristeza o expresiones de emoción profunda.

Acordes mayores y menores

Los acordes más sencillos constan de tres notas que provienen de la escala musical. Como he dicho antes, si escogemos notas próximas unas a otras, el resultado es un sonido discordante, así que la mayoría de los acordes utilizan notas alternas.

La mayoría de los acordes utilizan una nota básica (que es la que da el nombre al acorde) y su compañera de equipo con la que más relacionada está: la que tiene una frecuencia 1 1/2 veces la de la nota básica. Si empezamos con la cuerda 1 en una escala mayor, entonces añadiríamos la cuerda 5. Esto también es cierto del modo menor, porque la cuerda 5 no se mueve aunque cambiemos a ese modo. La nota cuya frecuencia es $1^{1/2}$ veces la nota básica es la quinta que nos encontramos en ambos modos, y esta es la razón por la que los músicos dicen que esa nota está *una quinta* por encima de la nota fundamental. El término técnico para esta nota en la escala, que es la segunda más importante, es *dominante*, puesto que domina las melodías y la armonía, en estrecha relación con la nota fundamental, la *tónica*.

La tercera nota que seleccionamos para un acorde sencillo tiene que estar entre las cuerdas 1 y 5, pero no escogeríamos las cuerdas 2 o 4 porque están contiguas a una de las que ya estamos usando y desentonaría con ella. Así que escogemos la cuerda 3. Si escogemos las cuerdas 1, 3 y 5 de una escala mayor, formamos lo que se conoce como un acorde mayor; si escogemos las mismas cuerdas del modo menor, tenemos un acorde menor.

Así que un acorde mayor es la frecuencia que hemos escogido, más $1^{1/4}$ veces esa frecuencia, más $1^{1/2}$ veces la misma frecuencia.

En modo menor cambiamos $1^{1/4}$ por $1^{1/5}$, que está menos fuertemente relacionada con las otras dos notas.

Como ya sabemos, cada nota contiene una serie de armónicos; en notas íntimamente relacionadas entre sí, algunos de los armónicos de una nota aparecerán también en la otra. Por ejemplo, nuestra vieja amiga La_3 tiene armónicos cuya frecuencia es un múltiplo de 110 Hz, y el miembro más fuerte del equipo, Mi_3, tiene armónicos cuya frecuencia está basada en 165 Hz. Esta cifra, multiplicada por dos es 330, lo mismo que 110 multiplicado por tres. Esto significa que el tercer armónico de La tiene la misma frecuencia que el segundo armónico de Mi. Hay muchos otros armónicos cuyas frecuencias coinciden en estas dos notas, que es la razón por la que suenan bien juntas. Utilizando este tipo de coincidencias, podemos demostrar que la secuencia 1 1/4 en un acorde mayor permite que las dos notas se apoyen entre sí mucho más que 1 1/5, o sea que las notas de un acorde menor forman un equipo cuyo sonido es menos confiado. Y nuevamente, como casi todo lo que tiene que ver con el modo menor, asociamos esta falta de seguridad con la tristeza.

Un acorde es *cualquier* combinación de tres o más notas. Los acordes menores y mayores compuestos de tres notas que acabamos de describir son los más sencillos y armoniosos. Los acordes menores suenan menos confiados que los mayores, pero son más fuertes y transmiten una mayor sensación de confianza que muchos otros acordes que podemos generar combinando tres o más notas. Por ejemplo, si añadimos notas discordantes a los acordes sencillos, mayores o menores, podemos producir acordes cuyo sonido tenga más colorido, más interés o más tensión. También hay muchos acordes posibles que no incluyen los componentes fuertes 1 1/2, 1 1/4 o 1 1/5. Acordes más complejos de este tipo añaden movimiento a la música precisamente porque no tienen un sonido relajado o resolutivo. Nuestros oídos nos dicen que tiene que haber más pasos en el trayecto antes de que lleguemos al final de la frase. Cuando finalmente lleguemos, es muy probable que la música se relaje con un acorde simple en modo mayor o menor.

Nombres de las notas y los tonos

Al final del capítulo 1 mencioné el hecho de que las notas tienen un nombre y que algunos de ellos van acompañados por el término *sostenido* o *bemol*. En ese momento pedí al lector que aceptara ese sistema sin darle más vueltas. Pues bien, ahora es el momento de examinarlo más a fondo, ya que no podremos abordar nuestro próximo tema –el desplazamiento de una tonalidad a otra– sin referirnos a los nombres de las notas y las claves.

La principal razón por la que tenemos nombres para las notas es que nos permiten enseñar y dialogar sobre la música. Aunque siempre ha existido la tradición de comunicar música simplemente emulando lo que alguien canta, esto no funciona demasiado bien con música complicada de cualquier tipo si aspiramos a que se replique con exactitud.

El sistema occidental de notación musical empezó con monjes que deseaban consignar por escrito sus misas e himnos. Necesitaban que todo fuera fácil de recordar, así que no querían utilizar todas las letras del alfabeto como nombres para sus notas, por lo que decidieron utilizar solamente de la A a la G. A cualquier pareja de notas a una octava de distancia entre sí se les asignó la misma letra, puesto que están muy íntimamente relacionadas entre sí, aunque se utilizaron números y otras técnicas para identificar de cuál D, E, etc. se trataba: D_1, D_2, D_3, etc. o D, d, *d*, etc.

Para resumir, se adoptaron siete letras para nombrar todas las notas de nuestra escala mayor y se asignó a la última nota el mismo nombre que a la primera, aunque escrito de forma un poco diferente o numerado. Esta sería la escala de C:

$$C_1, D_1, E_1, F_1, G_1, A_1, B_1, C_2, D_2, E_2, F_2, G_2, A_2, B_2, C_3, \text{etc.}$$

Bueno, hasta ahora todo esto está bastante claro. Vamos a dibujar ahora el Arpa Fea de John Powell de dos octavas, con la cuerda más larga como Do y poniendo todas las notas que hemos mencionado en el capítulo 7 en cada octava.

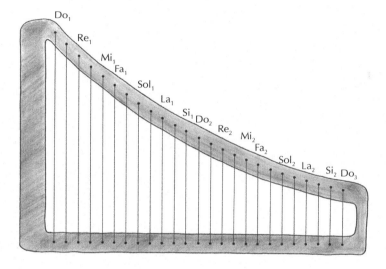

Arpa de dos octavas con las notas de la escala de Do mayor (la cuerda más larga es un Do).

Este esquema nos presenta algo que es un poco raro y que necesita alguna explicación: hemos utilizado todos los nombres de notas, pero no hemos nombrado todas las cuerdas (este es un resultado bastante obvio del hecho de que, como recordaremos, tenemos siete nombres, pero doce notas distintas en cada octava). Por ejemplo, en la ilustración, la cuerda entre Do y Re no se ha etiquetado con ningún nombre. ¿Cómo llamamos a las notas intermedias? Bueno, por desgracia cada una de esas notas tiene dos nombres. Como cada una de ellas se encuentra entre dos notas con nombre, podemos describirlas como que están por encima de la nota anterior, utilizando el término *sostenido*, o que están por debajo de la nota siguiente, utilizando el término *bemol*. Cuando los músicos escriben estos nombres, normalmente utilizan el símbolo # para indicar sostenido, y ♭ para indicar bemol. Pues bien, Fa sostenido es Fa# y Si bemol es Si♭.

En la siguiente ilustración he etiquetado todas las notas, dando a las notas intermedias ambos nombres, con bemol y con sostenido.

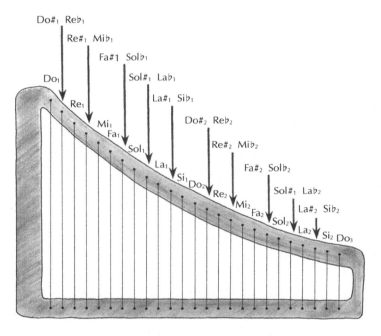

Arpa de dos octavas en la que se nombran todas las cuerdas. Ciertas notas se pueden nombrar tanto con bemol como con sostenido.

Si tiene un minuto libre, puede escoger cualquier nota y contar las cuerdas (de más larga a más corta) siguiendo el patrón TTSTTTS para identificar las notas de cualquier escala mayor. Por otro lado, la vida es demasiado corta para este tipo de tontería, y usted no habrá comprado este libro como cuaderno de actividades. Así que voy a poner un ejemplo que nos servirá a todos.

Si empezamos la escala con La, subimos un **T**ono a Si, subimos otro **T**ono a Do#, subimos un **S**emitono a Re, etc., y ya tenemos la escala en La mayor.

La – Si – Do# – Re – Mi – Fa# – Sol# – La

Y sí, es así de fácil en realidad. Escoja cualquiera de las doce notas como nota fundamental o jefe del equipo, y el sistema TTSTTTS le mostrará cuáles son los miembros de su equipo para contar con el grupo más fuerte y relacionado más íntimamente: la escala mayor.[1] (Las notas para todas las escalas mayores están en la sección de Detalles Engorrosos al final del libro.)

Por supuesto, se puede hacer exactamente lo mismo para una escala menor utilizando la sucesión de tonos y semitonos adecuada. Por ejemplo, la escala menor melódica se produce con el patrón TSTTTTS, de modo que si se empieza, por ejemplo, por Mi, esta sería la escala:

Mi – Fa# – Sol – La– Si – Do# – Re# – Mi.

Naturalmente, las notas sostenidas/bemoles no son distintas de las que tienen un nombre sencillo, sino que todas tienen la misma importancia; se trata tan sólo de un sistema de nombres que hemos heredado de generaciones anteriores. Una de las peculiaridades históricas de dicho sistema es que la única escala mayor que no incluye ninguna nota sostenida o bemol es Do mayor. Esto hace que la escala Do mayor parezca tener alguna importancia especial, pero no es así, sino que simplemente es un reflejo de la evolución de dicho sistema de nombres.

---

[1] Aunque las notas bemol/sostenido tienen dos nombres, se consideraría muy peculiar nombrar las notas de la escala La mayor utilizando nombres con bemol, de la siguiente manera:

La – Si – Re♭ – Re – Mi – Sol♭ – La♭ – La

Esta forma de nombrar las notas en una escala no se usa porque se repiten ciertos nombres (La y La♭, Re y Re♭), lo cual llega a resultar más confuso que utilizar exclusivamente nombres distintos (como hemos hecho con los nombres con sostenido). Además, para reducir todavía más la confusión, usamos o bien sostenidos o bien bemoles exclusivamente. Así que si usted quiere nombrar todas las notas de una escala mayor en el arpa que hemos ilustrado anteriormente, debería utilizar sólo nombres con bemol o sólo nombres con sostenido para toda la escala, y escoger la opción que utilice todos los nombres. Por ejemplo:

Mi mayor: Mi, Fa#, Sol#, La, Si, Do#, Re#, Mi
Si♭ mayor: Si♭, Do, Re, Mi♭, Fa, Sol, La, Si♭

Desplazamientos de un tono a otro: la modulación

Ha quedado claro por la última sección que tenemos doce tonos mayores y, como explicaré más adelante, emocionalmente son idénticos. Un tono simplemente tiene la misma sucesión de notas que otro, pero desplazado un poco hacia arriba o hacia abajo. Así que ahora me gustaría abordar la cuestión de por qué tenemos tantos tonos. Los compositores e intérpretes siempre están batallando contra el aburrimiento; no su propio aburrimiento, sino el de sus oyentes. Saben bien que si se aburren, sus ingresos descenderán y sus hijos se morirán de hambre —o al menos no podrán salir a tomar pizza el viernes. La música es una forma de entretenimiento, así que tiene que estimular las emociones, desde la alegría hasta el temor (si usted piensa que es una exageración decir que la música provoca miedo, es que no ha visto la escena de la ducha de *Psicosis*, de Hitchcock).

Una de las formas en las que un compositor puede mantener el interés de los oyentes es cambiar de tono, desplazarse de un conjunto de siete notas a otro. Si esto sucede, una o más de las notas cambian y el oyente nota que el jefe del equipo ahora es otro. Esta analogía con un equipo es especialmente útil aquí. Imagínese que usted es el entrenador de un equipo cuyo estilo de juego empieza a estancarse durante la primera mitad del partido. En el descanso puede infundir nueva vida al equipo cambiando un par de jugadores y asignando un nuevo capitán.

Así que ahora ya tiene un equipo ligeramente distinto con un nuevo capitán de equipo, que es exactamente lo que sucede cuando cambia de tono en el transcurso de una pieza musical. Podíamos pensar que alguien que no sea músico no sería capaz de detectar un cambio de jefe del equipo (o nota fundamental), pero en la música occidental más sencilla, sea pop, rock, folk, blues o la mayoría de la clásica escrita entre 1700 y 1900, la nota fundamental es relativamente fácil de detectar, incluso para un oyente que no tenga formación musical. En la música más compleja, como la clásica moderna o el jazz, el jefe del equipo, y por tanto el tono de la pieza, puede cambiar cada pocos segundos o puede ocultarse deliberadamente. En este caso, el sentido de tono se confunde o se pierde.

Cuando escuchamos una pieza más o menos sencilla, identificamos la nota fundamental de una de dos maneras, aunque normalmente no nos damos cuenta de que lo estamos haciendo. En primer lugar, una canción o cualquier otra pieza musical se divide en frases, y a menudo una frase termina justamente con esa nota. Si escucha casi cualquier canción pop, incluso alguna que nunca había oído antes, usted seguramente será capaz de cantar la nota fundamental antes de que haya transcurrido un minuto o dos. Nuestra vieja favorita, *Campanita del lugar*, hace esto: utiliza la nota fundamental en los finales de las frases.

La otra pista que nos ayuda a identificar al jefe del equipo es la frecuencia con la que aparecen las distintas notas de la escala a medida que transcurre la melodía. Y aquí llegamos a un ejemplo de abnegación musicológica por encima del deber: Brett Arden, de Ohio State University, pasó muchos meses revisando miles de melodías, un total de 65.000 notas en los tonos mayores y más de 25.000 en los menores, para estudiar la incidencia de cada una de las notas de una escala. Por ejemplo, si numeramos las notas de 1 (la nota fundamental) a 7 (la nota *casi hemos llegado*), descubrió que en los tonos mayores, la nota 5 es la que aparece con mayor frecuencia: se toca aproximadamente cuatro veces más que la nota 7, el miembro del equipo menos frecuente. Hay otras relaciones que también se dan en la mayoría de las melodías. Por ejemplo, en clave mayor, las notas 1, 3 y 5 constituyen casi el 60% del repertorio de notas de una melodía. Nuestro cerebro reconoce estas proporciones y esto nos ayuda a detectar la nota en la que está basado el tono. Obviamente, no somos conscientes de que nuestro cerebro esté examinando estas relaciones, sino que son pistas que recogemos de forma subconsciente, de la misma manera que hacemos cuando hemos de decidir cuál de los chavales de ocho años con mirada culpable que están en el jardín ha sido el que ha chutado el balón a través de la ventana de la cocina.

El tipo de modulación más común es el cambio desde el tono en el que te encuentras a otro que contiene únicamente una nota diferente.

Por ejemplo, podríamos estar tocando en el tono de Do, que contiene las siguientes notas:

Do, Re, Mi, Fa, Sol, La, Si

Sería fácil saltar al tono de Sol:

Sol, La, Si, Do, Re, Mi, Fa#

Las notas son las mismas, excepto que el Fa se convierte en Fa sostenido.

Si hacemos esto, la música recibe un impulso emocional con sólo subir una de las notas. Además, el interés aumenta de forma subconsciente debido a que el tono ha cambiado y podemos detectar el cambio de jefe del equipo, de Do a Sol.

También podríamos cambiar de Do mayor a Fa mayor, que contiene las mismas notas que Do, con la excepción de que el Si baja un semitono, a Si bemol. Esto nos provoca frecuentemente la sensación de que la intensidad emocional ha bajado una marcha, aunque en este caso también aumenta el interés al cambiar el jefe del equipo.

Este efecto de *subir una marcha* o *bajar una marcha* no tiene nada que ver con las propiedades de los tonos Sol mayor o Fa mayor; los tonos en sí no tienen un matiz emocional intrínseco. El proceso de cambio en sí es lo que aporta el impacto emocional, y es algo que se desvanece muy deprisa (a las pocas décimas de segundo). Imagínese que se encuentra en una enorme rueda para hámsters. Lleva estacionaria mucho rato así que, aburrido, da un paso adelante, al siguiente escalón. Todo se pone más interesante durante unos momentos, pero enseguida el nuevo escalón se convierte en el de debajo del todo y vuelve a estar estacionario y aburrido. Dar un paso atrás hasta el escalón que tiene detrás tiene un efecto ligeramente diferente, pero sigue siendo transitorio. Los escalones son idénticos, son los cambios los que resultan interesantes. Si quiere que su vida se mantenga estimulante tendrá que seguir cambiando de escalón.

En ocasiones, los compositores inyectan una subida de interés cambiando varios escalones a la vez, a un tono que tiene muchas notas distintas, por ejemplo de Do mayor a Mi mayor. Ravel hace esto como floritura expresiva al final de su *Bolero*. Sin embargo, lo más común es que los cambios sean entre *tonos vecinos* (con una sola nota de diferencia).

La modulación de una frase repetitiva a una escala que esté un semitono o un tono por encima de la inicial (por ejemplo subir de Si mayor a Do mayor) nunca deja de abrillantar la música, ya que transmite la sensación de que ha habido un cambio de marchas, razón por la que esta modulación se ha apodado *cambio de marchas de camionero*. Esta técnica también se conoce como *la modulación del queso* (*queso* es el nombre genérico que se da a la música pop cuya fecha de caducidad ha sido sobrepasada).

Esta modulación se usa comúnmente para generar una repentina subida de energía en las canciones pop, sobre todo en casos en los que el coro se repite mucho. *I just called to say I love you,* de Stevie Wonder utiliza este recurso un par de veces, pero el ejemplo más notable se da al comienzo de la línea *I just called to say I love you,* a los tres minutos y medio de haber empezado la canción. Otro ejemplo de una utilización muy eficaz de este tipo de modulación se encuentra en Man in the Mirror, de Michael Jackson. En este caso, el cambio de tono se produce (cuando Michael canta una determinada palabra) a los dos minutos y cincuenta segundos.

Si una modulación se hace entre dos tonos mayores o dos tonos menores, cualquier cambio de estado de ánimo será fugaz, porque el efecto está vinculado a la acción de cambiar; estamos cambiando de escalón en la rueda del hámster. Sin embargo, si nos desplazamos de un tono mayor a uno menor o viceversa, el cambio de estado de ánimo se mantendrá. Esto se debe a que, aunque el efecto tiene más fuerza justo después del cambio, sí ha habido una auténtica modificación del paisaje musical; es más parecido a pasar de una rueda de hámster de acero a otra de madera. Cambiar de un tono mayor a uno menor produce una sensación más compleja, emotiva o triste; un desplazamiento en la dirección contraria genera una música que suena más determinada y segura de sí misma.

Si se cambia muy frecuentemente de tono (como hacen algunos compositores de jazz y música clásica), la música puede resultar confusa y sonar un poco inestable. Si, por otro lado, no se hace con suficiente frecuencia (como pasa con algunas bandas de pop), la música puede resultar muy obvia y anodina.

El mismo equipo de notas puede sonar menor o mayor si se cambia el jefe del equipo

Si consideramos la versión más sencilla de un tono menor, el menor natural, podemos construir con esas siete notas una escala menor o mayor.

Por ejemplo, la escala de Do mayor es:

$$Do - Re - Mi - Fa - Sol - La - Si - Do$$

y la escala de la menor natural es

La – Si – Do – Re – Mi – Fa – Sol – La

Se trata del mismo grupo de notas, con la única excepción de que en el tono menor tenemos un La al principio y al final en lugar de un Do.

Esto mismo lo podemos hacer con las escalas pentatónicas: la escala mayor pentatónica que empieza por Do es:

Do – Re – Mi – Sol – La – Do

Esta escala utiliza exactamente el mismo grupo de notas que la escala menor pentatónica que empieza por La:

La – Do – Re – Mi – Sol – La

Sí, estoy de acuerdo, parece una locura. ¿Cómo puede el mismo grupo de notas cuidadosamente elegidas puede ser Do mayor o La menor?

Pero es verdad. Utilizando el mismo conjunto de notas se puede dar a la música un sentimiento menor (triste, reflexivo, con puntuación débil) o mayor (alegre, positivo, puntuación fuerte) con tan sólo cambiar el jefe del equipo.

¡Ajá!, me dirá el lector. *Pero si estoy oyendo exactamente las mismas notas, ¿cómo saben mis oídos que ha cambiado el jefe del equipo?*

Bueno, como hemos mencionado antes, el jefe del equipo, la nota tónica, es relativamente fácil de detectar en la música sencilla. Es cuestión de énfasis, y todos estamos acostumbrados al hecho de que un cambio minúsculo de énfasis cambia totalmente lo que estamos diciendo. Por ejemplo, las siguientes oraciones tienen significados totalmente distintos ya que, aunque he utilizado las mismas palabras en el mismo orden, he cambiado el énfasis con tan sólo mover la coma, lo que hace que una de ellas sea insultante y la otra sea de congratulación.

Yo no soy tonto como tú, yo gasto mi dinero inteligentemente.

Yo no soy tonto, como tú yo gasto mi dinero inteligentemente.

Pues bien, si tomamos las notas de la escala pentatónica de Do mayor (Do, Re, Mi, Sol, La) y utilizamos Do, Mi, Sol como nuestras favoritas, sobre todo Do al principio y al final de las frases, sentiremos que la música transmite una sensación de modo mayor. Si usamos las mismas notas, pero hacemos de La, Do y Mi nuestras favoritas, sobre todo La al final de las frases, entonces la música tendrá un sentimiento de modo menor. La analogía del *equipo* vuelve a sernos útil. Si tomáramos cualquier equipo de fútbol y cambiáramos el papel que desempeñan algunos jugadores (encargando al portero las funciones del delantero central, etc.) el equipo jugaría con un estilo diferente, aunque los miembros del equipo seguirían siendo los mismos.

Si tiene acceso a un piano, puede comprobarlo usted mismo. Intente inventarse melodías sencillas utilizando un solo dedo y tocando sólo las teclas blancas. Si finaliza todas sus frases en Do, la música sonará bastante optimista y transmitirá la sensación de fuerza. Sin embargo, aunque se mantenga en las teclas blancas, si termina las frases en La, la música sonará más vaga y más triste.

Escoger un tono

Los compositores necesitan contar con varios tonos para poder saltar de uno a otro a voluntad en el transcurso de una pieza. Pero, ¿qué les hace decidir empezar una pieza en un tono mayor concreto si no hay ninguna diferencia de sensaciones entre los distintos tonos mayores? De igual manera, ¿por qué han de preferir un tono menor sobre otro tono menor?

En realidad, hay varias razones para optar por un determinado tono para empezar la pieza, pero ninguna está relacionada con el contenido emocional. Estas razones se pueden dividir en cinco grandes categorías: *a*) diseño del instrumento; *b*) rango; *c*) manías del compositor; *d*) oído absoluto; y *e*) no buscar tres pies al gato.

Diseño del instrumento

Muchas canciones pop y las piezas clásicas para guitarra están escritas en los tonos de Do, Sol, Re, La y Mi, sencillamente porque son los más fáciles de tocar en una guitarra; los acordes y las melodías en estos tonos te brindan la máxima recompensa con el mínimo esfuerzo. Por ejemplo, si usted es un total principiante yo le podría enseñar a tocar los acordes de una canción pop sencilla escrita en Sol mayor en unos quince minutos, y usted podría acompañar a un cantante, aunque fuera con una versión bastante desmañada, después de unas tres horas de práctica. Si subiéramos la canción un semitono, a La bemol, o si la bajáramos un semitono, a Fa sostenido, le tomaría diez veces más tiempo poner en marcha incluso una versión desmañada. Esto es así porque las posiciones para los dedos son mucho más difíciles en estos tonos, debido a la manera en que está afinada la guitarra. Muchos instrumentos son más fáciles de tocar en unos determinados tonos que en otros. En estos casos, la elección del tono puede estar motivada no por consideraciones musicales, sino por la ergonomía. Por ejemplo, las *big bands* que acompañaban a cantantes como Frank Sinatra en las décadas de 1950 y 1960, incluían trompetas, clarinetes y trombones, que son más fáciles de tocar en Si bemol, así que muchas de aquellas canciones están en ese tono.

Rango

Cada instrumento tiene una nota superior y una inferior. Tenemos que asegurarnos de que la pieza que escribimos se ajusta al instrumento, lo que podría condicionar el tono que elijamos. Por ejemplo, la nota más baja de la flauta es Do central, de modo que no hay mucha música para flauta en el tono de Si, ya que suele ser útil que la nota fundamental esté cerca del extremo inferior del rango del instrumento.

Además, puede ser necesario subir o bajar el tono de una canción en función de la voz de un cantante determinado.

Manías del compositor

Muchos compositores, como otros músicos, son víctimas de un mito que analizaremos más adelante en este capítulo, según el cual ciertos tonos crean sentimientos concretos. Así que escriben música lúgubre en La bemol y música alegre en La porque piensan que esos son los tonos más adecuados.

Oído absoluto

Si usted es un compositor con oído absoluto, oirá notas específicas en su cabeza cada vez que crea una melodía. El tono en el que aparezca por primera vez será probablemente el que utilice cuando la escriba.

No buscar tres pies al gato

Si, como la mayoría de los compositores, no tiene oído absoluto y a menudo se encuentra con melodías útiles cuando está trasteando con el piano o algún otro instrumento, es probable que se mantenga en las notas que se encontró al principio a menos que haya algún motivo de peso para cambiarlas. Algunos compositores tienen notas favoritas con las que trastean. Un ejemplo es Irving Berlin (que compuso el éxito de Bing Crisby *White Christmas* y *Let's Face the Music and Dance*). Irving Berlin mismo confesaba que era un pianista horroroso, así que componía casi todo en el tono de Fa sostenido mayor, un tono que se ajusta muy cómodamente a los dedos: utiliza todas las teclas negras del piano y solo dos blancas. No sabía escribir música, de modo que pagaba a un músico para que mirara sus dedos, escribiera lo que tocaba y, posteriormente, si hacía falta, cambiara el tono para adaptarlo a los instrumentos o cantantes para los que estaba destinada la composición.

Modos

Aunque nuestros tonos mayores y menores se desarrollaron a partir de la antigua escala pentatónica, no hemos hablado todavía sobre cómo pasamos de un sistema al otro. Todo empezó con la Grecia clásica, donde se desarrolló un repertorio de escalas distintas, todas ellas con siete notas por octava. Los llamaban *modos*. La historia de los modos es un asunto de complejidad bizantina, de las que me hacen alegrarme de no ser un historiador. Básicamente el proceso fue el siguiente:

En algún momento, antes de 3000 a.C., los griegos utilizaban distintos sistemas de escalas de tonos y semitonos para dividir la escala, y las nombraban por los pueblos y territorios de Grecia y sus vecinos. Por ejemplo, el modo lidio hace referencia a la zona llamada Lidia, en lo que en la actualidad es Anatolia occidental.

A partir del año 750 d.C., la Iglesia cristiana desarrolló un método de cantar llamado canto gregoriano, que usaba siete tipos distintos de escalas. A estos siete modos se les pusieron los nombres de los modos griegos sin importar si realmente había una correspondencia. Así que lo que tenemos ahora son modos cristianos con nombres griegos puestos aleatoriamente.

Carlomagno, el emperador del Sacro Imperio Romano, decidió aumentar la popularidad de dichos modos cristianos amenazando a los clérigos con la muerte si no los utilizaban. En efecto, los modos se hicieron sumamente populares.

Dichos modos se utilizaron con gran efecto durante varios cientos de años, pero algunos pasaron de moda antes que otros. Finalmente, en torno al año 1700, la mayoría de la música utilizaba sólo dos de los ocho originales, y estos dos se conocen ahora como modo mayor y menor.

En la actualidad, el resto de los modos gregorianos se utilizan menos que el mayor y el menor, pero todavía se pueden encontrar en la música folk, algunas piezas de jazz y en la música pop (cuando el compositor quiere que la música tenga un sabor un poco inusual). Cada uno de estos modos, al igual que el mayor, consta de una sucesión de tonos y semitonos entre las notas.

¿Y cómo se elige el repertorio de notas? Sorprendentemente, todos los modos gregorianos utilizan las mismas notas de la escala mayor, aunque no las utilizan de la misma manera. Esto suena bastante extraño, pero volvamos a nuestra vieja amiga, el Arpa Fea. A continuación ilustramos un arpa de dos octavas con la escala de Do mayor, y demostraremos cómo todos los modos pueden tocarse con estas mismas notas.

Ya sabemos cómo tocar la escala de Do mayor en el arpa: simplemente empezamos con la cuerda más larga y pulsamos las cuerdas en sucesión. Pero ahora queremos tocar los otros modos gregorianos utilizando las mismas notas. Hay siete modos que tienen los siguientes nombres: jónico, dórico, frigio, lidio, mixolidio, eólico, locrio (sí,

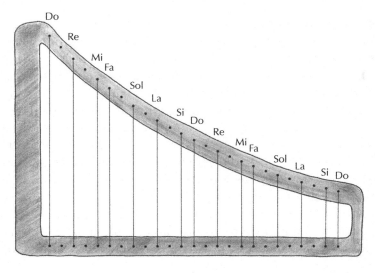

Arpa de dos octavas con las notas de la escala de Do mayor (la cuerda más larga es un Do).

es verdad que suenan como héroes de *El señor de los anillos*, con la excepción del mixolidio, que obviamente es uno de esos arqueros él-ficos con los cascos tan chulos... pero me estoy yendo por las ramas). Todos estos modos se pueden tocar en un arpa afinada a una es-cala mayor como la de arriba. La escala mayor y todos los modos gregorianos utilizan el mismo equipo; la única diferencia es la elección del capitán del equipo.

Tenemos siete notas distintas en nuestra escala de Do mayor (Do, Re, Mi, Fa, Sol, La, Si), y siete modos gregorianos. Cada uno de los siete utiliza una nota de inicio diferente (el capitán del equipo), así que alguno de ellos debe empezar en Do, exactamente como nuestra escala en Do mayor. Se trata del modo jónico, y esa es la razón por la que nunca oímos hablar de ese modo: es el que hemos elegido como nuestra escala actual en Do mayor. Los otros seis modos utilizan las siguientes notas como su capitán de equipo si usan las notas de la escala en Do mayor.

Dórico	Re
Frigio	Mi
Lidio	Fa
Mixolidio	Sol
Eólico	La
Locrio	Si

Para tocar la escala del modo dórico en el arpa, tendríamos que em-pezar y terminar en las cuerdas de Re, así que en lugar de tocar la escala de Do mayor (Do, Re, Mi, Fa, Sol, La, Si), tocaríamos Re, Mi, Fa, Sol, La, Si, Do, Re, con melodías y armonías que volvieran cons-tantemente a Re. A los oídos de los occidentales esto resulta un poco extraño, ya que dado el repertorio de notas, solemos esperar que las melodías terminen en Do o en Sol. Sin embargo, cuando te acostum-bras, se agradece el cambio que representa el modo dórico.

La sensación básica del modo dórico es parecida a la de un tono menor. No es sorprendente, ya que la única diferencia entre el modo dórico tocado de Re a Re y nuestro actual tono en Re menor (armó-nico) es que en éste, Sol se baja a Sol bemol, y el resto de las notas se mantiene igual. El modo dórico se usa mucho en la música celta y también es la base de canciones como la canción tradicional británi-ca *Scarborough Fair* y *Eleanor Rigby* de los Beatles.

Como he dicho antes, las escalas mayores tienen un patrón de intervalos TTSTTTS en su recorrido. Si tocamos una escala dórica, de Re a Re, los intervalos son TSTTTST. Si utilizamos este patrón, podemos empezar con cualquier nota (utilizando el arpa con las doce notas) y seguirá siendo el modo dórico. Por ejemplo, podríamos empezar con las notas La, Si, Do, Re, Mi, Fa#, Sol, La, y eso también es modo dórico (tal como se puede empezar desde cualquier nota y tocar una escala mayor si se mantiene el patrón TTSTTTS).

Si dos músicos se juntan para tocar una canción que conocen bien, escrita en un tono mayor, no dirán, *vamos a tocarla en modo mayor*, porque eso no les dice gran cosa. Más bien dirán, *vamos a tocarla en Sol mayor*, o, *vamos a tocarla en Mi mayor...* y se ponen a tocarla. De la misma manera, si quieren tocar *Scarborough Fair*, no pueden decir, *toquémosla en modo dórico*, sino que tienen que identificar la nota con la que empieza la escala dórica que van a utilizar. Podrían decir, *vamos a tocarla en Re dórico*, y utilizarían las notas Re, Mi, Fa, Sol, La, Si, Do, Re. Pero de la misma manera podrían decir, *toquémosla en Sol dórico* (Sol, La, Si♭, Do, Re, Mi, Fa, Sol), o, *toquémosla en Mi dórico*. Al igual que sucede con los tonos mayores, hay doce escalas posibles en modo dórico.

Si tomamos las notas de cualquier escala mayor y convertimos la segunda nota de la escala en el jefe del equipo, estaremos tocando en el modo dórico. Para tocar en cualquier otro modo, escogemos una nota diferente de la escala mayor y la convertimos en el jefe de equipo.

Para el modo frigio, la tercera nota de la escala mayor es el jefe de equipo.
Para el modo lidio, es la cuarta nota.
Para el modo mixolidio, es la quinta nota
Para el modo eólico, es la sexta nota.
Para el modo locrio, es la séptima nota.

Los modos lidio y mixolidio son muy similares a los tonos mayores. En cada caso, una nota de la escala mayor se ha desplazado un semitono. La música que se toca en esos modos suena sólo ligeramente menos definida, ligeramente más ambigua, que la música en un tono mayor.

Los modos dórico, frigio y eólico son muy parecidos a las escalas menores. De hecho, el modo eólico es la escala menor natural de la que hemos hablado antes en este mismo capítulo. La música en estos modos suena bastante indefinida en su puntuación, lo que, como he dicho antes, puede ser un efecto agradable para música triste o romántica.

El modo locrio no guarda una relación íntima con los modos mayor y menor. A nuestros oídos suena como si se hubiera cometido un error en alguna parte. Por esa razón, casi no se utiliza.

Los distintos tonos del Temperamento Igual, ¿crean distintas sensaciones?

Ahora me gustaría echar por tierra un mito sobre los tonos mayores y menores que muchos músicos y amantes de la música piensan que es cierto. Este mito tiene un pedigrí excelente: Beethoven creía en él, al igual que muchos otros compositores y músicos profesionales. Pero, simplemente, no es verdad.

El mito es que, incluso con el Temperamento Igual, los distintos tonos transmiten estados de ánimo diferentes. No me refiero a la diferencia entre los modos mayor y menor, que sí son diferentes en los aspectos que ya hemos señalado antes. No, el mito indica que, por ejemplo, Mi mayor crea una sensación diferente que Fa mayor, y que Re menor transmite un estado de ánimo diferente que Si menor. Una vez hice una prueba con una clase de estudiantes de música. Antes de empezar, tres cuartas partes del grupo pensaban que los distintos tonos creaban sensaciones diferentes. Entonces les pedí que escribieran qué estado de ánimo asociaban con cada tono. Por ejemplo, hubo un acuerdo generalizado respecto a que La mayor y Mi mayor son *brillantes y alegres*, mientras que Do mayor es *neutro y puro*. Si usted es una de las personas que creen en los estados de ánimo de los tonos, sospecho que también habría hecho los mismos comentarios básicos respecto a estos tonos. Probablemente también estaría de acuerdo con los estudiantes en que Mi bemol mayor es *romántico y serio*. Bueno, siento ser un aguafiestas, pero todo esto es un error.

¿Recuerda el comité que mencionamos en el capítulo 1? Se reunieron en Londres en 1939 para decidir qué frecuencias íbamos a usar para nuestras notas a partir de ese momento. Lo único que tuvieron que decidir fue la frecuencia de una sola nota, ya que a partir de ésa se puede calcular la frecuencia del resto de las notas.

Después de consumir su propio peso en galletas de chocolate, estos concienzudos expertos decidieron que la frecuencia fundamental del La que está justo por encima de Do central debía ser de 440 Hz (440 vibraciones por segundo). No escogieron esa frecuencia por razones musicales o emocionales, sino porque se trata de un número redondo que caía más o menos por el centro del rango de frecuencias que se estaban utilizando para la nota La por toda Europa en ese momento.

Fijémonos nuevamente en dos tonos y sus supuestos estados de ánimo:

Mi mayor se supone que es *brillante, alegre y vivaz*;
Mi bemol mayor se supone que *romántico y serio*.

Estas dos notas tónicas (Mi y Mi♭) están juntas en el teclado del piano, o sea que Mi está apenas un semitono por encima que Mi♭, y sin embargo se supone que los estados de ánimo que crean sus escalas son totalmente distintos. La idea de que Mi mayor es alegre y Mi♭ es seria la propusieron varios autores en listas de sensaciones asociadas a tonos que se publicaron a finales del siglo XVIII. Las ideas expuestas en dichas listas han sobrevivido hasta nuestros días a pesar de que el tono de dichas notas no se fijó hasta 1939 y hoy en día sabemos que han variado en al menos dos tonos a lo largo de los años.

Cuando se reunió el comité unificador, había pianos por toda Europa con el Mi muy por debajo del actual Mi bemol. Otros pianos tenían su Mi bemol más alto que el nuevo Mi estándar. A pesar del amplio rango de frecuencias a la que nos estamos refiriendo, muchos propietarios de pianos seguramente afirmaban insistentemente que el tono de Mi en su propio piano era mucho más brillante que el tono de Mi♭. Habrían seguido insistiendo al respecto después de que su afinador subiera o bajara la afinación de todo el piano para ajustarla a los tonos estándar de reciente creación. Así, pues, si hay alguna vinculación entre sensaciones y tonos, no puede tener nada que ver con la frecuencia de las notas. Además, tampoco puede estar relacionada con los sistemas de afinación ligeramente distintos respecto a dichas notas. Los afinadores actuales utilizan el sistema del Temperamento Igual, que da el mismo tratamiento a todas las notas.

Cuando yo estaba investigando el fenómeno de la vinculación entre sensaciones y tonos, el único factor restante que se me ocurría que podría producir dicha vinculación era la disposición física del teclado del piano: al tocar, las teclas negras están más lejos de las muñecas, así que podría existir alguna diferencia sutil en la forma como se tocan las teclas, lo que podría ser significativo puesto que las distintas tonalidades utilizan distinto número de notas producidas por las teclas negras. Por otro lado, el fenómeno podría estar relacionado con algún otro factor que a mí no se me hubiera ocurrido.

Yo estaba muy escéptico respecto a la vinculación entre emoción y tono, pero pensé que la idea merecía ser sometida a prueba con toda imparcialidad. Así que, en colaboración con una musicóloga profesional, la doctora Nikki Dibben, reuní al grupo de estudiantes de música que he mencionado arriba y les pedí que escucharan una grabación hecha específicamente para esta prueba. En la cinta había dos piezas cortas que se tocaban cuatro veces en piano en distintos tonos: una era sencilla y alegre, y la otra dramática. Entre cada una de estas piezas había una grabación de música de sitar india, que no estaba en ningún tono occidental, para evitar que los estudiantes fueran conscientes de la forma en que había cambiado el tono de la música de piano.

Pedimos a los estudiantes (de los cuales ninguno tenía oído absoluto y tres cuartas partes creían en la vinculación emoción-tono) que describieran el estado de ánimo creado por cada pieza e intentaran identificar el tono en que se había tocado. Los resultados mostraron que la pieza sencilla y alegre siguió siendo sencilla y alegre independientemente del tono en el que se tocaba y que, por tanto, los estudiantes solían decir que la pieza se había interpretado en los tonos (supuestamente simples) de Sol, Do o Fa, aunque de hecho se había tocado en Fa sostenido mayor (un tono de naturaleza más compleja, supuestamente). Obtuvimos resultados similares con la música dramática: se mantuvo dramática sin importar el tono en el que se tocaba, y los estudiantes no acertaron a identificar el tono.

Ahora ya tenemos nuestra respuesta: no hay vinculación entre tono y emoción. Creo que hay al menos un par de razones por las que este mito ha llegado a ser aceptado generalmente:

1. Los compositores del pasado lo creían y escribían su música en los tonos *apropiados*. Como escogieron ciertos tonos para ciertos estados de ánimo, los estudiantes llegan a creer que la relación es

real, así que ellos mismos escriben sus composiciones en los tonos *apropiados*.

2. Cuando aprendemos el piano –o cualquier otro instrumento– empezamos con piezas en el tono de Do porque es el más fácil de leer, puesto que no cuenta con sostenidos o bemoles en su armadura de clave (la armadura de clave se escribe a la izquierda del pentagrama e indica las notas que han de interpretarse como bemol o sostenido durante toda la pieza). Después de unas pocas semanas, empezamos a familiarizarnos con música que empieza en Do, pero entonces cambia al tono de Sol (que tiene un sostenido en su armadura de clave) o Fa (que tiene un bemol en su armadura de clave). Cambiar de Do a Sol, hace que la música sea más brillante, pero cambiar de Do a Fa hace que pierda brillantez. Ya que vemos que la adición de un sostenido a la armadura de clave (al cambiar a Sol) le añade brillantez, y un bemol (al cambiar a Fa) le quita brillantez, empezamos a asociar los bemoles con la tranquilidad o la tristeza, y a los sostenidos con la brillantez. De hecho, no es verdad que el tono de Sol sea intrínsecamente brillante, sino que es el cambio hacia un tono más alto el que hace que suene más brillante.

Si cambiamos del tono de Do al de Sol, la brillantez de la música aumenta, pero si cambiamos de Re a Sol disminuye la brillantez. En un caso Sol es el tono más brillante; en el otro, es el menos brillante.

Un apunte final para los recalcitrantes, las personas que siguen sin convencerse de que no hay ninguna vinculación entre tono y contenido emocional.

En una parte anterior de este capítulo hemos mencionado el cambio de marcha del camionero, que consiste en modular desde la escala original hasta otra que esté un tono o un semitono por encima.

Si tocas en el piano la sección de dicha modulación en cualquier canción pop, la *subida emocional* siempre funciona, sin importar en qué nota se empiece. Funciona desde Si bemol (tres bemoles) a Si (cinco sostenidos), pero funciona igual de bien desde La (tres sostenidos) a Si bemol (tres bemoles) o desde Mi (cuatro sostenidos) a Fa (un bemol). Si se cumpliera la vinculación tono-emoción, los dos últimos ejemplos no deberían funcionar, ya que son desplazamientos desde tonos supuestamente brillantes hasta

EL EXTRAÑO CAMBIO ENTRE MAYOR Y MENOR

otros supuestamente menos brillantes. Hay otros ejemplos de este truco en la música pop en los que el ascenso es de más de un tono entero, pero en estos casos tampoco es importante entre qué tonos es el desplazamiento, sino que el movimiento ascensional es el que aporta nueva vida a la canción.

Así que de eso se trata: es el movimiento de un tono a otro el que efectúa el cambio emocional. Los tonos en sí no contienen emociones.

Lo principal que hay que recordar sobre los tonos se puede resumir en cuatro párrafos breves:

1. Los tonos mayores son un equipo de siete notas con una fuerte relación con su jefe de equipo. La puntuación de las frases suele ser clara y decisiva.
2. Los tonos menores tienen un par de notas distintas que dependen de si la melodía sube o baja en la escala. Los miembros del equipo no están relacionados tan íntimamente como en el modo mayor y la experiencia musical no es tan decisiva y clara, sobre todo al final de las frases. Hemos aprendido a asociar la tristeza con esta interrelación más compleja de las notas.
3. La música puede cambiar de un tono mayor a otro para mantener nuestro nivel de interés, y lo mismo se hace entre tonos menores. Ciertos cambios potencian la brillantez de la música durante un breve periodo, y otros reducen dicha brillantez. El efecto no dura mucho porque lo causa el cambio en sí.
4. El desplazamiento desde un tono mayor a uno menor o viceversa provocan un fuerte cambio en el contenido emocional. En este caso, la sensación de brillantez (tono mayor) o de tristeza (tono menor) no se desvanece, ya que no está vinculado con el cambio mismo.

Pero un tema que todavía no hemos cubierto es por qué generación tras generación de niños desgraciados han sido obligados a punta de cuchillo a practicar escalas en sus instrumentos cuando podían haberse divertido mucho más tocando verdaderas piezas de música. Hay dos razones para esto, pero pienso que ambas son bastante pobres si pensamos en el grado de aburrimiento que induce la repetición de escalas y el número de niños que han renunciado a la música por culpa de la repetición de escalas. La primera razón para practicar escalas es que te hace acostumbrarte a utilizar todas las notas de tu instrumento. La segunda razón es que muchas melodías incluyen fragmentos de escalas. De hecho, si las miramos con detenimiento, descubriremos que la mayoría de las melodías están compuestas de una combinación de arpegios, notas repetidas y fragmentos de escalas. En *Campanita del lugar*, por ejemplo, las sílabas *lugar sue...* son notas de una escala en Do mayor. Debido a que los fragmentos de escalas están tan presentes en las melodías, es útil tener la escala completa grabada en tu *memoria muscular*[1] de la misma manera en que es útil memorizar las tablas de multiplicación, lo que ahorra mucho esfuerzo posteriormente. Sin embargo, en términos generales, creo que se hace demasiado hincapié en la práctica de escalas en los primeros años de la educación musical. Si el estudiante va a adoptar la música como algo más que un mero *hobby,* podrá dedicarse a practicar escalas más adelante, si lo desea y lo necesita. Y aprovechando que me estoy sintiendo vehemente y revolucionario, ¿por qué los estudiantes de música no abandonáis la práctica de las escalas y adoptáis la práctica de la improvisación?

Si bien tocar escalas es tedioso, entender cómo funcionan las escalas, los tonos y las armonías constituye una parte importante del aprendizaje musical. Una comprensión de lo que está sucediendo es muy útil, estemos tocando, improvisando, componiendo o simplemente escuchando. La próxima vez que el lector escuche una canción pop que de repente recibe una subida de energía, podrá sonreír con expresión de enterado, señalar los altavoces y decir, *ah, un cambio de marchas de camionero.* Pero escoja su momento con cuidado: sólo tiene derecho a rarezas de este tipo una vez al año.

---

[1] La memoria muscular se explica en la página 194.

10

Tengo ritmo

Tengo ritmo, tengo tempo, tengo métrica

Hay una fuerte vinculación entre el ritmo y los vegetarianos. No me refiero a la gracia con que se les da bailar a los vegetarianos en comparación con los omnívoros, puesto que he observado muestras de danza excelente y execrable en ambos bandos. Quiero decir que hay una fuerte vinculación en la forma en la que utilizamos las palabras *vegetariano* y *ritmo*.

Cuando decimos, *Marta es vegetariana* no queremos decir que sólo come vegetales. Muchos vegetarianos también comen una amplia gama de alimentos que no son vegetales, como los huevos, el queso y muchas otras cosas repletas de vitaminas asquerosas. Utilizamos la palabra *vegetariano* simplemente como una etiqueta cómoda.

Cualquier pieza musical consta de un flujo de sonidos que se extiende durante un determinado tiempo. La palabra *ritmo* la usamos para describir cómo organizamos la distribución temporal y el énfasis de dichos sonidos. Pero estamos utilizando la palabra simplemente como una etiqueta cómoda. En realidad, cuando hablamos de ritmo de esta manera, nos estamos refiriendo a tres cosas: *ritmo, métrica* y *tempo*.

El tempo de una pieza musical es su ritmo cardiaco: se refiere a la cantidad de veces que damos golpecitos con el pie cuando seguimos la pieza.

La métrica se refiere a la frecuencia con la que damos más énfasis a uno de nuestros golpecitos con el pie. Por ejemplo, si estamos escuchando un vals, enfatizaremos el primero de cada grupo de tres: **uno**, dos, tres, **uno**, dos, tres... Si estamos escuchando rock (así como la mayor parte del resto de la música occidental), haremos hincapié en el primero de un grupo de cuatro: **un**, dos tres cuatro, **un**, dos tres cuatro.

El ritmo es el patrón de notas largas y cortas que se están utilizando en un determinado momento. Por ejemplo, el comienzo de la quinta sinfonía de Beethoven (da da da daaa) tiene un ritmo de tres notas cortas seguidas de una larga. Se puede tocar tan rápido o tan lento como se quiera, pero el ritmo no cambiará; siempre será de tres cortas seguidas de una larga.

Una vez explicado todo eso, volveré al uso normal, conversacional, de la palabra *ritmo* para el resto de mi explicación.

Cuando estaba preparando este libro, pensé en todo tipo de métodos para explicar con imágenes cómo funcionan los ritmos, pero finalmente me di cuenta de que los gráficos más claros y sencillos de los ritmos son los que utilizamos en la música escrita. El sistema occidental de escritura musical es un diagrama que dice a los músicos qué notas tocar, cuándo debe empezar y terminar cada nota, y cuáles notas hay que enfatizar. Podemos utilizar este sistema para nuestra exposición sobre el ritmo, pero que no cunda el pánico, no espero que el lector sepa leer música.

En realidad, aprender a leer música es un engorro, y no deje que nadie le diga lo contrario. Es muy interesante durante más o menos los primeros diez minutos, cuando se aprenden los conceptos básicos. A partir de ese momento, es una larga lucha hasta que consiga que sus dedos obedezcan las instrucciones de la página y produzcan música. Esta larga lucha es parecida a la de aprender un idioma, y sus recompensas son igual de grandes. En este capítulo, sin embargo, sólo vamos a cubrir esos primeros diez minutos interesantes.

El desarrollo de la escritura musical

El problema con la historia antigua es que, por lo que sé, la gran mayoría sucedió hace muchísimo tiempo. Esto significa que es muy difícil saber cuándo se hicieron los primeros intentos por escribir música. En la antigüedad, hay alguna evidencia de música escrita con distintos grados de sofisticación en China, Siria y Grecia. Una de las composiciones completas más antiguas que se han descubierto hasta ahora fue inscrita en una tumba hace como dos mil años. Esta canción, conocida como el *Epitafio de Seikilos*, está escrita en la antigua notación musical griega, que indica qué nota cantar con cada sílaba y qué duración debe tener cada nota. La letra de la canción nos anima, en el verdadero espíritu del rock and roll, a brillar mientras vivimos, porque la vida es corta.

El sistema de escritura musical que utilizamos en la música occidental data de la época en la que los monjes y las monjas tenían muchísimo más protagonismo que hoy en la vida musical, aunque también había músicos profesionales. Al principio, algún monje o monja con talento musical componía la música y la enseñaba directamente al resto del grupo cantándola o tocándola. Sin embargo, más adelante la música se hizo más complicada y los compositores se dieron cuenta de que escribirla sería una buena forma de enseñarla y conservarla. Además, en torno al año 750, la Iglesia cristiana empezaba a insistir en que la misa se debía cantar siguiendo una serie de reglas estandarizadas. Por estas razones se generó mucho interés en la escritura de la música. Algunos compositores hacían diagramas de las subidas y bajadas de la música, pero era un sistema que no se prestaba para conseguir mucha precisión. En torno al año 800 había un acuerdo generalizado respecto a las siguientes reglas:

1. Es necesario utilizar distintos tipos de puntos o formas para las diferentes longitudes de nota.
2. Los puntos deben dibujarse unos tras otros, para leerse de izquierda a derecha.
3. Los puntos deben dibujarse sobre una *escalera* para mostrar su altura relativa.

Escribir la música también implicaba dar nombres a las notas. Así que dibujaron una *escalera* y pusieron nombres, de La a Sol, de la siguiente manera.

Una idea temprana fue escribir las notas en una renglonadura o escalera con once líneas como esta. Sin embargo, resulta evidente que es muy difícil identificar a simple vista en qué línea o espacio se encuentra cada nota.

Esta escalera (renglonadura, como la llaman) tenía tantos escalones que era muy difícil de leer, así que la dividieron en dos secciones: una inferior (graves) y otra superior (agudos), de la siguiente manera:

A B C D E F G A B C D E F G A B C D E F

El pentagrama moderno, dividido en dos secciones (agudos y graves) para facilitar su lectura. El Do central se coloca justo en medio de ambas. Los dos símbolos de la izquierda tienen como fin identificar las secciones de agudos y de graves, ya que algunos instrumentos no necesitan este enorme rango de notas y utilizan en su escritura sólo la sección de agudos (por ejemplo, el violín) o de graves (por ejemplo, el violonchelo). Los símbolos se llaman clave de Sol y clave de Fa.

Dividir la renglonadura en dos pentagramas deja una nota, un Do, entre las dos secciones. Este es el famoso Do central del que tanto hemos hablado todos. También es la tecla central del piano. El Do central no tiene ningún significado musical especial, sino que se trata tan sólo de un punto de referencia útil. Algún cantante dirá, por ejemplo: *Yo no puedo cantar esta tontería. Mi rango sólo llega hasta el Sol por encima del Do central. ¿Por quién me tomas, por Freddy Mercury?*

En la siguiente ilustración se puede ver la primera línea de dos canciones que hemos estado utilizando como referencia a lo largo de este libro. He utilizado sólo la sección de la clave de Sol ya que, para estas canciones, no necesitamos el gran rango de tonos que nos darían ambas secciones.

La primera línea de *Baa Baa Black Sheep,* una de las variantes en lengua inglesa de lo que en castellano se conoce como *Campanita del lugar,* y *For He's a Jolly Good Fellow.*

Enseguida explicaremos cómo se indican por escrito los ritmos y las notas de distinta duración, pero por el momento vamos a mirar la manera en la que la posición vertical de las notas nos indican cómo sube o baja el tono de una melodía. Si canta las dos canciones mientras mira las notas escritas, notará que las notas suben o bajan por la escalera tal como sube o baja el tono de su voz en el transcurso de la canción. He empezado ambas canciones en la misma nota para facilitar su comparación. Si tararea ambas canciones, notará que ambas empiezan con dos notas con el mismo tono y luego hay un gran salto hasta *black* o un pequeño salto hasta la primera sílaba de *any*. En cada caso, el salto musical que escuchamos se refleja con toda precisión en la posición vertical de cada nota en el pentagrama. Hay que recordar, como señalamos en el capítulo 2, que no nos hace falta empezar en la nota *correcta* (Do en este caso) para cantar bien, a menos que nos acompañe un instrumento. Lo más importante es el tamaño de los saltos en la melodía. Se necesita mucho entrenamiento para poder ver una melodía nueva y cantar los saltos correctamente tan sólo con leer la escritura musical, pero la información exacta está ahí.

Armaduras de clave

En el último capítulo comentamos el hecho de que las distintas tonalidades utilizan notas diferentes. Por ejemplo, el tono de La mayor usa las notas La, Si, Do#, Re, Mi, Fa# y Sol#. Si un compositor está escribiendo en este tono y no se quiere molestar en poner un signo de sostenido junto a cada Fa#, Do# y Sol#, escribe una instrucción general al comienzo de cada línea de la música, llamada armadura de clave. La armadura de clave de la mayor, con la instrucción de ejecutar todos los Fa, Do y Sol como Fa#, Do# y Sol#, sería así:

La armadura de clave del tono la mayor. Los tres signos de sostenido se han puesto en las líneas que representan las notas Fa, Do y Sol (leyendo de izquierda a derecha). Esta es una instrucción general que significa: cada Fa, Do y Sol debe tocarse como Fa#, Do# y Sol#.

Anotación de los ritmos

Distintas duraciones de nota

Nuestras dos canciones tienen distintas duraciones de nota. Utilizamos símbolos para indicar la duración de cada nota en comparación con las demás notas de la canción. Los símbolos que representan las notas, así como sus nombres, se adoptaron por consenso hace siglos. Más abajo se enumeran. Resulta evidente que las notas se acortan de forma muy organizada. Empezamos con una nota muy larga (cuadrada) y la dividimos por la mitad (redonda) y entonces seguimos dividiendo por la mitad para conseguir notas cada vez más cortas. Para confundir todavía más las cosas, se acepta generalmente que la redonda, no la cuadrada, debe considerarse como la unidad de duración, como se puede ver en la tabla.

Símbolo	Nombre
‖○‖	Cuadrada
○	Redonda (unidad completa)
𝅗𝅥	Blanca (media unidad)
𝅘𝅥	Negra (un cuarto de unidad)
𝅘𝅥𝅮	Corchea (un octavo de unidad)
𝅘𝅥𝅯	Semicorchea (un dieciseisavo de unidad)
𝅘𝅥𝅰	Fusa
𝅘𝅥𝅱	Semifusa

Lista de los distintos símbolos que indican la duración de las notas. Cada una dura el doble que la que tiene debajo.

Si este sistema de dividir por la mitad fuera lo único que tenemos para describir la duración de las notas, entonces nuestra música sería muy monótona rítmicamente. Para evitar esto, contamos con un par de adiciones que nos proporcionan una mayor flexibilidad.

1. Un punto puesto inmediatamente después de una nota significa que dicha nota debe sonar una vez y media la duración normal (ese punto, que se denomina *puntillo*, se puede ver detrás de la primera nota de *Cumpleaños feliz*). Un punto doble después de la nota, algo que es mucho menos común, significa que la nota debe sonar una vez y tres cuartos su duración normal.

2. Se puede escribir un pequeño 3 por encima de un grupo de tres notas para indicar que dichas notas deben prolongarse en el tiempo lo mismo que dos notas normales. Este es un recurso bastante común y seguramente todos la habremos oído muchas veces. Mucho menos común es escribir un 5 encima de un grupo de cinco notas, o cualquier otra combinación posible. En cada caso, el mensaje es que dicho grupo de notas debe comprimirse para ocupar el tiempo que normalmente se asigna a un grupo de ese tamaño, menos un miembro. Por ejemplo, cinco notas deben durar lo que durarían cuatro; o trece notas deben durar lo que durarían doce.

Las notas más cortas van unidas entre sí por sus «plicas» en lugar de escribirse individualmente. En este ejemplo, las dos corcheas de la izquierda tienen su propio remate, pero si se unen, como sucede a la derecha, se utiliza una sola línea recta. Las semicorcheas tienen dos remates y se unen con dos líneas, y así sucesivamente.

En ocasiones, las notas se escriben de una en una (esto es común para cantar), pero más a menudo las notas más cortas se unen a otras en pequeños grupos, como se puede ver en el gráfico anterior. El hecho de unirlas no afecta la longitud de la nota, sino que sirve para ayudar al músico a leer la música.

Si repasamos las notas de *Baa Baa Black Sheep* y hacemos referencia a la lista anterior, veremos que las notas de *have* y *you* duran la mitad que las de *black* y *sheep*, que a su vez duran la mitad que la nota de *wool*. Quizá podríamos pensar que las diferencias entre notas largas y cortas eran algo al azar, pero en realidad estamos cantando notas que tienen una duración íntimamente relacionada con la de las otras notas.

Acentuación o énfasis, uso de la barra de compás

Baa Baa Black Sheep es una canción sencilla, pero dicha sencillez se convertiría en monotonía si todas las notas tuvieran la misma longitud y el mismo énfasis. Notará que hay líneas verticales que atraviesan el pentagrama a intervalos regulares que no van asociadas a ninguna nota. Se conocen como *barras de compás*, y la distancia entre dos barras, que es donde se escriben las notas, se denomina *compás*, término que usaremos aquí.

Una de las convenciones de la escritura musical es que se da un énfasis especial a la primera nota después de una barra de compás. Cuando cantamos *Baa Baa Black Sheep* ponemos el énfasis sobre el primer *Baa*, la palabra *have* y el primer *yes*. Al escribir la música, estas palabras aparecen justo después de una barra de compás. Si usted no ha notado que utiliza el énfasis de esa manera, intente cantar la canción enfatizando fuertemente *sheep* y *any*. Suena un poco a Monty Python, ¿verdad? Ahora cántela nuevamente con el énfasis en los sitios correctos, en *Baa* y *have*. Es posible que en esta ocasión esté exagerando el acento, pero está acentuando en los sitios correctos, justo después de las barras de compás, así que suena bien.

Ahora, sin mirar la partitura, cante un par de veces la primera línea de *Cumpleaños feliz*. Aunque la frase *cumpleaños feliz* consta de sólo dos palabras, contiene seis notas: *cum, ple, a, ños, fe, liz*. Imagínese que está cantando esta canción para un amigo de forma graciosa, con un dramatismo exagerado. Para recalcar el efecto, ha traído unos címbalos. El sonido de los címbalos dura mucho tiempo, así que va a golpearlos una sola vez en cada línea de la canción. Cante la primera línea un par de veces e imagínese en cuál de los seis sonidos golpearía el címbalo. ¿Será con *cum, ple, a, ños, fe*, o *liz*? Utilizando mis poderes misteriosos, puedo afirmar con toda confianza que habrá escogido para su gran sonido de címbalos o *a* o *liz*. Ahora eche un vistazo al pentagrama. En efecto, tanto *a* como *liz* se encuentran justo después de una barra de compás.

En muchos casos, escogeríamos automáticamente la primera nota de la canción como una de las que se enfatizarán. En *Baa Baa Black Sheep* por ejemplo, podría haber golpeado los címbalos o bien en la primera nota, *baa*, o en *have*. Sin embargo, en el caso de *Cumpleaños feliz* no enfatizaríamos la primera nota, *cum*, porque no aparece justo después de una barra de compás; la canción no empieza al comienzo de un compás. Justo delante de la sílaba *cum* hay lo que los músicos llaman *silencio*, una marca que indica que en la primera parte del compás no hay sonido. Empezar una melodía con un silencio podría parecernos un poco extraño, pero lo hacemos para conseguir que todos los acentos de una melodía se sitúen en el sitio correcto, justo después de las barras de compás. Aquí hay unos ejemplos de canciones, en los que destacamos en negritas las sílabas acentuadas.

Melodías que empiezan al principio del compás:

* *Campanita del lugar* (**cam**panita **del** lugar...).
* *Frère Jacques* (***Frère** Jacques, **Frère** Jacques, **dor**mez vous...).
* *Dios salve a la reina* (***God** save our **gra**cious queen...).
* *Submarino amarillo* (***We** all live in a **yel**low submarine...).

Melodías que no empiezan al principio de un compás:

* *El mago de Oz* (*We're **off** to see the **Wi**zard...).
* *A mi manera* (*And **now** the end is **near**...).

Si alguna vez ve dichas canciones escritas, verá que las barras de compás están justo delante de las sílabas que hemos destacado.

La división del compás, la marca de tiempo

Notará que el pentagrama de nuestras dos melodías empieza con unos números que tienen aspecto de fracciones. Estos números (llamados *marca de tiempo*) le dicen al músico cuántos pulsos hay en cada compás y, de forma más vaga, qué duración tienen esos pulsos.

ASÍ ES LA MÚSICA

¿Cuántos pulsos hay en un compás?, el número superior de la marca de tiempo

El número superior de la marca de tiempo es el más importante, ya que indica la métrica de la música: en cuántos pulsos se divide cada compás. Tomemos como ejemplos los dos valores más comunes para este número, 3 y 4 (el 4 es con mucho el más común).

Si la marca de tiempo tiene un 3 como número superior, los pulsos de la música en general se marcarán de la siguiente manera: **un**, dos, tres, **un**, dos tres... como un vals. No tiene que sonar una nota en cada uno de los tres pulsos. Y por el contrario, la melodía puede exigir que en ocasiones haya más de una nota por pulso. De cualquier manera, nuestra mente mantendrá esta sensación de tres pulsos que se repiten una y otra vez.

De igual manera, si la música tiene un 4 como número superior de la marca de tiempo, la música mantendrá este patrón: **un**, dos, tres, cuatro, **un**, dos, tres, cuatro, independientemente de cuántas notas se toquen en cada pulso. La mayoría de la gente que no ha estudiado música tiene problemas para entender esto; cuando se les pide que den palmas marcando el ritmo de una melodía conocida, tienden a dar una palma por nota, de la siguiente manera:

ba	ba	black	sheep	have you an –y	wool?
plas	plas	plas	plas	plas plas plas plas plas	

En este caso, obtenemos cuatro palmas más pausadas seguida de cinco más rápidas.

Un músico, si se le pide que marque el ritmo básico, lo haría de la siguiente manera:

ba	ba	black	sheep	have	you an –y	wool?
plas	plas	plas	plas	plas	plas	plas	plas

Ahora hemos obtenido ocho palmas a intervalos regulares. El músico da palmas regulares incluso cundo hay más de una nota por pulso (*have you* y *any*) y sigue dando palmas al mismo ritmo aunque haya notas largas o silencios (en este caso, hay un silencio de un pulso entre el final de *wool* y el *yes* que le sigue).

Si le pedimos al músico que enfatice la nota al comienzo de cada compás, el resultado será el siguiente:

ba   ba   black   sheep   have you an –y wool?
plas   plas   plas   plas   **plas**   plas   plas   plas

Esto nos indica que esta música tiene cuatro pulsos por compás.

Si le pedimos al músico que haga lo mismo con *Cumpleaños feliz*, esto es lo que oiríamos:

Cumple a............ños   fe...........liz,   cumple a............ños
plas **plas** plas   plas **plas** plas   plas **plas** plas

Aquí podemos ver que los pulsos vienen agrupados de tres en tres, de modo que el número superior de la marca de tiempo es un 3.

La marca de tiempo más común, usada en la enorme mayoría de la música pop y la mayor parte de las piezas clásicas, divide el compás en cuatro pulsos. Aquí tenemos un ejemplo un poco más complicado que *Baa baa Black Sheep*:

Oh when the Saints   Oh when the Saints
  plas   **plas**   plas plas   plas   **plas** plas

Sea cual sea la marca de tiempo, las palabras (notas) a veces caen entre dos pulsos (*Oh* y *the* en *When the Saints*, y *cious* en *Dios salve a la reina*. De igual manera, un pulso puede caer donde no hay nota (antes de *Oh*).

Si una pieza musical tiene tres pulsos por compás, entonces el primero es el fuerte y los otros dos son débiles (**un**, dos, tres, **un**, dos, tres). En los casos cuando hay cuatro pulsos por compás, el primero es el más fuerte, pero el tercero (el punto central del compás) es el segundo más fuerte. El segundo y el cuarto pulso son débiles en comparación. Así, la acentuación de una pieza con cuatro pulsos por compás es así: **un**, dos, *tres*, cuatro, **un**, dos, *tres*, cuatro.

Otro caso en el que se divide el compás en dos mitades es cuando hay seis pulsos en el compás, lo que es común, por ejemplo, en las jigas irlandesas. Un ejemplo que hemos citado anteriormente, *For he's a jolly good fellow*, tiene seis pulsos por compás. Para que la puntuación sea correcta , normalmente se cuenta en voz alta: **un**, *dos*, tres, *dos*, dos, tres, **un**, *dos*, tres, *dos*, dos, tres. El segundo *dos* (en cursivas, en el centro del compás) se acentúa, pero menos que el *un*.

Como he mencionado, cuatro pulsos por compás es la estructura que más se utiliza en la música occidental de cualquier tipo, mientras que tres pulsos (sobre todo valses), dos pulsos (sobre todo marchas) y seis pulsos (sobre todo jigas) se utilizan en la mayoría de los casos restantes. Todas las demás cifras son bastante inusuales. El jazz moderno, así como la música clásica moderna, a veces se toman la molestia de utilizar cinco, siete, once pulsos por compás (a veces para demostrar lo listos y lo originales que son los compositores), pero realmente hay pocos casos que hayan llegado a gozar de popularidad. Por ejemplo:

• Cinco pulsos por compás: *Take 5*, de The Dave Brubek Quartet; *Marte*, de *Los Planetas*, de Gustav Holst.
• Siete pulsos por compás: *Money*, de *Dark Side of the Moon*, de Pink Floyd; diversos fragmentos de *Los ritos de la primavera*, de Igor Stravinsky (que también contiene muchos otros ritmos inusuales).
• Nueve pulsos por compás: se utiliza en un tipo concreto de jiga irlandesa, llamada *slip jig*, que divide el compás en tres secciones de tres pulsos (**un**, dos, tres, *dos*, dos, tres, *dos*, dos, tres).

Síncopa

La síncopa es un recurso que añade un nivel adicional de interés a la música por medio de acentuar pulsos que normalmente no tendrían importancia. Ciertos tipos de música evitan deliberadamente acentuar el primer pulso del compás con el fin de dar a la música un estilo original. Algunas canciones rock y pop mantienen la acentuación **un**-dos-*tres*-cuatro en la melodía, pero acentúan deliberadamente los pulsos tercero y cuarto con el bajo y la batería, una técnica llamada *back beat*, que Los Beatles popularizaron enormemente (por ejemplo, *Can't Buy Me Love*). La música *reggae* lleva esa idea un paso más allá haciendo que la sección rítmica de la banda deje casi en silencio el primer pulso del compás. En términos generales, tanto la batería como el bajo enfatizan el tercer pulso y la guitarra rítmica toca en el segundo y el cuarto.

Back beat, rock y *reggae* utilizan unos tipos específicos de síncopa, y éstos forman parte de su identidad. Pero además, la síncopa se utiliza en mayor o menor medida en casi todos los tipos de música. Incluso se podría sincopar *Campanita del lugar* para añadir interés a la interpretación: *Cam **pa** ni ta del **lu** gar*

La síncopa ni siquiera tiene que afectar a un compás completo, sino que se puede acentuar una parte aislada del compás: Cumpleaños feliz, cumpleaños feliz. Donde sea que nos encontremos una síncopa, veremos que hace que la música sea menos previsible, más sofisticada.

¿Cuánto duran los pulsos? El número inferior de la marca de tiempo

El número inferior de la marca de tiempo siempre es 2, 4, 8, 16 o 32. De éstos, el 4 es el más común con mucho, y en realidad se podría utilizar siempre. Esto se debe a que, aunque la elección de un número inferior cambia el aspecto de la partitura en la página impresa, no tiene ningún efecto real en cómo pueda sonar la música. Este hecho tan extraño requiere alguna explicación, así que vamos allá.

Voy a utilizar el término *nota completa* en lugar de *redonda* en la siguiente explicación, para mantener las cosas lo más claras posible.

Cuando un compositor escribe un 3 encima de un 8 en la marca de tiempo, lo que está diciendo es que cada compás va a tener tres pulsos, y cada uno va a durar un octavo de nota completa. Así que 3 sobre 8 significa, simplemente, *tres octavos de una nota entera en cada compás*.

El problema es que nadie ha definido jamás cuál es la duración de una nota completa. En la marca de tiempo más común (4 sobre 4) cada compás dura una nota completa (cuatro cuartos), pero si escogiéramos veinte piezas de música distintas y cronometráramos la duración de los compases, obtendríamos veinte resultados diferentes. Aunque nadie sabe cuánto dura una nota completa, lo que sí sabemos es el rango aproximado que se suele utilizar. Una nota completa (equivalente a un compás en tiempo 4/4) durará generalmente menos de seis segundos pero más de un segundo. Se trata, por supuesto, de un rango enorme, así que a los músicos no les basta la marca de tiempo, sino que necesitan más información si han de ejecutar la música tal como la imaginó el compositor.

Los músicos tienen algo de ayuda a través de una palabra escrita al comienzo de la partitura, que les dice (normalmente en italiano o alemán) la velocidad a la que hay que tocar. *Presto* significa rápido, *adagio*, lento. Es evidente que se trata de términos bastante vagos; dos intérpretes distintos podrían diferir en velocidad en un 50% o incluso más.

En un intento por reducir la vaguedad, los compositores incorporan a menudo una indicación metronómica junto a la palabra que indica la velocidad. Por ejemplo, dibujan una nota de una determinada duración (por ejemplo ♪) seguida por un signo de igual y un número (por ejemplo, 120). Este número le dice al intérprete cuántas notas de ese tipo llenarían un minuto. Así, pues, ♪ = 120 significa que 120 de estas corcheas caben en un minuto, o sea que una de ellas dura medio segundo. Un metrónomo es un aparato que se ajusta para que emita una señal periódica a una velocidad tan lenta o tan rápida como se quiera; en este caso, por supuesto, se configuraría para que hiciera tic-tac 120 veces por minuto, y tocaríamos siguiendo esa velocidad.

La utilización del metrónomo parece lógica hasta que te enteras de que la mayoría de los músicos profesionales no les hacen mucho caso. Simplemente tocan tan rápida o lentamente como quieren. Por ejemplo, tengo en este momento delante de mí dos grabaciones del *Concierto de Aranjuez*, de Joaquín Rodrigo; en las cajas de los CD se informa de que John Williams toca el segundo movimiento en casi diez minutos, y que Pepe Romero ejecuta la misma pieza en un poco más de doce minutos, una diferencia del 20%. Y no se trata de quién toca mejor su instrumento; es sólo que a Romero le gusta recalcar el carácter romántico de este movimiento tocándolo más lentamente. Esta pieza tiene una indicación metronómica al principio, aunque también incluye instrucciones ambiguas para aumentar o disminuir la velocidad en distintos momentos, así que no hay un tiempo de ejecución correcto. Además, es bien conocido que muchos compositores son incapaces de decidir la indicación metronómica y, si han sido grabados, su interpretación puede ser considerablemente más rápida o más lenta de lo que indican sus propias instrucciones.

Así pues, el número inferior de la marca de tiempo nos proporciona poca información sobre cómo suena la música. Por ejemplo, se podría escribir una pieza en 3 sobre 8 e indicar que se toque *lenta*, o escribirla en 3 sobre 4 e indicar que es *rápida*. La música sonaría igual. De hecho, la música en 3 sobre 4 podría tocarse más rápida que la música en 3 sobre 8, ya que *rápido* y *lento* son términos extremadamente ambiguos. Al margen de cuántos estudios tenga usted, no podrá saber si esa pieza de jazz moderno que está escuchando en este momento está en 3/4 o en 3/8, ni tampoco distinguir entre 5/4 y 5/16. Si tuviera que hacer una apuesta, la única pista con la que contaría es que, tradicionalmente, los números más grandes en la parte inferior de la marca del tiempo normalmente se asocian con música más rápida. Por ejemplo, un vals vienés romántico casi seguro que está escrito con una marca de tiempo de 3/4 y no 3/8, 3/16, o 3/2. De igual manera, las jigas irlandesas suelen estar escritas en 6/8 y no en 6/4 o 6/16.

Esta guía rápida sobre el funcionamiento de la música se puede resumir en cinco puntos.

- La posición vertical de las notas indica la magnitud de los saltos en la melodía.
- Las notas de distintas duraciones se representan con símbolos diferentes.
- Las notas que aparecen inmediatamente después de la barra de compás se suelen acentuar (normalmente).
- El número superior de la marca de tiempo indica en cuántos pulsos se divide el compás.
- La duración de los pulsos la define, de forma aproximada, el número inferior de la marca de tiempo, juntamente con una palabra que indica la velocidad de la pieza. A veces, esta información sobre la velocidad se da con más precisión en forma de una indicación metronómica.

La danza y el ritmo

Si volvemos a mi afirmación anterior de que el ritmo se puede dividir en ritmo, tempo y métrica, un hecho que puede resultar sorprendente es que, en lo que respecta a la danza, el ritmo es el componente menos importante de los tres. La duración de las notas en la música le importa mucho menos a un bailarín que el tempo y la métrica. El tempo de la música le indica la velocidad a la que debe bailar y la métrica le indica de qué tipo de danza se trata. La enorme mayoría de las piezas occidentales modernas para danza están escritas de modo que el compás está compuesto de cuatro pulsos, con una estructura sencilla de 1, 2, 3, 4, así que la única variable realmente importante es el tempo.

Hay una creencia errónea muy generalizada respecto a que las pulsaciones de nuestro corazón se intentan ajustar al tempo de la música que estamos escuchando. La creencia probablemente tenga su origen en el hecho de que los rangos para la música y los ritmos cardiacos son similares. El tempo de la música normalmente es de entre 40 y 160 pulsos por minuto, mientras que el ritmo de pulsaciones del corazón va desde los 60 para una persona relajada con un corazón más lento que la media hasta más de 150 para un adulto joven sano que esté bailando intensamente.

Si usted es un adulto joven sano bailando en una discoteca, la música tendrá un tempo de unos 90 a 140 pulsos por minuto, y su corazón estará latiendo a un ritmo similar. Pero el emocionante sonido de la música no es lo que hace que suba su ritmo cardiaco, sino el baile. La música puede tener una velocidad aproximada de 120 pulsos por minuto porque se trata de un ritmo sostenible y divertido que se presta para mover el esqueleto. Es posible mover el cuerpo dos veces por segundo (120 pulsos por segundo) durante una hora sin que se le caiga ningún trozo. Su corazón estará latiendo más deprisa de lo normal, porque estará consumiendo mucha energía. La próxima vez que esté en una discoteca, intente tomarle el pulso a un amigo que esté bailando y compárelo con el de otra persona que esté sentada frente a la barra. El bailarín tendrá un ritmo cardiaco similar al ritmo de la música, mientras que el corazón del que se la pasa sentado latirá mucho más lentamente. Pero no se olvide de que los que nos la pasamos sentados también necesitamos que se nos quiera.

Por supuesto, la danza no es nada nuevo y los humanos siempre se lo han pasado en grande moviendo el esqueleto en la dirección aproximada de las personas que le gustan. El baile casi siempre implica subir el ritmo de pulsaciones del corazón, y el vals consigue hacerlo de dos maneras. El primer factor es el esfuerzo físico que implica bailar. Un vals tiene un tempo de aproximadamente 100 pulsos por minuto. Esto es más lento que los 120 de las discotecas y clubes de la actualidad, probablemente porque con el vals hay más trabajo que hacer: dos personas tienen que coordinar sus movimientos y desplazarse por la pista en vez de dar saltitos en un solo lugar. También estoy bastante seguro de que sudar como un caballo estaba menos de moda en aquella época que hoy en día.

El segundo factor que acelera el corazón con el vals es también la razón por la que estuvo a punto de ser prohibido cuando fue introducido por primera vez en la sociedad decente: se trata de un método de poner las manos sobre el cuerpo de la persona a la que quieres o que te gusta. Sin embargo, con el vals no hay el contacto físico que había con un baile muy anterior que también tenía compases de tres intervalos, el volta, que le encantaba a la reina Isabel I, del Reino Unido. El volta requiere que con frecuencia el hombre levante y vuelva a bajar a su compañera, y hay muchas oportunidades para accidentes muy agradables para los dos. Si suficientes lectores votan a favor, podríamos intentar que se volviera a implantar como la danza más popular de la actualidad, como lo fue a finales del siglo XVI.

Ritmo y polirritmia

Si usted está sentado escuchando música y no bailando, tendrá una apreciación mucho más profunda de las sutilezas del ritmo. La métrica, el ritmo y el tempo juegan un papel importante en nuestro disfrute de la música. Aunque nuestro ritmo cardiaco no se vincula con el tempo, es indudable que los tempos lentos nos resultan más relajantes, y los rápidos más excitantes. Esta tensión probablemente está relacionada con el hecho de que no nos gusta la falta de certeza, sobre todo el temor de no ser capaces de afrontar una situación. Si los sonidos que estamos escuchando van al ritmo en que andamos o más lentamente, no hay necesidad de sentir ansiedad. En cambio, si las cosas van muy deprisa puede ser que necesitemos estar atentos para echar a correr o defendernos.

Una buena manera de generar mucha emoción con una pieza musical es una técnica llamada *rubato*, que significa *robado*. El músico roba un poco de tiempo de un par de notas para que la nota anterior o posterior sea ligeramente más larga. En lugar de oír las notas con un ritmo constante, *daa, daa, daa, daa*, tenemos el efecto de apresuramiento hasta llegar a una nota más larga: *daa, da, da, daaa*, lo que añade dramatismo y romance a la música.

Los cambios de métrica son una buena forma de mantener altos los niveles de interés, y las métricas inusuales, como siete pulsos por compás, también nos mantienen interesados porque dan una sensación de algo no resuelto o incompleto. Sin embargo, una gran parte de la música occidental no es muy osada o sofisticada rítmicamente. Se suele concentrar en tres o cuatro tiempos por compás con subdivisiones sencillas y regulares de dichos tiempos. Por otro lado, las tradiciones musicales de África o Asia y algunas otras zonas emplean a menudo una mayor complejidad rítmica. Esto incluye la utilización de la polirritmia.

La polirritmia implica tocar simultáneamente dos o más ritmos que no colaboran entre sí. Para explicar lo que significa esto, podemos poner un ejemplo: usted y yo estamos en su comedor y nos ponemos a marcar el ritmo sobre la mesa. Si los dos golpeamos juntos, formando grupos de cuatro notas, ambos estaremos reproduciendo el mismo ritmo. Si yo doy ocho golpes por cada cuatro que da usted, entonces nuestros ritmos colaboran entre sí. Estaremos golpeando la mesa a intervalos frecuentes y regulares, y cada golpe adicional por mi parte encajará perfectamente con sus silencios entre golpes. En cambio, si yo golpeo la mesa cinco veces por cada vez que usted la golpea, nuestros golpes no coincidirán muy frecuentemente, y la mayor parte del tiempo sus golpes y los míos no estarán sincronizados de ninguna forma obvia. Los dos ritmos no colaboran entre sí. Estamos golpeando con polirritmia.

La idea de la polirritmia no es completamente nueva para la música occidental. Mozart utilizó un acompañamiento pulsante basado en grupos de tres superpuesto a una melodía basada en grupos de dos en el segundo movimiento de su concierto para piano número 21 (esta pieza se conoce hoy en día como *Elvira Madigan* porque se utilizó en una película que se llamaba así). Más recientemente, algunas bandas de jazz y de rock han utilizado la polirritmia, y creo que se generalizará más gradualmente. Esto será muy útil para personas como yo: cuando me digan que estoy bailando pésimamente, les diré que estoy siguiendo la otra parte de la polirritmia.

11

Hagamos
música

El mito de la musicalidad

Por alguna razón, la gente cree que si no has estudiado un instrumento musical antes de cumplir los veinte años, ya es demasiado tarde. Además, muchas personas que no estudiaron música cuando eran niños o que lo pasaron muy mal estudiando un instrumento, a menudo se declaran *no musicales*, si bien añaden que les *encantaría tocar un instrumento*. Si les preguntamos si hay alguna otra destreza que les gustaría adquirir, como crear cerámica o hacer punto no se declararán *no cerámico* o *no tejedor*. De forma muy sensata nos dirían que probablemente serán capaces de hacerlo si compran el material adecuado y toman algunas lecciones. Serán conscientes de que probablemente nunca llegarán a competir con los profesionales, pero tarde o temprano producirán cosas que valgan la pena y se lo pasarán bien aprendiendo.

Hay un acuerdo generalizado respecto a que cualquiera puede adquirir casi cualquier destreza con un cierto grado de competencia. Sin embargo, la música se suele considerar un caso especial. Aparentemente, o tienes talento musical o no lo tienes. Por fortuna, esta forma de ver las cosas está totalmente equivocada; tocar un instrumento musical no es más que una destreza, y se puede aprender como cualquier otra. Algunos (sobre todo los niños) adquieren las habilidades necesarias más rápidamente que otros (lo que sucede con cualquier destreza), pero todo el mundo mejora con el tiempo y el esfuerzo.

Otro mito sobre la música es que hacen falta años enteros para aprender un instrumento. Esto es cierto si nos fijamos unas metas muy altas. Si usted quiere tocar en público las sonatas de Beethoven, entonces sí, le tomará más de diez años y tendrá que ensayar más de una hora al día. Si, por el contrario, quiere tocar una canción de Bob Dylan en torno a la hoguera, probablemente esté listo en un mes si practica unos minutos casi a diario. Al final del año podría contar con un repertorio de más de diez canciones que sabrá tocar. También es muy importante recordar que aprender un instrumento es muy divertido desde el principio. La única cosa aburrida de aprender un instrumento es que requiere mucha repetición, pero incluso eso será asumible si se empieza a dar cuenta de que va mejorando constantemente.

Una de las cosas más desconcertantes de los músicos es que aparentemente se acuerdan de una cantidad antinatural de notas y son capaces de soltarlas a voluntad. Esto es especialmente cierto en las personas que tocan música clásica de memoria. A veces, el músico tiene que tocar miles de notas con precisión y en el orden correcto, y si se equivoca una sola vez el público lo notará. Cuando alguien que no es músico presencia semejante proeza, se sentirá desanimado ante la posibilidad de aprender un instrumento, puesto que estará seguro de que su memoria (y sus dedos) no podrían funcionar así de bien.

Sin menospreciar en absoluto los logros de tales intérpretes, es útil saber que los está ayudando una cosa que se llama *memoria muscular*. Obviamente, los músculos no recuerdan, pero las secuencias complejas de movimiento muscular sí pueden almacenarse en el cerebro como un solo recuerdo. Si esto suena poco probable, piense en el poco esfuerzo mental y la poca memoria que necesita para atarse los zapatos todas las mañanas. La próxima vez que se ate los cordones, fíjese en sus dedos; se trata de un conjunto de movimientos asombrosamente complicado, y sin embargo, el cerebro envía una sola instrucción: *toca atar los cordones.* Un músico con formación es capaz de ejecutar una pieza de música completa con una sola secuencia de instrucciones vinculadas entre sí, como si se atara los zapatos. El cerebro no envía instrucciones para cada movimiento de dedos; más bien dice, *aquí viene la parte con las notas que tiemblan en el centro, ahora viene el trozo que tiene tres acordes fuertes,* etc. Conseguir que nuestro cerebro haga esto con una pieza musical requiere un montón de ensayos repetitivos, pero no tiene nada de mágico. La magia radica en los sonidos que creamos y cómo afectan a los demás.

Así que los que hayan estado diciendo *me encantaría tocar un instrumento, pero es que no soy una persona musical,* ya se pueden ir a la tienda de música este sábado y comprarse un instrumento. Todo el mundo es *musical;* convertirse en un músico es simplemente cuestión de adquirir una destreza. Usted será peor que algunos y mejor que otros, pero será un músico.

Si ha decidido lanzarse, los siguientes apuntes quizá le ayuden a escoger el instrumento apropiado. Todos los instrumentos implican un proceso de aprendizaje, pero algunos son más amigables que otros con el principiante (y sus vecinos).

Escoger un instrumento

Hay demasiados instrumentos en el mundo para enumerarlos aquí, pero sí puedo hacer algunos comentarios sobre los más comunes. Los instrumentos musicales se pueden clasificar de distintas maneras. Por ejemplo, hay instrumentos que sólo producen una nota por vez (como la flauta), otros en los que es difícil producir más de una nota por vez (como el violín) y otros en los que es fácil producir muchas notas simultáneamente (como el piano).

Otra forma de categorización que puede ser útil para un principiante es que hay instrumentos que cuentan con sitios precisos donde poner los dedos para producir una determinada nota (por ejemplo, el piano, la flauta y la guitarra), y otros que no (por ejemplo, el violín y el trombón de varas). Para los que nunca han tenido en sus manos un violín o un trombón quizá pueda ser útil una explicación.

Para tomar el caso más sencillo de un instrumento con un sitio fijo para los dedos en cada nota, podemos mirar el piano. En la siguiente foto podemos ver que si quiero tocar la nota que llamamos Do central sólo tengo que oprimir la tecla adecuada. Esa tecla siempre produce esa nota y no es posible producirla con ninguna otra tecla. Puesto que la tecla en sí es bastante grande comparada con mi dedo, no me hace falta una precisión enorme, con tal de que no presione las teclas contiguas. (Por cierto, estoy dando por sentado que el piano está afinado.)

Para oír el Do central en el piano, todo lo que tengo que hacer es presionar con un dedo la tecla adecuada.

Ahora echemos un vistazo a la manera de producir notas con una guitarra. En las siguientes fotos se puede ver cómo he acortado la cuerda que estoy a punto de pulsar, presionando con un dedo en uno de los trastes del mástil de la guitarra. Cuando pulse la cuerda, obtendré la nota adecuada a la longitud de la cuerda entre el traste y el puente. En este caso tampoco hace falta una enorme precisión: mi dedo puede estar pegado al traste, como en la primera foto, o a unos milímetros de distancia, como en la segunda. La nota será la misma en ambos casos porque lo que determina la nota es la posición del traste, no la posición precisa de mi dedo.

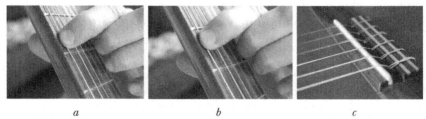

| a | b | c |

Para obtener una nota determinada en la guitarra, necesito dos dedos. Uno de ellos pulsa la cuerda, y otro –de la otra mano– presiona la cuerda contra el mástil de la guitarra para atraparla sobre uno de los trastes. Como sucede con el piano, mis dedos solo necesitan una precisión de un par de milímetros; las dos posiciones que se muestran producen la misma nota porque, aunque mi dedo se ha movido, el traste permanece en el mismo sitio. La tercera foto muestra el puente de la guitarra, donde se sujeta uno de los extremos de las cuerdas.

Si ahora miramos el violín de la siguiente foto, veremos que no tiene trastes; el tono de la nota que se produzca dependerá de la posición exacta de mi dedo cuando atrape la cuerda contra el mástil para acortarla. Pongamos donde pongamos el dedo, produciremos una nota, pero sólo un porcentaje muy reducido de dichas notas nos serán útiles. En este caso, la posición del dedo deberá tener una precisión con un margen de error de un milímetro aproximadamente.

La ausencia de trastes en el mástil del violín hace que el principiante tenga más dificultades para saber dónde ha de poner el dedo para acortar la cuerda. La posición del dedo tiene un margen de error de un milímetro o menos.

Si quiere tocar las primeras cuatro notas de *Dime, niño, ¿de quién eres?* en el piano, sólo tiene que utilizar un dedo para presionar las teclas correctas; le tomará medio minuto aprenderlas y en dos minutos ya sonará bastante bien. Para tocar las mismas notas en la guitarra le harán falta ambas manos (una para pulsar, la otra para los trastes). Hace falta un poco más de tiempo para aprender y ganar soltura, puesto que los trastes no son tan fáciles de usar como las teclas del piano. Sin embargo, debería estar tocando un convincente *Dime, niño, ¿de quién eres?* en unos veinte minutos: se trata de aprender en qué trastes hay que poner los dedos para las notas que necesitamos y luego es cosa de tener un poco de precisión al colocar los dedos, con un margen de error de varios milímetros.

La situación será totalmente distinta si intenta tocar esta melodía en un violín, incluso si pasamos por alto que utilizar un arco de violín presenta bastante dificultad. Imagine que lleva varias semanas aprendiendo a usar el arco, pero esta es la primera vez que intenta acortar las cuerdas apretándolas contra el mástil. No dispone de trastes ni de ningún elemento que le dé pistas visuales, de modo que es muy difícil saber dónde poner los dedos. Si presiona la cuerda incluso dos milímetros fuera de la posición correcta, producirá una nota que sonará equivocada. Además, como tiene que sujetar el instrumento debajo de su barbilla, estará mirando el mástil en escorzo, lo cual dificulta mucho calcular bien las distancias.

Tomando todo esto en cuenta, creo que es perfectamente razonable afirmar que la guitarra y el piano son más amigables hacia los principiantes absolutos que el violín. Sin embargo, no hay que pensar que un violinista con formación es mejor instrumentista que un pianista o un guitarrista con formación. Casi todos los instrumentos requieren un grado de habilidad parecido después de superar la etapa de principiante. Es posible que alguien pregunte por qué esto es así. Si el violín es más difícil para empezar, ¿no sigue siendo más difícil todo el tiempo? La respuesta es que la formación musical tiene como fin sacar lo mejor de cada instrumento. Por tanto, al pianista principiante se le pedirá a las pocas semanas que toque más de una nota por vez la mayor parte del tiempo. Y cuando lleve aprendiendo un par de años, puede ser que toque cuatro, cinco o incluso más notas a la vez. En cambio, a los violinistas raramente se les pide que toquen una nota por vez, y no intentan hacerlo con dos a la vez antes de llevar varios años de aprendizaje, ya que es algo mucho más difícil de hacer en el violín. En cada caso, la formación del instrumentista se desarrolla tomando en cuenta las limitaciones de su instrumento.

¿Qué instrumento debería adoptar usted? Bueno, por supuesto depende de usted. Y le deseo buena suerte con el instrumento que escoja. Mi único consejo es que si tiene más de veinte años y nunca ha tocado un instrumento antes, evite ponerse en una situación que lo desaliente empezando con uno de los instrumentos que son realmente duros para un principiante absoluto. El trombón de varas, la trompa, el fagot, el violín, la viola, y el violonchelo están en esta categoría.

El trombón de varas, por ejemplo, produce un estruendo maravilloso, pero exige una destreza mayor que la mayoría de los instrumentos a nivel de principiante. Para empezar, hay que aprender a utilizar el tubo curvado deslizante (*vara*) que hace que el instrumento sea más

largo o más corto –un tubo más largo nos da una frecuencia fundamental más grave. Hay siete posiciones correctas para la vara, pero
no hay ninguna pista que nos indique cuáles son, así que hay que
practicar hasta que nos salga bien. Una vez que se ha colocado la vara
en la posición correcta, se pueden obtener unas diez notas posibles
según la pedorreta que haga con los labios, lo que está condicionado
por la fuerza con la que los apriete y la fuerza con la que sople. Estas
notas diferentes son los armónicos de la longitud del tubo que se
fija con la vara. En las primeras etapas del aprendizaje es muy fácil
sacar notas totalmente equivocadas por colocar la vara en la posición
equivocada, por soplar con demasiada fuerza o por apretar mal los
labios. Siento una enorme admiración por las personas que aprenden a tocar instrumentos que son mucho más complejos para los
principiantes. Sin embargo, mi admiración se ve matizada por un
cierto egoísmo: no quisiera que un trombonista principiante viviera
en la casa de al lado.

Si quiere adoptar un instrumento en el que pueda soplar, le sugie-
ro la flauta, el saxofón o la trompeta, tres instrumentos que tienen
unas posiciones claras para los dedos. Entonces, después de unos meses, puede cambiar de instrumento, si así lo desea. También podría
considerar la facilidad de transporte y almacenamiento (es más fácil
guardar y transportar un clarinete que un arpa) y lo satisfactorio que
resulta tocar a solas ese instrumento, ya que va a practicar solo la mayor parte del tiempo. Por ejemplo, hay un repertorio de música impresa muchísimo más interesante para piano solo que para cualquier
otro instrumento. Por cierto, si se decide por el piano, le recomiendo
un teclado electrónico de alta calidad más que un auténtico piano
sencillamente porque podrá ensayar con cascos y así no molestar a
los vecinos. Además, podrá trastear con los otros sonidos que produce si se aburre de practicar.

Por último, le recomiendo que se apunte a una clase de tarde o que
contrate a un profesor. Puede avanzar de forma razonable si tiene una
clase de media hora por semana y practica una hora cada semana.

¿Cómo aprenden a componer los compositores?

Para la mayoría de los que no son músicos, el proceso de composición es algo totalmente misterioso. Otros trabajos o aficiones pa-

recen totalmente transparentes en comparación. Si pasamos mucho tiempo formándonos, podemos ser dentistas, retratistas, gruístas o jardineros, y las cosas que tendríamos que estudiar no presentan demasiado misterio.

La formación para componer música del tipo que sea siempre implica en gran medida un proceso de prueba y error. Si forma una banda de rock con sus amigos, normalmente empezarán tocando la música de otros compositores, aunque tarde o temprano puede ser que quieran escribir sus propias canciones. Esto puede ser un trabajo en colaboración o puede ser cosa de un solo compositor. Al principio, la música tenderá a imitar a sus artistas favoritos, pero más adelante empezará a asomar su propia personalidad musical. Este tipo de aprendizaje no estructurado, sobre la marcha, para escribir música es muy común entre los músicos de rock y pop.

También es posible estudiar composición en una universidad o conservatorio. Hubo un tiempo en que estudié composición, y mis amigos me preguntaban qué hacía con mi tutor, además de beber té. Supongo que pensaban que yo me inventaba una melodía y entonces mi tutor y yo trabajábamos con ella hasta convertirla en una pieza musical. Nadie entendía cómo es posible estudiar para hacer algo tan *artístico* como componer. Finalmente, para explicarles lo que en realidad sucedía, desarrollé la siguiente analogía.

Imagínese que está estudiando para ser guionista de comedias de televisión. Usted es una persona bastante divertida y ha desarrollado bastante soltura para escribir. Se le ha ocurrido una situación graciosa pero no acaba de funcionar muy bien cuando la escribe. Si le lleva el *sketch,* su profesor utilizará su experiencia para buscar formas de generar la máxima satisfacción en el público a partir de su idea básica. Probablemente le sugiera algunos cambios, como por ejemplo:

- Quizá su guión sea demasiado largo o demasiado corto.
- Quizá todas las cosas interesantes ocurran demasiado al principio o demasiado al final.
- Quizá haya demasiados personajes o no suficientes.
- Quizá tenga que eliminar una línea que desvela el clímax demasiado pronto, o añadir una línea que ayude a aclarar el chiste.

El profesor (si es bueno) no trabajará directamente en la pieza con usted, sino que sugerirá aspectos específicos que usted debería abordar.

Así es básicamente cómo se enseña la composición: el alumno va a clase con una idea musical y el profesor le plantea sugerencias análogas a las que he enumerado y le ayuda también con los aspectos técnicos. En la música hay muchos temas técnicos por solucionar. Si está escribiendo para instrumentos que usted mismo no toca, tendrá que aprender mucho sobre ellos si aspira a que su música se pueda tocar. Hay errores sencillos muy obvios –*la flauta no puede bajar tanto*– y otros no tan obvios –*este trompetista lleva dos minutos con los labios totalmente entumecidos*.

Así que el tipo de enseñanza que recibe no tiene mucho misterio, y es muy parecida en muchos aspectos al tipo de formación que recibe un guionista: se trata sobre todo de contenido y tiempos.

En cuanto a la idea musical original, tampoco tiene mucho misterio. No necesariamente se empieza con una melodía; se podría empezar a trabajar a partir de un ritmo o de una línea de bajo (un acompañamiento repetitivo de bajo). Puede ser algo que se sorprendió a sí mismo tarareando o algo que le salió por error en el piano. Por ejemplo, el compositor inglés Vaughan Williams basó el segundo movimiento de su tercera sinfonía en un solo error que oyó cometer a un corneta del ejército mientras trabajaba como conductor de ambulancia durante la Primera Guerra Mundial.

Cualquiera puede crear una melodía. Simplemente póngase a tararear durante un par de minutos y tarde o temprano surgirá alguna cosa que valga la pena. O quizá si se sienta al piano, tocando lentamente con un solo dedo, pueda surgir de vez en cuando, alguna melodía. La parte difícil no es crear melodías, sino recordarlas, y luego crear armonías y, finalmente, anotarlo todo o grabarlo. Aquí es donde es útil la formación musical, que le ayudará a recordar lo que hizo y a escribirlo. A menos que pueda grabar sus ideas o escribirlas, no podrá trabajar en ellas para mejorarlas. Y desde luego nadie podrá oírlas, porque seguramente se le olvidarán.

Así que al margen de que esté escribiendo una ópera o el próximo clásico del rock, los fundamentos de la composición musical son los siguientes:

1. Encontrar una o dos ideas musicales (normalmente muy cortas).
2. Escribirlas o grabarlas (hay software que puede ayudar).

3. Utilizarlas para desarrollar música de acompañamiento (esto es, si ha empezado con una melodía, probar distinto acompañamientos; si ha empezado con una línea de bajo, entonces desarrollar una melodía y acordes).
4. Escribir o grabar todo.
5. Organizar los tiempos —en esto se parece a un chiste bien contado. ¿Es necesario alargar la pieza repitiendo algunos trozos? ¿Necesita una introducción de treinta segundos de música colchón con aire misterioso?, etc.
6. Escribir o grabar todo.

Y ya está: su propia composición. Al principio quizá sólo produzca el equivalente musical de los chistes de *a qué se parece...*, pero con el tiempo su trabajo se hará más sofisticado y (ojalá) grato para otras personas. Si gana una fortuna por haber seguido estos consejos, por favor mande un talón por el 5% de sus ingresos anuales pagadero a John Powell; también se aceptan tarjetas de crédito.

Ya que estamos en el tema de la composición, me gustaría hacer unos apuntes sobre un tema que desconcierta a muchas personas cuando se encuentran con la música clásica por primera vez.

¿Por qué las piezas clásicas tienen esos nombres tan largos y complicados?

Si escucha cualquier emisora de música clásica durante una hora, es casi seguro que oirá al presentador decir cosas como: *Hemos escuchado el primer movimiento, allegro, del concierto para piano y orquesta número 17 en Sol mayor K 453, de Wolfgang Amadeus Mozart*; o: *A continuación, vamos a escuchar el concierto para piano número 3 en Do mayor, opus 26 de Sergei Prokofiev*. Esta es una de las razones por las que a muchas personas la música clásica les parece inasequible; incluso si oyen algo que les gusta, es difícil entender cómo pedirlo en una tienda. Es verdad que las piezas necesitan tener un nombre si las vamos a comprar o queremos hablar de ellas, pero ¿por qué los nombres tienen que ser tan complicados?

Una manera de desentrañar la lógica de los nombres es explicar algunos ejemplos. Empecemos por el ejemplo de Mozart que hemos puesto antes.

El primer movimiento, allegro, del concierto para piano y orquesta número 17 en Sol mayor K 453

Concierto para piano y orquesta

Los dos tipos de piezas clásicas con orquesta más comunes son la sinfonía y el concierto.

Para tocar una sinfonía, una orquesta completa se compone de aproximadamente cien músicos, si bien generalmente no todos tocan a la vez. El compositor escoge qué instrumentos hacen qué en qué momento. Si la música ha de transmitir un aire apesadumbrado, puede ser que el compositor escriba una melodía para un solo oboe acompañado por violines y arpa. La misma melodía podría reaparecer más tarde en una sección cargada de dramatismo, tocada por metales y acompañada de tambores. Estos cambios en el tono instrumental ayudan a mantener el interés del oyente. Por tanto, la ejecución de una sinfonía puede describirse como el trabajo en equipo de todos los miembros de la orquesta; el trabajo circula entre los distintos miembros y ocasionalmente tocan todos juntos.

La única diferencia entre una sinfonía y un concierto es que el concierto además incluye un solista que se pone en el centro del escenario y se luce durante toda la pieza. El solista puede estar tocando cualquier instrumento (en el caso que nos ocupa es el piano, pero también se han escrito conciertos para violonchelo, guitarra, trompeta, etc.), pero el sentido del instrumento solista es que añade un toque de dramatismo a la música. El solista trabaja más que cualquier otro músico, ya que casi no descansa (también cobra más). Para un concierto, el compositor podría escribir música para, por ejemplo, las cuerdas y el solista juntos; luego les siguen los metales y el solista; luego el solista solo; luego la orquesta completa sola; luego la orquesta completa y el solista, etc. Se pueden establecer *conversaciones* musicales, o incluso *discusiones* musicales, en las que el solista toca una cosa mientras que la orquesta le responde con algo más. Básicamente, la relación que se restablece una y otra vez entre el solista y la orquesta hace más variada la música que incluso una sinfonía, y también más interesante como espectáculo, porque tienes una *estrella*. Esta descripción es cierta sólo de conciertos escritos desde más o menos 1800. Antes, la palabra *concierto* significaba simplemente *pieza musical*, tuviera un solista (como en el concierto en La para violín y orquesta de Bach) o no lo tuviera (como en los conciertos de Brandeburgo de Bach).

Cuando hablamos de un concierto en particular, normalmente hacemos mención del instrumento solista además de la orquesta, así que nos salen nombres como *concierto para piano y orquesta.*

Primer movimiento

Quizá los entusiastas de la música clásica tengan dificultades para aceptar la prosaica descripción que sigue a continuación, pero es importante recordar que los compositores siempre han tenido que mantener una actitud profesional de cara al público. Ir por ahí diciendo que eres un *artista* no paga el alquiler.

Tradicionalmente, la música clásica se escribía para actuaciones en directo, un franco entretenimiento que tenía como resultado que el compositor y los intérpretes cobraban y todo el mundo se lo pasaba en grande durante una hora o dos. Desde el punto de vista de un compositor profesional como Mozart, las siguientes pautas eran importantes:

1. La orquesta debe de cambiar de pieza cada pocos minutos para mantener vivo el interés, no sea que el público empiece a charlar, echar cabezadas o jugar a tres en raya.
2. Las piezas deben presentarse en grupos de tres o cuatro para reducir el grado de confusión y de esfuerzo que suponen los aplausos.

A partir de esas dos reglas bastante sencillas, la mayor parte de los compositores desde 1750 más o menos han presentado tres o cuatro piezas individuales de música (con una duración de entre cinco y veinte minutos cada una) como partes (*movimientos*) de una pieza mayor que llaman sinfonía, concierto o, en el caso de instrumentos solistas, sonata. Hay una pequeña pausa entre cada movimiento en la cual se supone que no hay que aplaudir, lo que es otra fuente de confusión para el novato. Sólo se debe aplaudir al final del todo.

En algunos casos, puede haber una relación musical entre los movimientos, pero también pueden estar diseñados específicamente para chocar entre sí (para mantener alto el grado de interés). En la pieza que nos ocupa, hay tres movimientos: el primero dura unos trece minutos; el segundo, unos diez, y el tercero, unos ocho.

Allegro

Además de tener melodías distintas, los movimientos frecuentemente son más rápidos o más lentos. Es común, aunque no sea una regla,
que se empiece con un movimiento rápido, seguido de un movimiento romántico lento, y que se finalice con otro movimiento rápido.
Para hacer referencia a los movimientos, se puede utilizar su número
de orden (primero, segundo, etc.) o su velocidad, normalmente en
italiano, francés o alemán. En este caso, la palabra *allegro* es sencillamente *rápido* en italiano,

Habiendo dado el número de orden del movimiento, no hacía
falta que el presentador de la radio también nos dijera la velocidad,
aunque a menudo se hace.

Wolfgang Amadeus Mozart

Obviamente necesitamos saber el nombre del compositor si deseamos localizar la obra.

Número 17

Mozart escribió más de veinte conciertos para piano, así que necesitamos saber su número. Los conciertos están numerados en el orden
en que los escribió.

En Sol mayor

Este es un dato totalmente inútil a menos que Mozart sólo hubiera
utilizado Sol mayor en uno de sus conciertos para piano, en cuyo caso
esta información podría sustituir el número como forma de identi-
ficarlo. Aparte de este supuesto insignificante, no entiendo por qué
todo el mundo que tiene algo que ver con las emisiones de música
clásica nos cuenta el tono en el que están escritas las piezas, algo que
no nos afecta a ninguno de nosotros.

K 453

Un historiador de la música llamado Köchel dedicó una gran parte
de su vida a catalogar todas las obras de Mozart y numeró las piezas
en el orden en que fueron compuestas. Así que ahora nos referimos
a cada pieza por su número K o Köchel (además de su número como
concierto).

¿No podríamos acortar el nombre de esta pieza?

Sí podríamos. El presentador de radio podría habernos dado toda la información que necesitamos, utilizando uno de estos nombres:

- *El allegro del concierto para piano y orquesta número 17 de Mozart.*
- *El primer movimiento del concierto para piano y orquesta número 17 de Mozart.*
- *El allegro del concierto para piano y orquesta K 453 de Mozart.*
- *El primer movimiento del concierto para piano y orquesta K 453 de Mozart.*

Veamos un par de ejemplos más:

Concierto para piano número 3 en Do mayor, opus 26 de Sergei Prokofiev
Este título es muy parecido al de la obra de Mozart, salvo por la palabra *opus,* que significa *obra.* En este caso el número de *opus* normalmente se refiere a una obra publicada. Dichas obras se numeran cronológicamente, de modo que este concierto para piano fue la vigesimosexta obra que Prokofiev consiguió que le publicaran (sólo se publican las piezas de altísima calidad).

Sinfonía número 6 opus 74, 'Patética', de Piotr Ilich Chaikovski
Como he señalado anteriormente, una sinfonía la toca una orquesta sin solista, aunque el compositor pudiera escoger a ciertas personas concretas para ejecutar pequeños solos durante la pieza. La mayoría de las sinfonías tienen cuatro movimientos, y cada uno de ellos dura entre cinco y veinte minutos. Las sinfonías están numeradas y a veces, como en este caso, tienen nombre: la *Patética,* la Triste.

Preludio, fuga y sarabanda de la suite para laúd en Do menor BWV 997 de Bach
Bach, como otros compositores de su época, a menudo agrupaba unas seis piezas en una *suite.* Dichas suites normalmente empezaban con un preludio (del latín *prae* –antes de...– y *lude* –tocar) que era seguido de varias danzas. El nombre de danzas significa simplemente que tenían el ritmo distintivo de ciertos bailes, no porque su finalidad fuera el baile (del mismo modo que un compositor podría llamar *vals* a un movimiento de una sinfonía, simplemente porque tiene un ritmo que va *um-pa-pa*). Las danzas incluidas en las suites de Bach tenían nombres como *sarabanda, jiga* y *minueto.* El ritmo de una sarabanda es como un vals lento.

La *fuga* en este caso significa lo mismo que en castellano: huida. En cuanto a la música, una fuga suele ser una pieza difícil con mucho contrapunto, la presencia simultánea de más de una melodía.

Esta suite concreta se escribió para un solo músico tocando el laúd, un instrumento parecido a una guitarra. El número BWV es, como el número K de la obra de Mozart, un número de catálogo para identificar la pieza con precisión.

Sonata para piano número 4 en Do sostenido menor opus 27, «Claro de luna», de Ludwig van Beethoven
Las sonatas son, casi siempre, piezas para uno o dos instrumentos y generalmente tienen tres o cuatro movimientos (por las razones usuales –véanse los comentarios anteriores en el apartado *primer movimiento*). Una sonata para piano siempre se escribe para un solo piano, mientras que una sonata para violín o violonchelo normalmente lleva acompañamiento de piano. (Hay una tradición bastante roñosa entre los compositores, promotores de conciertos, presentadores de radio y diseñadores de carátulas de CD, de relegar al pianista a la categoría de *acompañamiento,* en vez de tratarlo como la mitad de un dueto, lo que sería más cercano a la realidad). Por cierto, Beethoven no llamó a su obra *Claro de luna,* sino *Sonata quasi una fantasia.* Uno de los críticos que escribieron sobre la obra, un hombre llamado Rellstab, escribió que el primer movimiento le recordaba la luz de la luna sobre el lago de Lucerna, idea que se propagó.

Ahora que ya lo sabemos todo sobre las numeración de *opus,* los títulos en función del tono, etc., ya estamos en condiciones de aprender un poco más de jerga musical.

Cuarteto para cuerdas
Un cuarteto para cuerdas ha sido escrito para dos violines, una viola y un violonchelo. Suelen tener, como es normal, unos cuatro movimientos.

Trío para cuerdas
Cuarteto de cuerdas sin el segundo violín.
Quinteto para cuerdas
Cuarteto para cuerdas con una viola o violonchelo adicional.

Quinteto para piano
Cuarteto para cuerdas con piano.

Quinteto para clarinete
Cuarteto para cuerdas con clarinete.

Cantata
Pieza para coro y (normalmente) orquesta, ocasionalmente con cantantes solistas. Suelen ser bastante largos (aproximadamente una hora) y están compuestos de muchos movimientos de cinco o diez minutos.

Música de cámara
Originalmente, la música de cámara estaba compuesta para que la tocara un pequeño número de músicos en una sala reducida (cámara) en vez de en una sala de conciertos. Hoy en día el término significa, simplemente, que es música para un máximo de diez personas, aproximadamente (por ejemplo, los cuartetos o quintetos para cuerdas).

Lieder
Lieder significa «canciones» en alemán. *Lieder* normalmente se aplica a un cantante solista (con las manos juntas y un vestido elegante, o con las manos juntas y pajarita) cantando con acompañamiento de piano.

Ahora que ya hemos decodificado los títulos de las piezas clásicas, me gustaría permanecer un momento en el tema de la música clásica para aclarar otro enigma.

¿Cómo justifican los directores sus abultadas tarifas?

Si vamos a un concierto sinfónico, observaremos que hay como cien personas en el escenario haciendo todo el trabajo mientras una persona, de espaldas al público, mueve un palito. Sorprendentemente, el del palito es la estrella del espectáculo, y el miembro de la orquesta mejor pagado. A muchos les parece injusto este sistema. Además del hecho demostrable de que menear un palito es más fácil que tocar un instrumento, nadie más en la orquesta parece estar prestando la mínima atención a los movimientos del palito en cuestión.

En realidad, para cuando salen todos al escenario, el director ya ha realizado casi todo su trabajo. Esas labores preliminares se hacen en los ensayos, que es cuando se toman muchas decisiones sobre la velocidad, el equilibrio y el volumen. Quizá algún lector se pregunte por qué se tienen que tomar dichas decisiones. ¿No las tomó ya el compositor en su momento? Bueno, la sorprendente respuesta a dicha pregunta es que no. La cantidad de información que el compositor escribe en la página depende de cada compositor y de la fecha histórica de la composición. Por ejemplo, la música compuesta antes de 1800 no contenía ninguna indicación sobre la velocidad a la que debía tocarse, ni otros datos adicionales: la página sólo contiene un flujo de notas.

La música escrita en los últimos doscientos años normalmente lleva anotaciones junto a las notas, indicando a los músicos cuándo tienen que acelerar, o tocar más fuerte, aunque dichas instrucciones son bastante ambiguas. Una pieza musical normalmente va acompañada de una anotación sobre la velocidad a la que hay que empezar a tocar (con una indicación metronómica que dice cuántas notas por segundo hay que tocar) y quizá indique que hay que reducir la velocidad un rato, pero generalmente no dirá cuánto hay que reducirla. De igual manera, en la partitura se dan diversas instrucciones respecto a cuándo tocar más fuerte, pero únicamente unas indicaciones vagas sobre el volumen que hay que alcanzar.

Nos podríamos preguntar por qué los compositores no son más precisos en estos temas, pero el caso es que una página de partitura ya contiene cientos de elementos de información musical, como se puede ver en el siguiente ejemplo, y añadir todavía más detalles podría oscurecer el mensaje musical más que aclararlo. En cualquier caso, una cierta variabilidad añade interés a cada nueva actuación. Una de mis historias favoritas respecto a la variabilidad es sobre el compositor finlandés Sibelius. Estaba escuchando un ensayo de su concierto para violín cuando el solista le hizo una pregunta sobre cómo interpretar un determinado pasaje. «¿Prefiere que el pasaje lo interprete así... (entonces lo tocó con un aire muy dulce), o así... (lo tocó de forma más seca)?» Sibelius se puso a pensar durante unos segundos y entonces anunció su veredicto: «Prefiero las dos versiones».

Además de toda esta vaguedad respecto al volumen y a la velocidad, está la decisión sobre el equilibrio global en el sonido de la

Una página típica de una pieza orquestal contiene cientos de elementos de información musical. En este caso, toda esta información representa unos doce segundos de música para 47 tipos de instrumentos distintos, todos tocando simultáneamente. Por ejemplo, la primera línea es para una flauta y la última para los contrabajos.

orquesta, que, naturalmente, irá cambiando a lo largo de la pieza. Muy frecuentemente, la partitura no da ninguna indicación de que, por ejemplo, los violines tienen que ir subiendo de volumen en una determinada sección porque van a recoger la melodía de las maderas en el siguiente trozo. El director puede colorear y sombrear el sonido global de la pieza decidiendo qué instrumentos deben tocar más fuerte en cada momento. Esto no es tan simple como podría parecer, porque no siempre se desea hacer lo obvio, que sería tocar fuerte la melodía sobre una armonía de fondo más suave.

De hecho, hay cientos de decisiones importantes que hay que tomar durante los ensayos, y es trabajo del director tomarlas todas. Todos los directores toman decisiones diferentes pero igualmente válidas, y algunos cambian de opinión sobre cómo tocar una determinada pieza a medida que se hacen mayores. Esto se traduce en el hecho de que cada concierto y cada grabación de una pieza de música clásica es irrepetible, que es por lo que hay muchas personas que tienen varias grabaciones de la misma pieza.

Las cosas están mejor organizadas hoy en día, pero a finales del siglo XIX al director le costaba mucho transmitir a la orquesta sus ideas sobre la música, ya que muchos de ellos no acudían a los ensayos. Las resacas, los líos amorosos y las actuaciones mejor pagadas hacían que muchos miembros de la orquesta tuvieran mejores cosas que hacer que asistir a los ensayos, así que pagaban a un sustituto para que tomara su lugar. El sustituto tocaba el instrumento del músico ausente para garantizar que en el ensayo hubiera un número suficiente de violines, o clarinetes, o lo que fuera. Esto no era un problema si lo hacían unos pocos, pero acabó siendo bastante corriente que más de la mitad de los músicos enviaran un sustituto. A veces el sustituto también tocaba en el concierto, pero generalmente un gran número de músicos presentes en el concierto no habían estado en los ensayos. Otro problema al que tenían que enfrentarse los directores en aquella época era el de los percusionistas juerguistas. En muchas partituras hacen falta dos o tres percusionistas para que metan mucha bulla en ciertos momentos culminantes de la música, pero también hay periodos de veinte minutos o más en que no tienen nada que hacer. Obviamente, estos largos intervalos ociosos hacen aflorar la tendencia natural del músico a escaquearse al bar de la esquina para tomarse una copichuela rápida. En 1896, sir Henry Wood (el director que inventó los *Proms*) descubrió que la única manera de impedir que se escaparan los percusionistas era echar el cerrojo a las puertas.. En su autobiografía describe los resultados: «Veía a estos tipos acercarse a hurtadillas, de uno en uno, caminando agachados para esconderse detrás de los atriles. Empujaban suavemente la barra de la puerta de salida, y entonces le daban un buen empujón. Luego volvían a su sitio, a hurtadillas y con cara de confusión, quizá para ver a alguien más intentar la misma maniobra».

Naturalmente, en nuestros tiempos, en los que prima la modernidad y la profesionalidad, los percusionistas son auténticos parangones de virtud, y jamás se les pasaría por la cabeza escaquearse al bar de la esquina durante la interpretación de una sinfonía.

Una vez que ya está todo el mundo en el escenario, tocando, el director se pasa el rato diciendo que sí con la cabeza, guiñando un ojo, mirando fijamente a los músicos, además de mover su palito. Algunas de sus señales tienen como fin simplemente el recordar a alguien que aunque lleva diecisiete minutos sin tocar, se tiene que preparar para tocar una gran fanfarria. Otras señales pueden tener distintos significados, desde *no os olvidéis de tocar este trozo muy suavemente*, hasta *estás despedido, manazas...* Y en cuanto al palito en sí, su movimiento de arriba abajo y de lado a lado se utiliza para indicar los tiempos en cada compás y por tanto la velocidad de la música.[1] La razón por la que la mayor parte de la orquesta no lo mira casi nunca es que están pendientes de leer la partitura y sólo pueden echar un vistazo de vez en cuando para obtener la información necesaria.

Improvisación

La improvisación es crear la música sobre la marcha. Hay diferentes tipos de música que implican distintos grados de improvisación. Si escuchamos una sinfonía escrita entre 1800 y 1900, el grado de improvisación exigido es de... cero. En el extremo opuesto de la escala, hay músicos de jazz como Keith Jarrett que se presentan al lugar donde va a ser la actuación e improvisan el concierto entero.

En lo que respecta a la improvisación, el primer paso suele ser tocar tus propias versiones de melodías bien conocidas. Esto a menudo implica tocar la melodía tal como se escribió, para empezar, y luego

---

[1] Esto lo digo aquí porque se supone que es lo que debe suceder, aunque en muchos casos he visto a directores profesionales que simplemente hacen gestos dramáticos sin sentido, que a los músicos no les indican nada aunque son estupendos de cara al público.

inventar tus propias variaciones. Las variaciones a menudo utilizan estrategias que el músico ha aprendido y que se pueden aplicar a cualquier melodía. Por ejemplo, imagínese que usted es uno de esos irritantes pianistas de *lobby* de hotel de ojos vidriosos, improvisando *A mi manera* para hacerla durar hasta su próximo descanso. Si quiere hacer que suene romántica, la tocará lentamente, con muchas pausas, y acompañando la melodía con acordes tocados como arpegio (tocando las notas una tras otra en lugar de todas juntas). Si quiere que suene como un himno espiritual, simplificará los acordes y tocará un acorde para cada tiempo fuerte. Los himnos de iglesia suenan así porque están escritos específicamente para que los toquen músicos inexpertos. Si quiere que suene heroico o dramático, no deje que la música descanse en las notas largas, sino más bien sustitúyalas por notas repetidas. Por supuesto, si sigue haciendo esto durante mucho rato, es probable que un cierto escritor que yo me sé se le acerque por la espalda con una cuerda en una mano y una bolsa para ocultar el cadáver en la otra.

Naturalmente, este tipo de improvisación de variaciones lo puede hacer un grupo de músicos y no sólo un solista. Los buenos intérpretes no sólo disponen las notas de distintas maneras, sino que también introducen nuevas notas para cambiar la melodía. Los mejores músicos de jazz meramente insinúan la melodía original de vez en cuando. Es como captar un vistazo de un hito que nos es familiar cuando creíamos estar perdidos. A veces puede sonar un poco caótico, pero los músicos que improvisan aprenden muchas técnicas para restablecer el orden siempre que quieren, y pueden conducir al público por un ciclo de familiarización, desorientación, expectación y gratificación. O, según la visión del jazz que tiene mi novia, desorientación, irritación, horror ante la posibilidad de que nunca termine, y alivio cuando termina (son sus palabras al pie de la letra; me las dictaba mientras escribía esto).

Otro tipo de improvisación es la creación, por parte de un solista o los miembros de una banda, de nuevas melodías encima de una secuencia de acordes bien conocida o una línea de bajo. El epítome de esto es el solo de guitarra. Si somos primeros guitarras nos toca interpretar solos mientras a los demás músicos les toca repetir alguna cosa bastante anodina; además, los solos son una gran oportunidad para pavonearnos y adoptar poses guay. Tenemos entre dos y veintidós minutos para volver a la melodía, y mientras tanto, realmente no importa lo que hagamos mientras suene fuerte y contenga una gran cantidad de notas. También hay ejemplos de solos de guitarra que son musicalmente significativos, de guitarristas incómodos que ponen en cuestión los usos convencionales. Una de las plataformas más comunes para un solo de primera guitarra es el *twelve bar blues*. No, no se trata de los doce bares donde has estado esta noche tratando de olvidar que tu novia te ha dejado porque te has empeñado en escuchar jazz. Se trata más bien del *blues de doce compases,* una estructura musical muy sencilla que es el fundamento de casi todo el blues y de mucha música pop.

Los doce compases son doce periodos de tiempo cortos. Como hemos visto en el capítulo anterior, la música se divide en compases, unidades de tiempo que contienen varias notas. En el contexto de la canción media de blues, un compás dura unos tres segundos y contiene cuatro tiempos, con un leve énfasis en el primero:

dum dum dum dum, *dum* dum dum dum, etc.

En un blues de doce compases, el guitarra rítmico repite una secuencia estándar de acordes. En las versiones más sencillas, son sólo tres acordes, llamémoslos X, Y y Z. Aunque hay muchas variantes, en un blues de doce compases normal se puede esperar que la guitarra rítmica rasguee el acorde X durante cuatro compases, luego el acorde Y durante dos, luego vuelta al acorde X durante dos, Z durante dos, y vuelta al X para los últimos dos de los doce. Esta rutina se repite, y mientras tanto el bajo toca notas en un ciclo X-Y-X-Z-X. Esta estructura sencilla explica por qué las bandas de blues son capaces de tocar sin importar la cantidad de alcohol que hayan ingerido, y por qué su hábitat natural es el bar. Encima de este fondo musical sencillo, el primer guitarra puede explayarse todo lo que le dé la gana, mientras evite ciertas notas que desentonan con estos acordes. Y así es como nació el solo de guitarra interminable.

No tengo la menor intención de menospreciar a las bandas de blues, ya que algunos de sus miembros tienen aspecto de tipos duros con los que no quisiera cruzarme en un callejón oscuro si les he ofendido. Lo que sí quisiera es señalar que, al igual que en muchos otros sistemas musicales, hay muchas complicaciones técnicas y matices que los mejores intérpretes tienen que dominar antes de que alguien les pague por actuar.

En la música occidental, la improvisación no es algo nuevo. Lo que sucedió, simplemente, es que perdió popularidad en la música clásica del siglo XIX. Pero en el siglo XVIII sí era muy popular. Por ejemplo, una de las piezas más conocidas de J.S. Bach, el concierto de Brandeburgo número 3, consta de tres movimientos, pero sólo dos están escritos totalmente. La partitura para el movimiento central tiene solo dos acordes que durarían como diez segundos en total. Es posible, por supuesto, que cuando Bach estaba escribiendo, lo hubieran llamado para participar en el parto, o quizá la concepción, de uno de sus veinte hijos, y se olvidara de terminar de escribir el movimiento. Sin embargo, la interpretación histórica más tradicional es que el segundo movimiento constaba de un solo de viola de tres minutos por parte de Bach, que al final haría una señal al resto del grupo para terminar con estos dos acordes. Actualmente, en la mayoría de las grabaciones de esta pieza, los músicos no se atreven con la improvisación y tan sólo tocan los dos acordes. ¿Y quién se lo puede reprochar? Yo desde luego no quisiera que mis propias tonterías improvisadas quedaran como un sándwich entre dos piezas de Bach.

La improvisación es común en la música de todas las sociedades. Por ejemplo, la música tradicional de la India está muy enfocada hacia la improvisación. En Occidente, la formación musical clásica implica mucha repetición con el fin de que las notas escritas por un compositor se toquen correctamente. En la India, por el contrario, la formación musical tradicional se centra en que el instrumentista componga su propia música sobre la marcha. La idea básica es que tienes un conjunto de notas que son tus componentes básicos y con ellos improvisas una pieza que dure varios minutos. Cada conjunto de notas, o *Raga*, se asocia con un estado de ánimo y un momento del día.

La capacidad de improvisar es un talento muy respetado que, además, puede producir una interacción muy interesante entre los músicos. Incluso puede llegar a ser algo competitivo, a medida que los músicos se espolean unos a otros a escalar a nuevas alturas. Y hablando de competición, hay concursos internacionales de improvisación para organistas con formación clásica. No puedes hacer trampa tocando algo que has compuesto con anterioridad porque con apenas una hora de antelación te entregan una melodía totalmente nueva y tienes que basar tu improvisación en ella. Lo que tienes que hacer es basarte en la melodía que te han entregado para crear una pieza musical en un gran órgano de iglesia, delante de un nutrido público de competidores y sus amigos. Así que casi no tienes presión...

Sea cual sea el nivel que se tenga, la improvisación es muy divertida para quien toca. Incluso si usted es un principiante absoluto, puede crear sus propias melodías fácilmente si tiene acceso a un piano o teclado. Utilice un dedo de cada mano y toque sólo las teclas negras. Esto le dará automáticamente una escala pentatónica, y es realmente muy difícil que le salga una cosa horrible a partir de ese tipo de escala. Si pisa el pedal derecho, las notas se fundirán unas con otras, con lo que el sonido llenará más el ambiente, pero tiene que levantar el pie y volver a pisar el pedal rápidamente cada cinco o seis notas. Dicho pedal deja que las notas sigan sonando más tiempo, de modo que las notas de su melodía se solaparán y armonizarán unas con otras. Cada vez que levante el pie, matará ese grupo de notas. Tiene que estar haciendo esto porque si hay demasiadas notas solapadas, el resultado es caótico. El pedal izquierdo hace que las notas tengan una vida muy corta, y es para verdaderos pianistas, no para personas como usted y como yo.

12

Escuchemos
música

Acústica de salas de conciertos

Imaginemos que usted y un violinista han ido a pasar un día de campo. Si los dos se detienen en medio de un gran campo llano y el violinista empieza a tocar, notará que el violín suena mucho más suave que cuando lo toca en el salón de su casa.

En una habitación, el violín suena más fuerte porque sus oídos reciben las ondas de presión multiplicadas muchas veces. Reciben las ondas que viajan directamente a sus oídos, pero también las que iban en otras direcciones pero que han rebotado contra las paredes, el suelo y el techo. Además de incrementar el volumen, este efecto de rebote hace que el sonido venga de todas partes, lo que hará que usted se sienta sumergido en la música.

En el campo, el violín suena más suave porque usted sólo recibe una dosis doble del sonido: una vez directamente desde el instrumento, y otra rebotado del suelo. El resto del sonido, que viaja en otras direcciones, se aleja de sus oídos.

Así, pues, el sonido reflejado no sólo tiene la ventaja de que oímos más fuerte la música, sino que además se crea la sensación de estar sumergido en ella.

Las dimensiones de la habitación, así como el material que recubre las paredes, el suelo y el techo, determinan su *viveza acústica*. Usted mismo puede comprobar la viveza de una habitación si da una palmada y escucha el tiempo que tarda en desvanecerse el sonido. En una habitación pequeña llena de muebles y con cortinas

217

ASÍ ES LA MÚSICA

gruesas, el sonido muere casi enseguida, por lo que se dice que la habitación está acústicamente muerta. En una habitación más grande con paredes duras, el sonido rebota de parte a parte varias veces antes de desvanecerse, así que se dice que está viva. En una sala de conciertos, la reverberación de su palmada puede tardar hasta dos segundos en morir. Los músicos suenan mejor en una habitación viva que en una muerta, que es la razón por la que se produce un sonido estupendo cuando cantamos en el baño, rodeados de superficies duras y lisas.

Aunque disfrutamos cuando los sonidos duran más al rebotar por la habitación, queremos que los sonidos rebotados de cada nota se fusionen, de modo que lleguen a nuestros oídos como una sola nota prolongada. Si las paredes estuvieran demasiado lejos, el tiempo entre rebotes sería excesivo y no oiríamos una sola nota prolongada, sino más bien la nota, luego un silencio, y luego la nota nuevamente: el temible eco. Los diseñadores de salas de conciertos viven con la esperanza de que sus diseños den al público mucha reverberación placentera pero sin ecos. Se trata de un equilibrio precario, ya que ambos efectos son provocados por el rebote de las ondas sonoras contra las paredes, el techo y el suelo.

La diferencia entre una sala de conciertos y el salón de una casa es que, a menos que seas la reina de Inglaterra, la sala de conciertos es mucho más grande, y una de las características inexorables de los espacios grandes es que las paredes están muy alejadas unas de otras. En una gran sala de ese tipo, el sonido reflejado tiene que hacer un largo recorrido, desde el violín hasta la pared y luego desde la pared hasta nuestro tímpano. El sonido que viene desde el instrumento viaja directamente sin desvíos y por tanto llega antes. Así que ambos sonidos se escuchan como eventos distintos: uno es el eco del otro.

En una habitación pequeña, las ondas reflejadas y las directas llegan a nuestros oídos más o menos a la vez, ya que el viaje de ida y vuelta hasta la pared no es mucho más largo que la ruta directa. Aunque el sonido directo llega antes, el reflejado le viene pisando los talones. Si el intervalo entre la llegada de ambos es de menos de 40 milésimas de segundo, nuestro sistema auditivo asume fácilmente que ambos forman parte de un solo sonido. Un intervalo mayor a 40 milésimas de segundo se produce únicamente si el viaje de ida y vuelta del sonido reflejado es al menos doce metros más largo que la

218

ruta directa del violín a nuestros tímpanos. Esto bien puede suceder en un espacio grande como una sala de conciertos.

Los ingenieros acústicos que diseñan los espacios para conciertos pueden reducir los problemas de eco colocando materiales absorbentes, que reflejan poco el sonido, en los sitios donde el viaje de ida y vuelta del sonido reflejado sería excesivamente largo. También pueden angular las paredes para que el sonido rebote por la sala de forma óptima para dar una sensación de plenitud acústica pero sin ecos.

Algunos auditorios tienen paneles absorbentes desplazables o ajustables que se pueden configurar para hacer frente a distintas situaciones. Por ejemplo, es deseable que haya menos sonido reflejado para una conferencia o la actuación de un cómico que para un concierto. También se pueden usar paneles de este tipo para mejorar la acústica de edificios que ya tenían problemas de eco. Un ejemplo muy conocido es el techo del Albert Hall de Londres. En ese caso, la enorme cúpula que cubre el edificio solía reflejar el sonido como eco, hasta que se instalaron unas grandes *setas* absorbentes.

Sistemas domésticos de sonido y música grabada

Micrófonos y altavoces

Los micrófonos y los altavoces son aparatos muy parecidos; de hecho, no haría falta mucho esfuerzo para convertir cualquier micrófono en un altavoz o viceversa.

La siguiente ilustración muestra que un micrófono consta de sólo dos partes importantes:

1. Un pequeño cono de papel o de plástico suficientemente ligero para ponerse a temblar cuando lo golpean las ondas sonoras.
2. Un dispositivo que convierte este temblor en una señal eléctrica. La señal eléctrica sube y baja reflejando con precisión la manera en la que el cono se mueve hacia adelante y hacia atrás, como se puede ver en la ilustración. Está claro, entonces, que si el cono tiembla por las ondas de la música, la señal eléctrica también *tiembla* de la misma manera; se ha creado una copia eléctrica de las ondas sonoras.

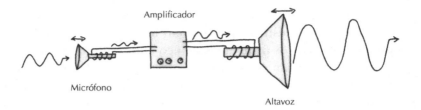

Un micrófono transforma el movimiento hacia adentro y hacia afuera de un cono de papel en señal eléctrica. Podemos aumentar la potencia de dicha señal eléctrica si la pasamos por un amplificador, y entonces utilizarla para hacer que el gran cono de papel de un altavoz se mueva hacia adentro y hacia afuera, para reproducir la música original a mayor volumen.

Un altavoz es, sencillamente, un micrófono al revés. Cuenta con un dispositivo que convierte la señal eléctrica en un temblor que se transmite a un cono de papel o de plástico (que suele ser de mayor tamaño que el del micrófono).

Si queremos que la voz de un cantante suene más fuerte, le pedimos que cante delante de un micrófono. La copia eléctrica del sonido se pasa por un amplificador que la hace mucho más potente. Entonces utilizamos está copia eléctrica amplificada para hacer que el cono de papel del altavoz (normalmente de mayor tamaño) tiemble hacia adentro y hacia afuera de la misma manera como lo hizo el cono del micrófono, con lo que la música se reproduce a mayor volumen. Está *chupao*.

Grabación y reproducción de música

En vez de utilizar un micrófono y un amplificador para reproducir la música a mayor volumen inmediatamente (como se haría en un concierto), podemos tomar la señal eléctrica y almacenarla en algún sitio. Por ejemplo, los temblores eléctricos pueden utilizarse para accionar una máquina que realice unos surcos ondulados en un disco de plástico o de metal. Más tarde, podemos utilizar una máquina parecida a la que hizo los surcos para convertir el temblor mecánico en señal eléctrica, que entonces se puede pasar por un amplificador y transmitir la señal amplificada a un cono de altavoz, que temblará hacia adentro y hacia afuera, con lo que podremos oír la música (esto es exactamente cómo funcionan los discos de vinilo).

Hay, por supuesto, muchas otras maneras de almacenar la información musical generada a partir de un micrófono, como la cinta magnética, que guarda ondulaciones de magnetización, o el almacenamiento en chips de silicio o discos compactos, en los que las ondulaciones se convierten en un flujo de datos digitales. Cada técnica utiliza el mismo principio: tomas el sonido y lo conviertes en información que se almacena y, posteriormente, decodificas la información para recuperar el sonido.

¿Son mejores los discos de vinilo que los CD?
Desde que se generalizaron los CD en la década de 1980, no ha cesado un feroz debate respecto a si permiten realizar una mejor copia de la música que los discos de vinilo que reemplazaron. Muchas de las discusiones han girado en torno a la diferencia entre la tecnología analógica y la digital, así que quisiera abordar dicha diferencia antes de seguir adelante.

La diferencia entre analógico y digital
Para mantener sencilla esta parte de la exposición, no voy a hablar directamente sobre la música. Voy a hablar únicamente sobre el almacenamiento y reproducción de imágenes, de modo que pueda dibujar mis ejemplos. Pero para no alejarnos demasiado de la música, utilizaré el dibujo de una onda sonora.

Digamos que queremos copiar un patrón de ondas por métodos analógicos y técnicas digitales:

Reproducción analógica
Un sistema de registro analógico simplemente toma un dibujo de unas ondas e intenta hacer una copia directa de él siguiendo sus curvas. El principio es parecido al de un ciclista que sigue la línea central de una carretera con curvas. La precisión con la que la siga dependerá de la velocidad a la que vaya, lo cerradas que sean las curvas y cuánto tiempo pasó en el bar después de comer.

Un ejemplo típico de reproducción analógica sería si calcamos una imagen utilizando papel vegetal y un lápiz. Es fácil entender que la precisión del calcado mejoraría si utilizamos el ancho exacto de la línea y si somos muy cuidadosos al hacerlo. Sin embargo, puede haber momentos en los que la línea que estamos copiando hace ondulaciones demasiado finas para poderlas seguir con precisión.

Reproducción digital

La reproducción digital utiliza un método totalmente distinto de las técnicas analógicas. La palabra *digital* significa que el ordenador debe reducir la tarea a una serie de datos que se pueden expresar como *sí* o *no*. En este caso, el ordenador probablemente dividirá la imagen de la línea ondulada en una serie de pequeños cuadrados, como se puede ver abajo. El ordenador podría apuntar una cámara a la imagen y preguntar: *¿Hay un trozo de línea oscura en este cuadrado?* Esto lo haría en cada uno de los cuadrados. El ordenador entonces almacena todas las respuestas, sean sí o sean no. Cuando el ordenador tiene que reproducir la imagen, imprime un cuadrado negro para cada *sí* y deja el cuadrado en blanco para cada *no*. La ventaja de este sistema es que los ordenadores pueden almacenar billones de síes o noes con una enorme precisión. La información se puede almacenar y reproducir sin errores en cualquier momento, y no se depende para nada de un mecanismo en movimiento. La desventaja es que las curvas están formadas de pequeños cuadrados. Si como punto de partida los cuadrados no son lo suficientemente pequeños, la imagen reproducida no tendrá la suavidad de curvas del original. Esto lo he ilustrado mostrando la diferencia entre una buena copia digital y otra en la que los cuadrados son demasiado grandes.

El principio de la reproducción digital. Estas dos imágenes se produjeron digitalmente, utilizando un ordenador para dividir la curva en una serie de cuadrados negros. Si usamos millones de cuadrados minúsculos, como hicimos en la primera imagen, conseguimos una curva suave. Si los cuadrados son demasiado grandes, como en la segunda, la imagen pierde mucha calidad y el trazado de la curva se registra solo aproximadamente.

Ahora que sabemos la diferencia entre la tecnología analógica (que se usa para producir discos de vinilo) y la tecnología digital (CD), podemos responder a la pregunta original: ¿son mejores los discos de vinilo que los CD? La respuesta es que hay poquísimas personas que pueden notar la diferencia entre las dos (mientras los discos de vinilo estén en perfectas condiciones y utilicemos un buen equipo en ambos casos). Esto lo demostraron dos psicólogos de la música (Behne y Barkowsky) en 1993. Tomaron a 160 individuos que eran aficionados serios a los sistemas de sonido y que tenían fuertes opiniones sobre el debate respecto a los discos compactos y los de vinilo. Sólo cuatro de los 160 fueron capaces de percibir si estaban escuchando un CD, aunque los entusiastas del vinilo empezaron la prueba con la opinión de que los CD tenían un sonido *estridente y muerto* en contraste con el sonido *cálido* del vinilo. Recordemos, además, que no se trataba de oyentes medios, sino que eran entusiastas que se tomaban muy en serio el tema y tenían fuertes opiniones. El número de oyentes medios que serían capaces de percibir la diferencia entre el sonido de un CD y el de un disco de vinilo seguramente sería inferior a 1 de 100. Esto sucedía en 1993; desde entonces, las mejoras en la tecnología sin duda han reducido todavía más esta cifra y han convertido la cuestión en algo prácticamente irrelevante.

Gran parte de la controversia CD-vinilo probablemente se pueda atribuir a la nostalgia tecnológica, que ya nos viene de cuando los habitantes de las cavernas discutían acaloradamente sobre la superioridad de las puntas de bronce para sus flechas respecto a esos inventos modernos: las puntas de hierro. En la década de 1930, los aficionados a la música se quejaban de que, debido a que las nuevas tecnologías podían grabar tanto música fuerte como suave, echaban de menos la distorsión producida por cada clímax orquestal en sus discos viejos. Más tarde, una crítica respecto a la tecnología de grabación más reciente (Dynagroove, de RCA) señalaba que «algunos oyentes objetan al sonido ultrasuave, pues lo consideran estéril». Yo personalmente pienso que la diferencia entre el vinilo y el CD se hace irrelevante si se compara con variables como los ruidos de la calefacción central, el tráfico o alguna voz de fondo que se queja y pregunta si va a seguir mucho rato sonando el jazz.

Diferencia entre el CD y la tecnología MP3

Imaginemos que estamos en un concierto oyendo a nuestra banda favorita (los Hurones Psicodélicos de la Muerte), mientras tocan su balada de rock épica *¿Ya está listo mi chocolate, cariño?*

Durante los versos tranquilos y románticos, podemos oír con toda claridad todos los instrumentos, incluyendo la guitarra acústica que toca el cantante. Sin embargo, cuando tocan el coro *heavy*, lo único que oímos es el bajo, la batería y la guitarra eléctrica. Podemos ver que el cantante sigue tocando su guitarra acústica, pero el sonido queda totalmente ahogado por los instrumentos más fuertes.

Si esta canción la graban en un CD, todos los sonidos hechos por todos los instrumentos se grabarán fielmente como información digital, incluso la música inaudible producida por la guitarra acústica durante el coro. En proceso de grabación digital se va a registrar la misma cantidad de datos para la guitarra *oculta* que para los instrumentos con más volumen. Ni en el concierto ni en el CD podríamos oír esos sonidos ocultos, así que la fiel recogida de esa información es inútil, aunque el equipo de grabación la realiza automáticamente, ya que no es capaz de discriminar.

Este ocultamiento de un instrumento por otro sucede en cualquier actuación con cualquier tipo de música. A veces, como en el ejemplo anterior, un instrumento queda sepultado varios segundos o incluso minutos. Sin embargo, en muchos casos, se enmascaran ciertos instrumentos durante una fracción de segundo. Por ejemplo, un golpe fuerte de batería puede ahogar a toda la banda.

Aparte de dichos sonidos ocultos, un CD también contiene mucha información que sencillamente no podemos escuchar: frecuencias que son demasiado graves o demasiado agudas para el oído humano. Como hemos visto en capítulos anteriores, cada nota está formada por una familia de frecuencias relacionadas entre sí: la frecuencia fundamental, el doble de esa frecuencia, el triple, el cuádruple, en quíntuple, etc. Si tocamos las notas más agudas de ciertos instrumentos, algunos de sus armónicos estarán fuera de nuestro rango auditivo. De manera parecida, algunas combinaciones de notas bajas producen ondas subsónicas que son demasiado graves para los oídos humanos (aunque a veces las podemos sentir). En un CD, estas partes inaudibles de las notas se almacenan y se reproducen, aunque no las podamos oír.

En las décadas de 1980 y 1990, un grupo de científicos asquerosamente inteligentes desarrollaron un sistema para identificar la información oculta e inaudible en los CD de música. Una vez identificada, el segundo paso era desecharla y guardar la música sin esa información redundante. Resulta que aproximadamente el 90% de la información de un CD puede desecharse así a la hora de grabar un archivo MP3. Como resultado de este proceso, se puede grabar la música de diez CD en uno solo. Otra opción es guardar y reproducir la información digital en un ordenador o un equipo de música (iPod, etc.). Aunque la tecnología MP3 desecha la mayor parte de la información que se obtuvo al grabar la actuación musical originalmente, el oyente medio no nota diferencia alguna entre una música tocada desde un CD o un MP3.

Sistemas de música para casa

Los entusiastas de los sistemas de sonido, o *audiófilos*, pueden gastarse el sueldo de un año en sus sistemas y si eso es lo que quieren, yo no seré quien les diga lo contrario. Por otro lado, se puede adquirir un sistema de música que será muy cercano a la sensibilidad de nuestros oídos por menos de 700 euros. Yo aconsejaría ir a una tienda especializada en equipos de música que anuncie sus productos como de alta calidad, pero precio bajo. También recomiendo comprar cosas de segunda mano a un aficionado. Hasta el nivel de los 700 euros, la calidad de los equipos aumenta a medida que sube su precio, en términos generales. Pero lo mejor es contar con un entusiasta del sonido que nos aconseje o consultar en revistas de Hi-Fi sus recomendaciones sobre «los mejores equipos por menos de 700 euros». Entre 700 y 2.000 euros las mejoras en la calidad de sonido son difíciles de detectar, y por encima de 2.000 euros la correlación entre dinero y calidad de sonido desaparece totalmente hasta donde yo soy capaz de discernir. (Es posible comprar cable de audio que cuesta más de 1.000 euros por metro: yo estaría muy interesado en conocer a alguien capaz de notar la diferencia musical entre dichos cables y los normales que cuestan unos pocos euros por metro.)

Cuando haya comprado su equipo, tiene dos opciones:

1. Puede contratar a un técnico acústico y a un arquitecto. Por 60.000 euros, le construirán una sala de música especial y cuando hayan acabado, colocarán los altavoces en distintos puntos y redistribuirán los muebles, hasta encontrar la configuración que permita conseguir el mejor sonido.
2. Puede ahorrarse 60.000 euros si se lleva a casa el equipo que ha comprado, lo instala en una habitación normal, prueba los alta-

voces en distintos puntos y mueve los muebles buscando la mejor configuración.

La diferencia principal entre el pop y la música *seria*
La mayoría de las melodías dura apenas unos pocos segundos; lo que se hace con esa minúscula cantidad de material es en lo que consiste la diferencia entre lo que llaman pop y lo que llaman música seria. Mi intención al hacer los siguientes comentarios no es hacer que uno de los géneros parezca mejor que el otro; a mí me encantan los dos. Además, voy a hacer algunas generalizaciones escandalosamente exageradas con el fin de explicarme mejor.

Un compositor de música pop tomará dos o tres ideas musicales cortas y las convertirá en una canción de tres minutos tocando dichas ideas unas detrás de otras. Por ejemplo, podría tomar la melodía A y convertirla en el estribillo, mientras que la melodía B se usaría para las estrofas. Entonces, la canción tomará la siguiente forma: introducción – estrofa – estribillo – estrofa – estribillo – solo de guitarra – estrofa – estribillo – coda.

Esta técnica de repetir continuamente las dos melodías produce varios efectos en el oyente (damos por sentado que se trata de buenas melodías):

1. Es fácil que memoricemos las melodías.
2. Es fácil que nos hagamos adictos a las melodías.
3. Es fácil que nos acabe aburriendo todo ello después de haberlo oído treinta o cuarenta veces.

Un aspecto común de las canciones pop y rock es la utilización de un *gancho,* una frase breve, repetitiva y fácilmente memorizable. El gancho puede ser melódico o rítmico y normalmente dura entre siete y doce segundos. A veces, la canción empieza por el gancho, como las primeras cinco notas de *Whole Lotta Love,* de Led Zeppelin, o la primera línea de *Money, Money, Money,* de Abba. En otros casos, hay que esperar un rato hasta que aparezca el gancho, que es lo que sucede con *Momma Told Me Not to Come,* de Three Dog Night, o *Teenage Dirt Bag,* de Wheatus. En todos estos casos, las palabras del título se encuentran en el gancho.

Los compositores de música *seria* tampoco hacen ascos a los ganchos. Basta con fijarnos en la *Quinta Sinfonía* de Beethoven, con su apertura *da da da daah*. Sin embargo, en términos generales, los compositores de música *seria* son un poco más cautos y tacaños con su material que los compositores pop. Su objetivo es tomar dos o tres melodías y utilizarlas como fundamento para una pieza de música que podría durar entre diez y cien minutos. Esto se hace con técnicas tales como: trocear las melodías y jugar con los fragmentos; fundir las melodías entre sí; tocar una melodía como acompañamiento de otra, insinuando que la aparición de dicha melodía es inminente. El compositor de una pieza larga podría utilizar fragmentos de la melodía principal como hitos para ir aumentando la expectación, sobre todo tomando en cuenta que la expectación es mucho más importante en las piezas largas que en las canciones pop breves.

Muchas personas, sobre todo los profesionales de la música clásica, piensan que el público conserva algún tipo de recuerdo de la tonalidad con la que empezó la pieza y por tanto puede sentir la *vuelta a casa* cuando se regresa a dicha tonalidad, como sucede muchas veces en la música clásica. Creo que esto está un poco cogido por los pelos. Es esperar demasiado de la memoria del oyente, a menos que tenga oído absoluto. Algunos estudios indican que nuestra memoria de lo que está sucediendo desde el punto de vista de la armonía perdura sólo un minuto o dos, lo que parece bastante más realista. Los oyentes sí se acuerdan de las melodías o efectos como motivos de percusión de un momento anterior de la pieza, y estarán encantados de vislumbrar cosas que reconocen. Pero en lo que respecta a la armonía, vuelvo a mi analogía de las distintas tonalidades como diferentes escalones de una rueda para hámster. ¿Cómo vamos a saber si el último escalón es el mismo con el que empezamos?

Creo que la experiencia de escuchar una pieza musical larga puede compararse a caminar encima de una alfombra decorativa que alguien va desenrollando delante de ti y volviéndola a enrollar según pasas. A medida que avanzas, aparecen nuevos patrones e imágenes y algunos se te quedarán grabados. Digamos que hace unos minutos hemos visto la imagen de un tigre y ahora vemos que empieza a aparecer una cola de tigre. El compositor podría optar por satisfacer nuestras expectativas enseñándonos el tigre nuevamente. O podría decidir sorprendernos: lo que parece una cola de tigre es en realidad una serpiente. Si escuchamos una pieza varias veces y nos familiarizamos con ella un poco mejor, nos llevamos menos sorpresas y tenemos una mejor visión de conjunto de la alfombra. También puede darnos mucha satisfacción ir reconociendo los diversos hitos del terreno a medida que avanzamos.

El trabajo de un compositor competente es crear expectativas y luego satisfacerlas o frustrarlas. Pero lo que no puede hacer y no debe ni intentar es producir excitación todo el tiempo. Como en cualquier clase de narrativa, e incluso en unos fuegos artificiales, hay que incluir deliberadamente algunos pasajes más tranquilos para que los momentos importantes tengan un mayor impacto.

Estas técnicas para piezas largas dan como resultado una música de la que no es fácil enamorarse a primera vista, y que sin embargo parece mejorar cada vez que la escuchas.

Y por último...

Al margen de que a usted le guste la música pop, el *heavy metal* o la música clásica, puede ser interesante que escuche sus piezas favoritas siguiendo un solo instrumento cada vez. Intente escuchar varias veces su canción pop favorita fijándose únicamente en lo que está haciendo el bajo, y posteriormente haga lo mismo con el resto de los instrumentos. De esta manera podrá aprender mucho acerca de cómo se organiza una pieza musical y además estará *escuchándola* realmente y no sólo oyéndola.

Me gustaría terminar con el mejor consejo que un oyente puede darle a otro. Sean cuales sean sus gustos actuales, seguramente hay algunos otros tipos de música que le producirían mucho placer si se familiarizara más con ellos. Mi consejo es: intente escuchar música un poco más variada, y dé a cada nuevo tipo de música una verdadera oportunidad. Si lo suyo es el *heavy metal*, intente algo de música folk; si le encanta Mozart, pruebe con Dolly Parton. Los géneros musicales no se excluyen unos a otros, y una forma fácil de aumentar el disfrute de su vida es expandir el ámbito de la música que escucha.

Detalles engorrosos

A: Identificar y dar nombre a los intervalos

En varios sitios de este libro he mencionado que el salto de tono entre dos notas se llama un intervalo. El intervalo en el que más nos hemos fijado ha sido la octava: el salto de tono que corresponde a duplicar la frecuencia de vibración de la nota. El resto de los intervalos también tienen nombres, y algunos ya los he mencionado. La siguiente tabla presenta una lista de nombres de intervalos, junto con el tamaño del salto medido en semitonos. También hay tres fotos de un pianista tocando dos notas separadas en una cuarta. En cada caso empezamos en la nota más baja de las dos y contamos hacia la nota que está cinco semitonos por encima (contando tanto las teclas negras como las blancas). He incluido tres fotos aquí para dejar bien claro que no importa en qué nota se empiece, la que está cinco semitonos por encima estará a una cuarta de distancia; de igual manera, la nota que está nueve semitonos por encima, siempre estará a una sexta.

Después de años de formación musical se acaba reconociendo cada uno de dichos intervalos, de modo que llega a ser posible escribir cualquier melodía que nos llegue a la cabeza (empezar en una nota cualquiera, subir una quinta, bajar una tercera mayor, etc.). Pero hay una forma de identificar los intervalos musicales que cualquiera puede aplicar. Todo lo que hace falta es aprender el nombre de los intervalos que se usan al comienzo de varias canciones. En la tabla he incluido canciones aplicables, destacando el sitio donde se da el intervalo en sentido ascendente. La mayoría de las canciones empiezan con un intervalo ascendente, así que abundan los ejemplos y quizá le interese a usted hacer su propia lista con otras canciones. A lo mejor también podría recopilar canciones con doce intervalos descendentes.

Así que a partir de ahora, cuando se encuentre aburrido en un aeropuerto, será capaz de identificar el intervalo de cualquier irritante *ding-dong* que utilicen, simplemente comparándolo con una canción que utilice el mismo intervalo.

Distancia	Nombre	Canción para identificar el intervalo en sentido ascendente
1 semitono	segunda menor o semitono	*I left my Heart in San Francisco*
2 semitonos	segunda mayor o tono	*Frère Jaques* o *Noche de paz*
3 semitonos	tercera menor	*Greensleves* o *Smoke on the Water (de Deep Purple)* – primeras dos notas de guitarra
4 semitonos	tercera mayor	*Whilst Shepherds Watched Their Flocks by Night* o *Kum ba ya*
5 semitonos	cuarta	Primeras notas vocales del coro nupcial de Wagner o *We Wish You a Merry Christmas*
6 semitonos	quinta disminuida (o cuarta aumentada)	*María (West Side Story)*
7 semitonos	quinta (o quinta justa)	*Campanitas del lugar* (salto entre *pa* y *ni*).
8 semitonos	sexta menor (o quinta aumentada)	El tema de *Love Story* empieza con este intervalo, primero en sentido descendente y luego ascendente
9 semitonos	sexta mayor	*My Bonnie*
10 semitonos	séptima menor	*Somewhere*, de *West Side Story*
11 semitonos	séptima mayor	*Take on me* (canción de la banda A-ha)
12 semitonos	octava	*Somewhere Over the Rainbow* (de *El mago de Oz*)
13 semitonos	novena menor	
14 semitonos	novena mayor	
15 semitonos	décima menor	
16 semitonos	décima mayor	
17 semitonos	undécima (o una octava y una cuarta)	
	etc.	

Tres fotos de un pianista tocando dos notas a una cuarta de distancia. No importa con qué nota se empiece, siempre hay una distancia de cinco semitonos entre las dos notas.

B: Utilización del sistema de decibelios

1. El sistema de decibelios es un medio para comparar las diferencias de volumen entre dos sonidos. Estas diferencias se miden de la siguiente manera:

- Si la diferencia entre dos sonidos es de 10 decibelios, entonces un sonido tiene el doble de volumen que el otro.
- Si la diferencia es de 20 decibelios, un sonido tiene 4 veces el volumen que el otro.
- Si la diferencia es de 30 decibelios, un sonido tiene 8 veces el volumen que el otro.
- Si la diferencia es de 40 decibelios, un sonido tiene 16 veces el volumen que el otro.
- Si la diferencia es de 50 decibelios, un sonido tiene 32 veces el volumen que el otro.
- Si la diferencia es de 60 decibelios, un sonido tiene 64 veces el volumen que el otro.
- Si la diferencia es de 70 decibelios, un sonido tiene 128 veces el volumen que el otro.
- Si la diferencia es de 80 decibelios, un sonido tiene 256 veces el volumen que el otro.
- Si la diferencia es de 90 decibelios, un sonido tiene 512 veces el volumen que el otro.
- Si la diferencia es de 100 decibelios, un sonido tiene 1.024 veces el volumen que el otro.
- Si la diferencia es de 110 decibelios, un sonido tiene 2.048 veces el volumen que el otro.

• Si la diferencia es de 120 decibelios, un sonido tiene 4.096 veces el volumen que el otro.

2. Cuando se utiliza la regla 1 (arriba), no importa el número de decibelios con el que se empiece. Por ejemplo, la diferencia entre 10 y 20 decibelios es de 10 decibelios, de modo que 20 decibelios es el doble de volumen que 10 decibelios. Pero la diferencia entre 83 y 93 decibelios también es de 10 decibelios, de modo que 93 decibelios es el doble de volumen que 83 decibelios. De igual manera, la diferencia de volumen entre 32 y 72 decibelios es de 16 veces (ya que la diferencia entre 32 y 72 es de 40 decibelios).

3. Aunque el sistema de decibelios debe utilizarse únicamente para comparar el volumen relativo de dos sonidos (según las reglas 1 y 2, arriba), muchas personas utilizan los decibelios como medida absoluta del volumen de un solo sonido. Pero en realidad no están diciendo: *Una abeja grande hace un sonido de 20 decibelios*; lo que realmente están diciendo es: *Una abeja grande hace un sonido que es 20 decibelios más fuerte que el sonido más suave que podemos oír*. El sonido más suave que podemos oír se conoce como el *umbral auditivo*. Así que en realidad están diciendo: *Una abeja grande hace un sonido que es 20 decibelios más fuerte que el umbral auditivo*. Cuando alguien parece utilizar los decibelios de manera no comparativa (por ejemplo, *el volumen de esa moto es de 90 dB*) se debe a que no se han molestado en incluir la frase *más fuerte que el umbral auditivo*, algo que se da por sentado.

C: Afinación de un instrumento a una escala pentatónica

Si hace esto como un experimento, lo más práctico sería utilizar una guitarra, el instrumento de seis cuerdas más común. En la guitarra, las cuerdas se numeran tradicionalmente de 1 a 6; la cuerda 6 es la más gruesa y grave. Esto, por desgracia, es lo contrario del sistema de numeración que hemos utilizado en el capítulo donde hablábamos de este tema. He intentado invertir los números en dicho capítulo para ajustarme a la numeración de la guitarra, pero eso interfiere con la claridad de la explicación. Así que voy a dar las instrucciones dos veces, una vez siguiendo el sistema de numeración de ese capítulo, y otra vez utilizando la numeración tradicional de la guitarra. Puede utilizar cualquiera de las dos secuencias de instrucciones, ya que las dos le darán exactamente el mismo resultado.

Si afina una guitarra a una escala pentatónica, cambiará la diferencia entre la cuerda más gruesa y la más fina de dos octavas a una. Si antes de empezar afina la cuerda gruesa a su nota normal, las cuerdas más finas quedarán muy poco tensadas cuando haya acabado. Esto no importa mucho si lo está haciendo por curiosidad y va a volver a la afinación normal en unos minutos. Pero si, por el contrario, va a hacerlo a más largo plazo o para hacer una demostración a estudiantes, recomiendo que tense la cuerda más gruesa para que produzca una nota más alta antes de empezar o que en lugar de las cuerdas finas use otras más gruesas.

Aplicar un sistema distinto de afinación toma un buen rato si se empieza con una guitarra con afinación normal, ya que las cuerdas se resienten cuando se les cambia mucho la afinación y tardan bastante en asentarse con su nueva tensión. También sospecho que la tensión desequilibrada de las cuerdas hará que el mástil se deforme si deja la guitarra con esa afinación durante varios días.

Así que vamos allá. Se utilizará un dedo para pulsar las cuerdas de una en una, y un dedo de la otra mano (abajo la llamaré *la mano que no pulsa*) debe descansar suavemente sobre la cuerda, como se muestra en la foto del capítulo 8.

Cada cuerda puede producir fácilmente cuatro notas:

- La nota natural de la cuerda suelta (que llamaremos *abierta*).
- La nota que está una octava por encima (*de una octava*), generada por armónicos cuando se coloca el dedo de la mano que no pulsa en el centro de la cuerda (en una guitarra, el centro está exactamente encima del duodécimo traste).
- La nota dos octavas por encima (*de dos octavas*), generada por armónicos con el dedo a un cuarto de la longitud de la cuerda a partir de cualquiera de los dos extremos. Colocar el dedo sobre el quinto traste.
- La nota *nueva*, generada por armónicos con el dedo a un tercio de la longitud de la cuerda, sobre el séptimo traste.

Si la cuerda 1 es la más gruesa
Primeramente afinamos la cuerda más gruesa (cuerda 1) a una nota más alta de lo normal (para impedir que las más finas queden demasiado sueltas cuando hayamos acabado).

Entonces la nota *de una octava* de la cuerda 1 debe ser la nota de la cuerda 6 abierta.

La nota *nueva* de la cuerda 1 debe ser la misma que la nota *de una octava* de la cuerda 4.

La nota *nueva* de la cuerda 4 debe ser la misma que la nota *de dos octavas* de la cuerda 2.

La nota *nueva* de la cuerda 2 debe ser la misma que la nota *de una octava* de la cuerda 5.

La nota *nueva* de la cuerda 5 debe ser la misma que la nota *de dos octavas* de la cuerda 3.

Ya está: sonido oriental instantáneo.

Si la cuerda 6 es la más gruesa (numeración normal para guitarra)
Primeramente afinamos la cuerda más gruesa (cuerda 6) a una nota más alta de lo normal (para impedir que las más finas queden demasiado sueltas cuando hayamos acabado).

Entonces la nota *de una octava* de la cuerda 6 debe ser la nota de la cuerda 1 abierta.

La nota *nueva* de la cuerda 6 debe ser la misma que la nota *de una octava* de la cuerda 3.

La nota *nueva* de la cuerda 3 debe ser la misma que la nota *de dos octavas* de la cuerda 5.

La nota *nueva* de la cuerda 5 debe ser la misma que la nota *de una octava* de la cuerda 2.

La nota *nueva* de la cuerda 2 debe ser la misma que la nota *de dos octavas* de la cuerda 4.

Ya está: sonido oriental instantáneo.

D: Cálculo del Temperamento Igual

Como mencionamos en el capítulo 8, Galilei y Chu Tsai-Yu descubrieron que los cálculos para el sistema del Temperamento Igual son bastante sencillos si se ha planteado el problema clara y lógicamente:

1. Una nota que está una octava por encima de otra, debe tener el doble de frecuencia que la primera.
   (Esto equivale a decir que si utilizamos dos cuerdas idénticas, una de ellas debe tener la mitad de la longitud de la otra; la frecuencia de la nota aumenta al disminuir la longitud de la cuerda, y la mitad de la longitud produce el doble de la frecuencia.)
2. La octava se debe dividir en doce intervalos.
3. Los doce intervalos deben ser iguales. (Para todas las parejas de notas contiguas, la proporción entre sus frecuencias debe ser la misma.)

Veamos un ejemplo para aclarar los conceptos. En este ejemplo haremos que la longitud de cada nota sea un 90% de la de su vecina larga. Todas las cuerdas están hechas del mismo material y están sujetas a la misma tensión.

1. Hagamos que la cuerda más larga mida 600 mm.
2. La segunda cuerda mide el 90% de la longitud de la primera (o sea 540 mm).
3. La tercera cuerda mide el 90% de la longitud de la segunda (486 mm).
4. La cuarta cuerda mide el 90% de la longitud de la tercera (437,4 mm).
5. Etc., hasta llegar a la cuerda 13.

Bien, este ejemplo muestra cómo funciona el sistema de acortar la cuerda por un porcentaje. Pero por desgracia, hemos escogido un porcentaje equivocado. Hay demasiado salto entre las cuerdas. Queremos que la cuerda 13 mida la mitad que la original, para que produzca una nota que esté una octava por encima. Sin embargo, si acortamos cada cuerda a un 90% respecto a la anterior, la cuerda 13 quedará excesivamente corta. Entonces, ¿qué porcentaje deberíamos aplicar para acortar las cuerdas?

Aquí es donde Galilei y Chu Tsai-Yu nos vienen bien. Ellos calcularon[1] con precisión el porcentaje que haría que la cuerda 13 midiera la mitad que la 1. La respuesta: 94,38744%. O, para expresarlo en otros términos, hace falta quitar a cada cuerda el 5,61256% de su longitud para encontrar la longitud de su vecino más corto.

Bien, pues ahora hagamos el cálculo utilizando el porcentaje correcto:

 1. La cuerda 1 mide 600 mm.
 2. La cuerda 2 mide el 94,38744% de la 1: 566,3 mm.
 3. La cuerda 3 mide el 94,38744% de la 2: 534,5 mm.
 4. La cuerda 4 mide el 94,38744% de la 3: 504,5 mm.
 5. La cuerda 5 mide el 94,38744% de la 4: 476,2 mm.
 6. La cuerda 6 mide el 94,38744% de la 5: 449,5 mm.
 7. La cuerda 7 mide el 94,38744% de la 6: 424,3 mm.
 8. La cuerda 8 mide el 94,38744% de la 7: 400,5 mm.
 9. La cuerda 9 mide el 94,38744% de la 8: 378,0 mm.
10. La cuerda 10 mide el 94,38744% de la 9: 356,8 mm.
11. La cuerda 11 mide el 94,38744% de la 10: 336,7 mm.
12. La cuerda 12 mide el 94,38744% de la 11: 317,8 mm.
13. La cuerda 13 mide el 94,38744% de la 12: 300,0 mm.

Ahora sí, la cuerda 13 mide la mitad que la 1, que es lo que queríamos. Además, la longitud relativa de cada cuerda respecto a su vecina es siempre la misma, así que no importa con qué cuerda se empiece la melodía, la misma secuencia de subidas y bajadas de tono dará la misma melodía (simplemente tendrá un tono más alto o más bajo).

---

[1] Galilei y Chu Tsai-Yu probablemente empezaron calculando el aumento de frecuencia entre dos notas adyacentes, ya que a partir de esto se puede calcular en cuánto se debe reducir la longitud de la cuerda corta. He utilizado la longitud de las cuerdas porque hace que sea más fácil de seguir la explicación. Nuestros dos sabios calcularon que necesitamos un aumento del 5,9463% en la frecuencia entre dos cuerdas adyacentes. Por ejemplo, si Sol tiene una frecuencia de 392 Hz, la nota que está un semitono más alto (Sol sostenido) tiene una frecuencia que es el 105,9463% de 392, que es 415,3 Hz. Para conseguir esto, si las cuerdas son idénticas en el resto de sus características, la cuerda de Sol sostenido debe medir el 94,38744% de la longitud de la cuerda de Sol.

E: Las notas de los tonos mayores

En la siguiente lista, ♭ significa bemol y # significa sostenido.

La mayor: La, Si, Do#, Re, Mi, Fa#, Sol#
Si♭ mayor: Si♭, Do, Re, Mi♭, Fa, Sol, La
Si mayor: Si, Do#, Re#, Mi, Fa#, Sol#, La#
Do mayor: Do, Re, Mi, Fa, Sol, La, Si
Re♭ mayor: Re♭, Mi♭, Fa, Sol♭, La♭, Si♭, Do
Re mayor: Re, Mi, Fa#, Sol, La, Sol, Do#
Mi♭ mayor: Mi♭, Fa, Sol, La♭, Si♭, Do, Re
Mi mayor: Mi, Fa#, Sol#, La, Si, Do#, Re#
Fa mayor: Fa, Sol, La, Si♭, Do, Re, Mi
Fa# mayor: Fa#, Sol#, La#, Si, Do#, Re#, Mi# (o Sol♭: Sol♭, La♭, Si♭, Do♭, Re♭, Fa)
Sol mayor: Sol, La, Si, Do, Re, Mi, Fa#
La♭ mayor: La♭, Si♭, Do, Re♭, Mi♭, Fa, Sol

Nota: Fa# es lo mismo que Sol♭, así que podemos utilizar cualquiera de los dos tonos. En todos los demás casos, cuando el tono puede tener uno de dos nombres (por ejemplo, Re♭ y Do#) hemos escogido el que incluirá menos sostenidos y bemoles. Re♭ mayor incluye cinco bemoles, pero su alternativa, Do# usaría siete sostenidos, así que optamos por Re♭.

Bibliografía

Libros

La física de la música

J. Backus, *The Acoustical Foundations of Music*, 2.ª ed., W.W. Norton, 1977

W. Bragg, *The World of Sound*, G. Bell and Sons, 1927

M. Campbell y C. Greated, *The musician's Guide to Acoustics*, nueva ed., Oxford University Press, 1998

H. Helmholtz, *On the Sensations of Tone*, 2.ª ed., Dover Publications, Inc., 1954

D.M. Howard y J. Angus, *Acoustics and Psychoacoustics*, 2.ª ed., Focal Press, 2000

I. Johnston, *Measured Tones – The Interplay of Physics and Music*, 2.ª ed., Taylor & Francis, 2002

S. Levarie y E. Levy, *Tone – A study in Musical Acoustics*, 2.ª ed., Kent State University Press, 1980

J.R. Pierce, *The Science of Musical Sound*, 2.ª ed. revisada, W.H. Freeman and Co., 1992

J.G. Roederer, *The Physics and Psychophysics of Music – An Introduction*, 3.ª ed., Springer-Verlag, 1995

C. Taylor, *Exploring Music – The Science and Technology of Tones and Tunes*, Taylor & Francis, 1992

La psicología de la música

J. Dowling y D.L. Harwood, *Music Cognition*, Academic Press Inc., 1986

D. Huron, *Sweet Anticipation – Music and the Psychology of Anticipation*, MIT Press, 2006

P.N. Juslin y J.A. Sloboda (eds.), *Music and Emotion – Theory and Research*, Oxford University Press, 2001

D.L. Levitin, *This is Your Brain on Music: the Science of a Human Obsession*, Dutton Books, 2006

B.C.J. Moore, *An Introduction to the Psychology of Hearing*, 3.ª ed., Academic Press, 1989

O. Sacks, *Musicophilia – Tales of Music and the Brain*, Picador, 2007

J.A. Sloboda, *The Musical Mind – The Cognitive Psychology of Music*, Clarendon Press, 1985

General

G. Abraham (ed.), *The Concise Oxford History of Music*, Oxford University Press, 1985

F. Corder, *The Orchestra and How to Write for It*, J. Curwen and Sons, 1894

R.W. Duffin, *How Equal Temperament Ruined Harmony*, W.W. Norton and Co., 2007

A. Einstein, *A Short History of Music*, 3.ª ed., Dorset Press, 1986

H. Goodall, *Big Bangs: The Story of Five Discoveries that Changed Musical History*, Chatto and Windus, 2000

G. Hindley (ed.), *The Larousse Encyclopedia of Music*, Hamlyn, 1971

B. McElheran, *Conducting Technique: for beginners and professionals*, 3.º ed., Oxford University Press, 2004

R. y J. Massey, *The Music of India*, Kahn y Averill, 1976

Q. Piston, *Orchestration*, Victor Gollancz, 1978 (publicado originalmente en 1955)

A. Ross, *The Rest is Noise: listening to the twentieth century*, Fourth Estate, 2008

C. Sachs, *A Short History of World Music*, Dobson Books, 1956

S. Sadie (ed.), *Collins Classical Music Encyclopedia*, Harper Collins, 2000

P.A. Scholes (ed.), *The Oxford Companion to Music*, 2.ª ed, Oxford University Press, 1939

R. Smith Brindle, *Musical Composition*, Oxford University Press, 1986

E. Taylor, *The AB Guide to Music Theory*, I y II parte, The Associated Board of the Royal Schools of Music, 1989/1991

H.H. Touma, *The Music of the Arabs*, Amadeus Press, 1996

H.J. Wood, *My Life of Music*, Victor Gollancz, 1938

Artículos en publicaciones periódicas

D. Deutsch y K. Dooley, «Absolute pitch amongst students in an American music conservatory: Association with tone language fluency», *J. Acoust. Soc. Am.* 125(4), abril de 2009, págs. 2.398-2.403

R.W. Duffin, «Just Intonation in Renaissance Theory and Practice», *Music Theory Online*, vol. 12, n.º. 3, octubre de 2006

J. Powell y N. Dibben, «Key-Mood Association: A Self-perpetuating Myth», *Musicae Scientiae*, vol. IX, n.º 2, otoño de 2005, págs. 289-312

Agradecimientos

Naturalmente, me encantaría asumir todo el crédito por todas las partes buenas de este libro y culpar por todas las partes malas a alguien que viviera muy lejos y que no me cayera bien. Pero por desgracia ese tipo de comportamiento está mal visto, así que no me queda más remedio que sincerarme y confesar que he recibido ayuda.

Mi editora, Helen Conford, no cesó nunca de mantenerme en vereda ni tampoco dejó de ayudarme a producir un trabajo que se dejara leer. Sin el entusiasmo de mi agente, Patrick Walsh, este libro nunca habría despegado. También me gustaría dar las gracias a Sarah Hunt-Cooke por su impresionante capacidad para conseguir tratos en torno a este proyecto. Además, quisiera dar las gracias a Jane Robertson por su corrección de los textos y a Rebecca Lee por su labor de coordinación editorial.

Muchas gracias a Tracy Behar y Michael Pietsch, de Little Brown, por sus numerosas ideas e indicaciones prácticas.

También deseo agradecer a mis amigos y familiares que leyeron los primeros borradores rudimentarios y me hicieron muchos comentarios y sugerencias, sobre todo la doctora Nikki Dibben, Utkarsha Joshi, Libby Rimshaw, Angela Melamed, el doctor Steve Dance, Tony Langtry, Mini Grey (y Herbie), Rod O'Connor, el doctor Donal McNally, Mike Smeeton, Clem Young, el doctor John Dowden, Whit, Arthur Jurgens y, naturalmente, Queenie (mi madre). También tengo una enorme gratitud hacia mi tutor de composición, el doctor George Nicholson.

Quiero dar las gracias de forma especial a Jo Grey por las fotografías.

Debo una medalla de oro con la orden del mérito a mi novia, Kim Jurgens, por su excelente labor de corrección, por su aliento, por su ayuda con las ilustraciones y por impedir que arrojara el portátil o la impresora por la ventana del comedor en numerosas ocasiones.

Por último, el premio de platino por las sugerencias, correcciones e información de apoyo es para mi pasmosamente bien informado amigo John Wykes.

Y ahora que he repartido estos tan bien merecidos galardones, no siento ninguna necesidad de llevar las cosas hasta el extremo de aceptar mi responsabilidad por los errores, omisiones y otras cosas malas. Creo que si hay algún tipo de culpa, se debe atribuir a mi profesor de geografía del instituto, Nigel Jones, de 14b Montenbank Close, Eccles, Reino Unido. Por favor, dirijan todos sus comentarios negativos, denuncias y demandas de compensación directamente a él en la dirección indicada.

Índice

Las **negritas** en los números de página indican una referencia principal.
Las *cursivas* en los números de página indican una ilustración.